清末民初文獻叢刊

陶齋吉金録

（下册）

［清］端方 輯

朝華出版社
BLOSSOM PRESS

陶齋吉金錄卷五目錄

秦重金罍
秦邵宮盉
秦乃
秦右殊鼎
宜陽鼎
尔甘里鼎
永里鼎

衛鼎

冦公鼎

上官鼎

漢

府鼎

西鼎

雝鼎

盩厔鼎一

盩厔鼎二

溼成鼎
犛車宮鼎
中水鼎
汝陰鼎
平陽鼎
長楊鼎
苟少夫鼎
壽成鼎

長安鼎

大衛無極鼎蓋

秦高都劍

鄭武軍斷劍

官率劍

陰平劍

昌平侯劍

漢黃龍劍

冝冨劍格

鐇鏫劍

秦寺工殘戈

武庫戈

八羌戈

左将戈

漢武子戈

遥戈

陰騭言自鈔

秦重金罍

右高八寸七分深七寸三分口徑三寸七分腹徑七寸八分底徑三寸九分

秦邰宮盉

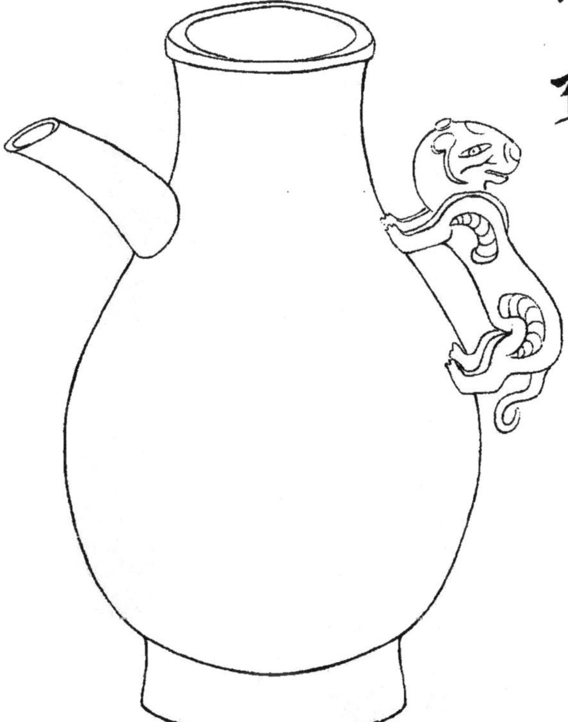

右高一尺五寸二分深一尺四寸六分口徑五寸三分腹徑一尺五分流四寸四分虎身長五寸五分高二寸六分

秦瓦 原形

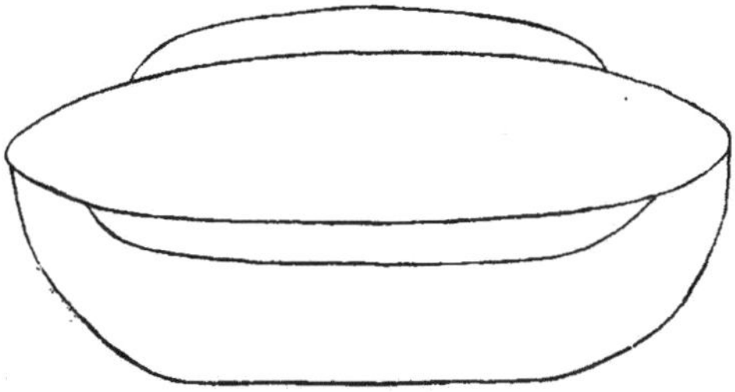

秦右殊鼎

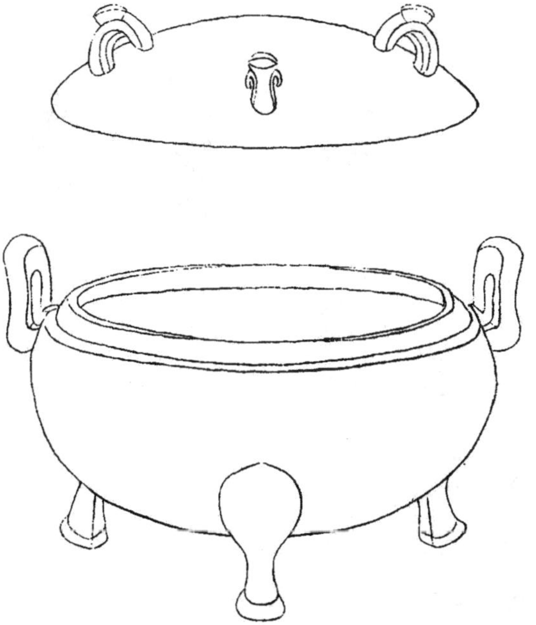

耳

耳

右高五寸七分深四寸四分口徑七寸腹徑八寸九分耳高二寸五分濶一寸四分蓋高一寸八分徑八寸三分

秦宜陽鼎

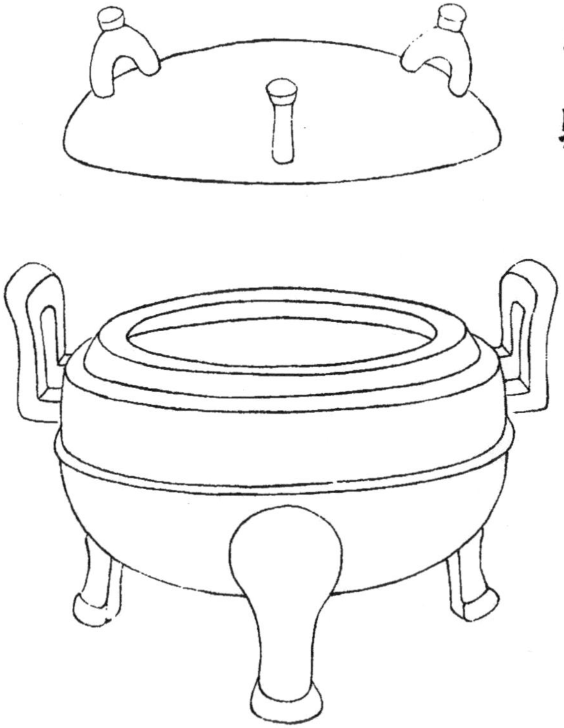

蓋

二斤八兩 廿二

華 棷

器

宜 一斗 二八 三斗

陽 十二斤十兩

右高七寸四分深五寸五分口徑七寸八分腹徑一尺三分耳高三寸一分濶二寸一分蓋高二寸二分徑八寸九分

秦尔甘里鼎

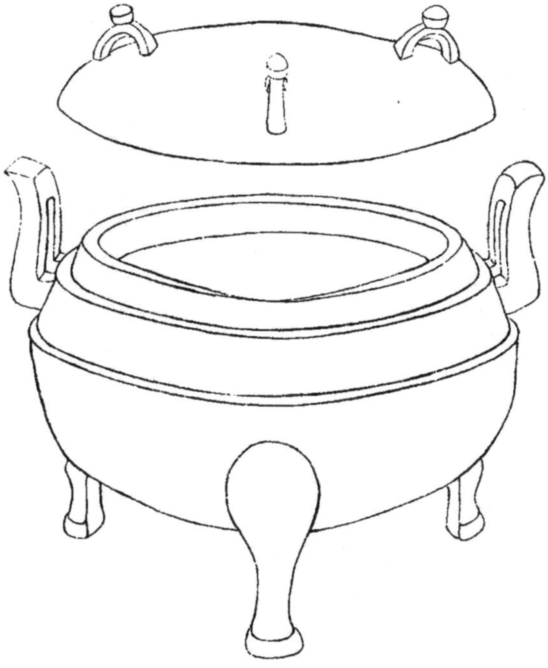

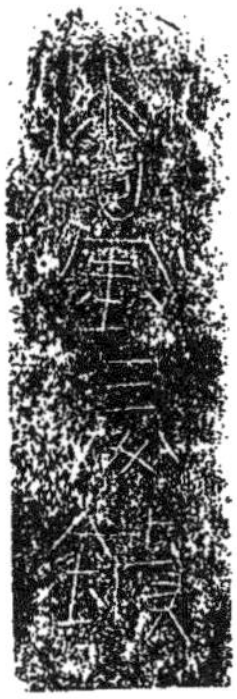

蓋

右高六寸八分深四寸九分口徑
七寸八分腹徑九寸耳高二寸三
分濶一寸九分蓋高一寸徑八寸
六分

秦永里鼎

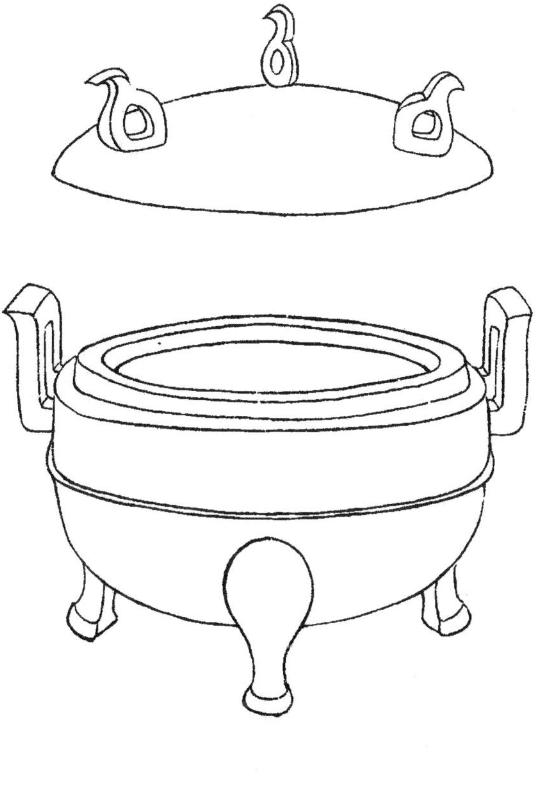

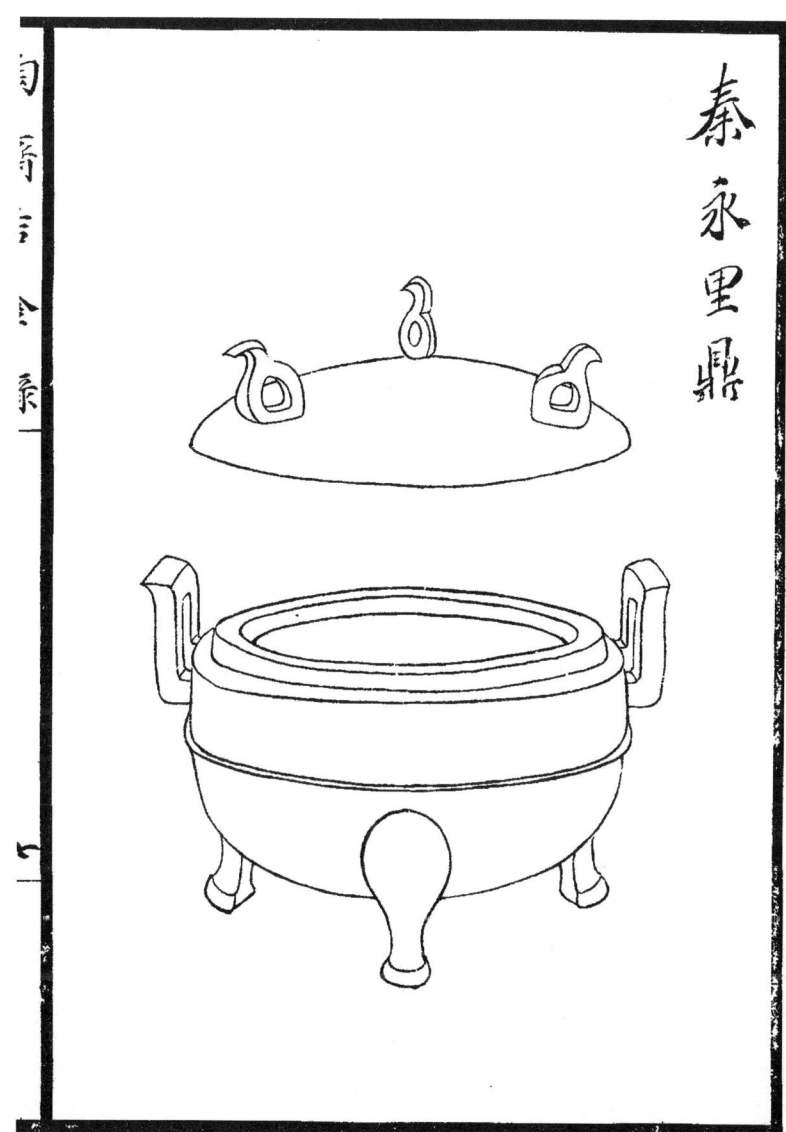

器

右高六寸七分深五寸七分口徑七寸五分腹徑九寸九分耳高二寸八分濶二寸蓋高二寸徑九寸五分，

秦衙鼎

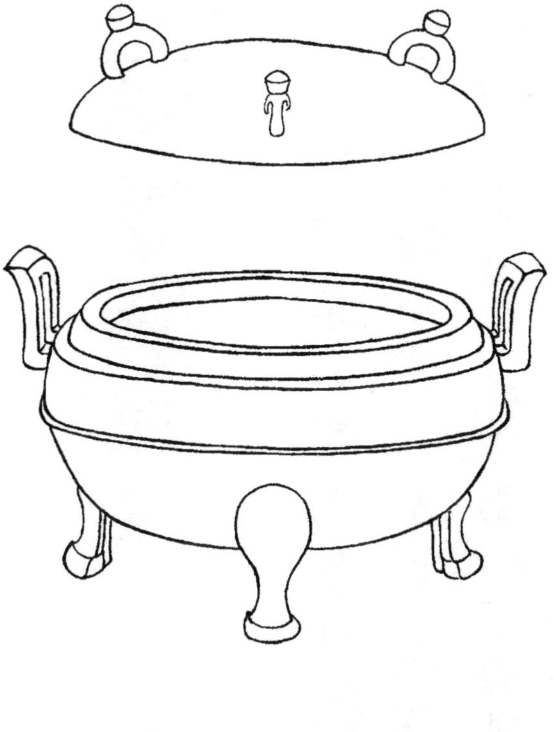

蓋

右高五寸五分深四寸三分口徑
五寸七分腹徑八寸三分耳高二
寸二分濶一寸四分蓋高一寸四分
徑七寸五分

秦冠公鼎

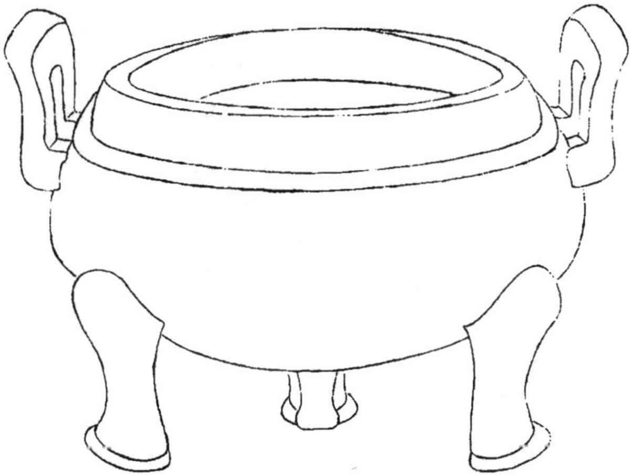

耳

腹

右高五寸二分深四寸八分口徑六寸四分腹徑八寸五分耳高二寸六分濶一寸五分

秦上官鼎

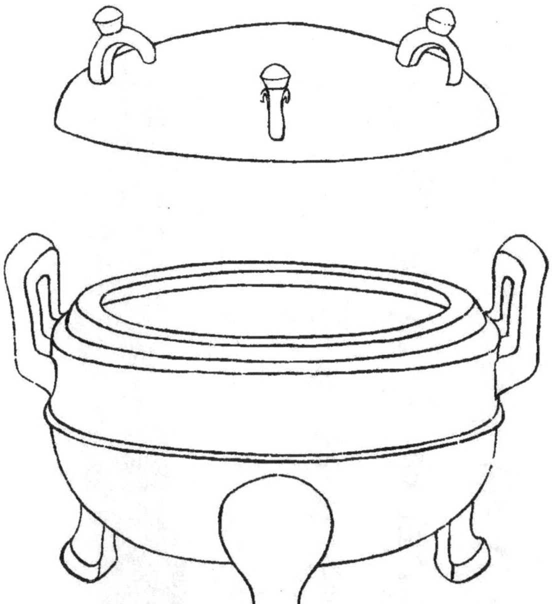

器

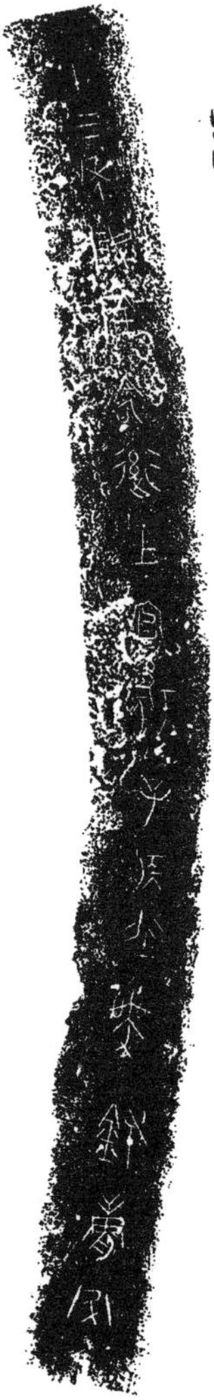

右高六寸一分深五寸二分口徑七寸六分腹徑七寸六分耳高二寸八分闊二寸三分蓋高二寸徑九寸一分

漢府鼎

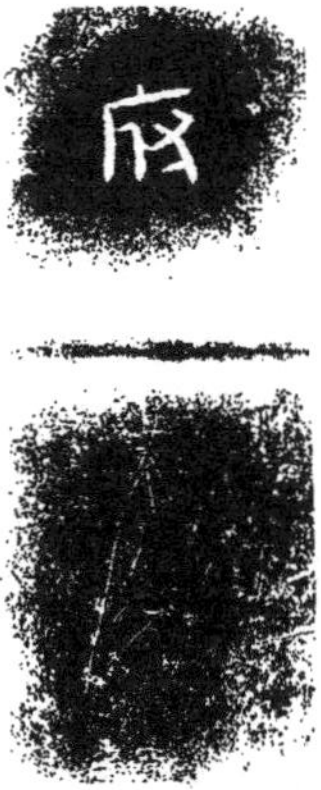

器

右高五寸九分深四寸八分口徑九寸一分耳高二寸濶一寸七分

漢西鼎

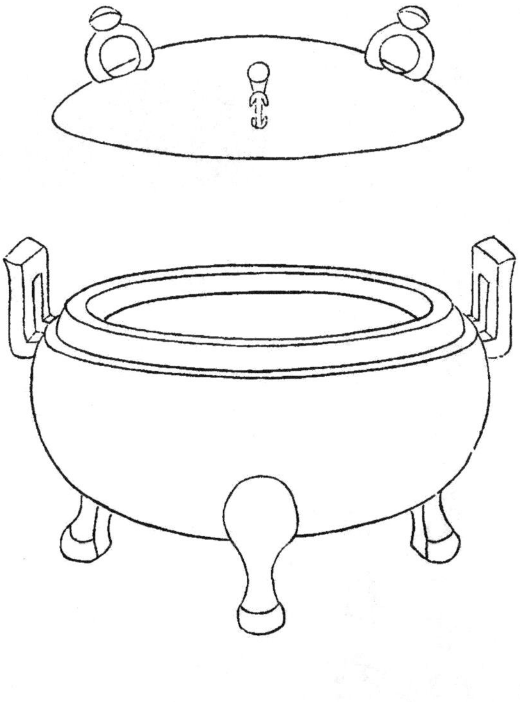

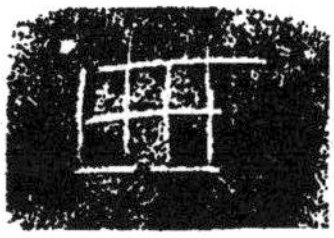

蓋

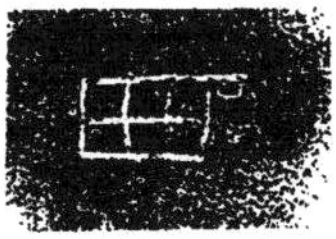

器

右高五寸二分深四寸三分口徑六寸一分腹徑七寸九分耳高一寸八分濶一寸一分蓋高一寸五分徑七寸六分

漢雝鼎

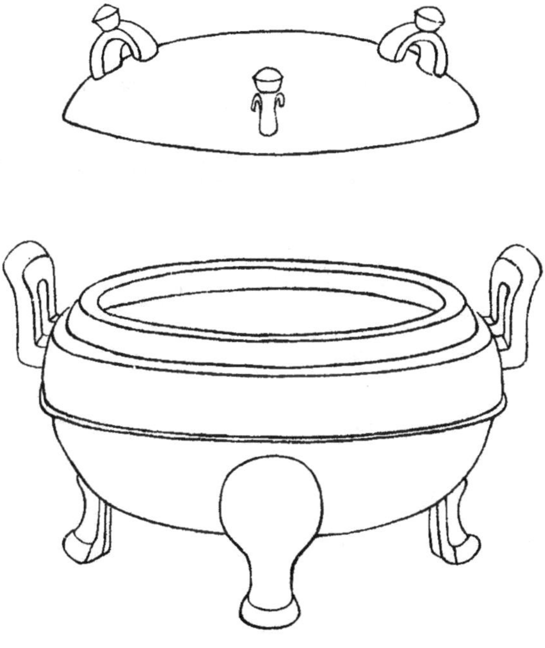

器

右高六寸一分深四寸四分口徑六寸一分腹徑七寸耳高二寸五分闊一寸一分蓋高一寸四分徑七寸六分

漢盩厔鼎一

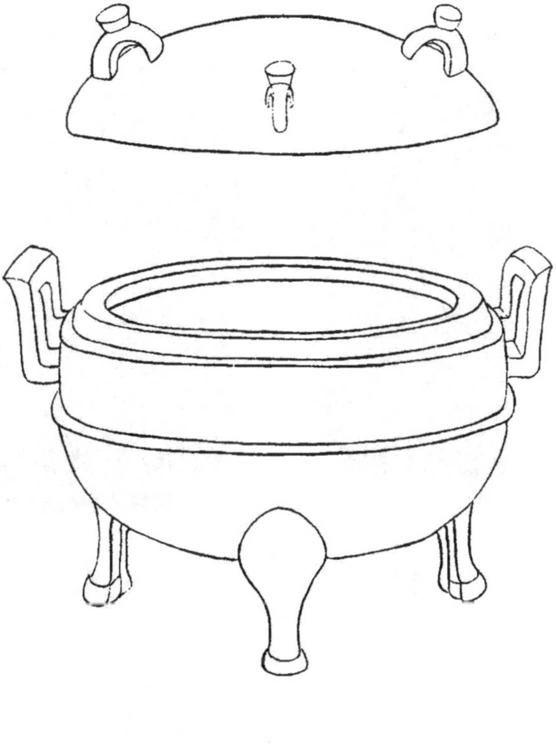

蓋

器

器

右高八寸八分深五寸一分口徑
一尺一寸六分腹徑一尺三寸三
分耳高三寸濶二寸一分蓋高
二寸五分徑一尺二寸八分

陶斋吉金录

卷五

漢盩厔鼎二

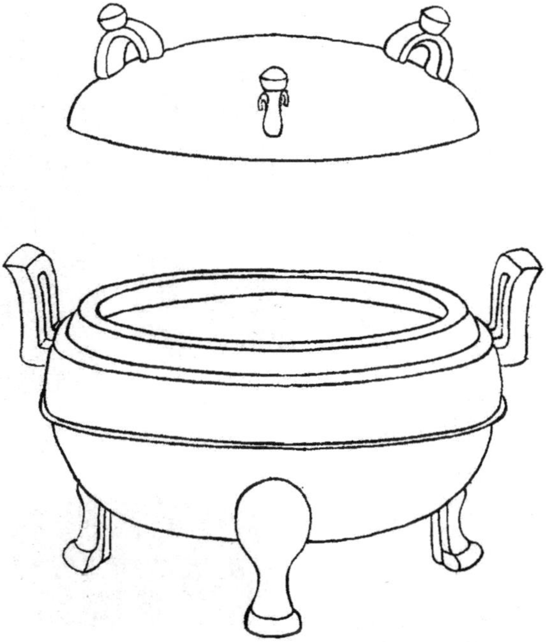

蓋

器

器

蓋

右高五寸七分深四寸三分口徑五
寸八分腹徑八寸二分耳高二寸一分
濶一寸四分蓋高一寸四分徑七寸
六分

漢濕成鼎

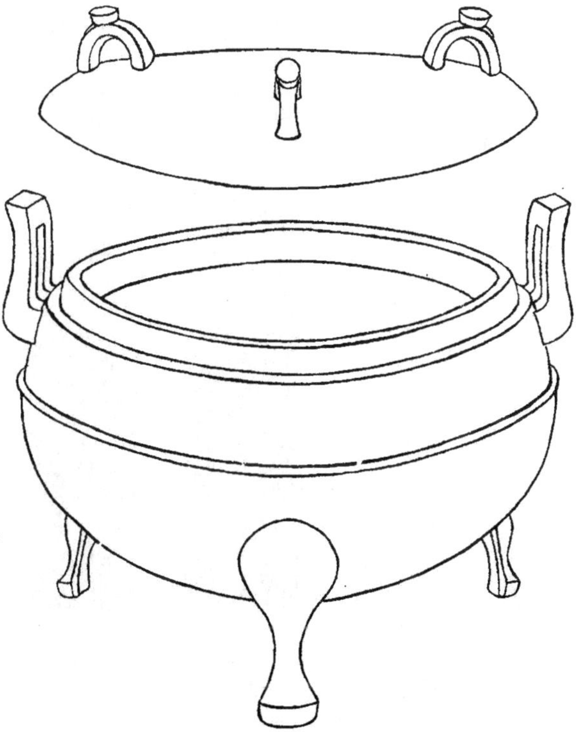

蓋

器

右高七寸四分深五寸七分口徑八寸八分腹徑一尺五分耳高二寸一分濶一寸八分蓋高二寸一分徑一尺

漢犛車宮鼎

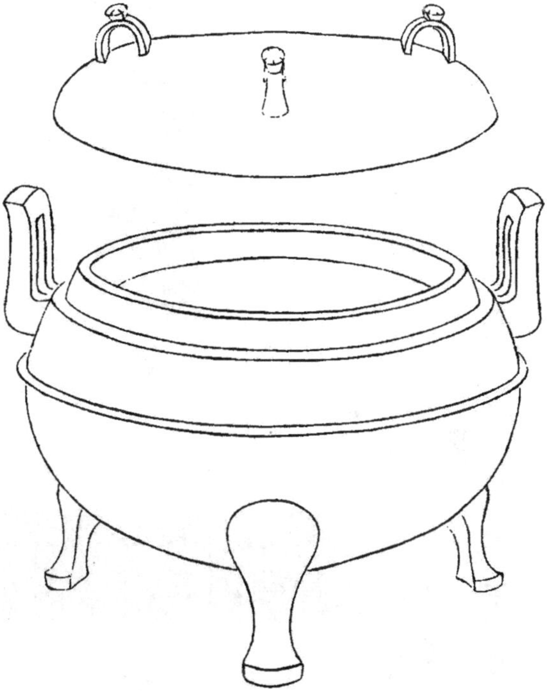

蓋

器

右高五寸八分深四寸六分口徑六寸二分腹徑六寸九分耳高二寸二分濶一寸六分蓋高二寸二分徑六寸七分

漢中水鼎

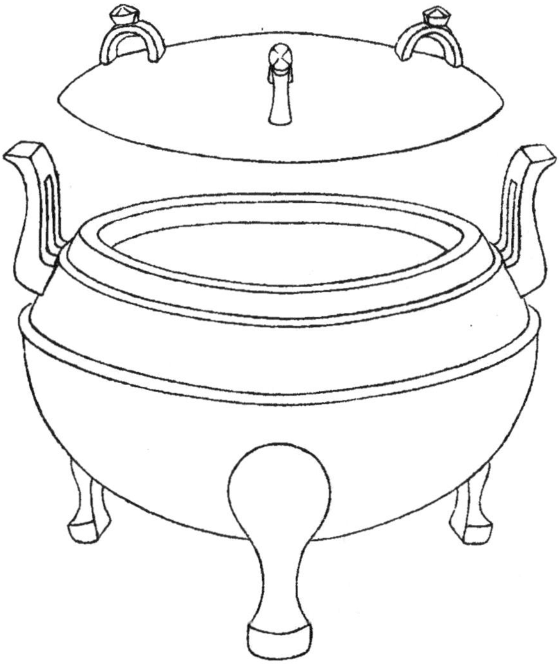

器

右高六寸深四寸二分口徑六寸七分腹徑八寸二分耳高二寸一分濶一寸五分蓋高一寸三分徑七寸七分

漢汝陰鼎

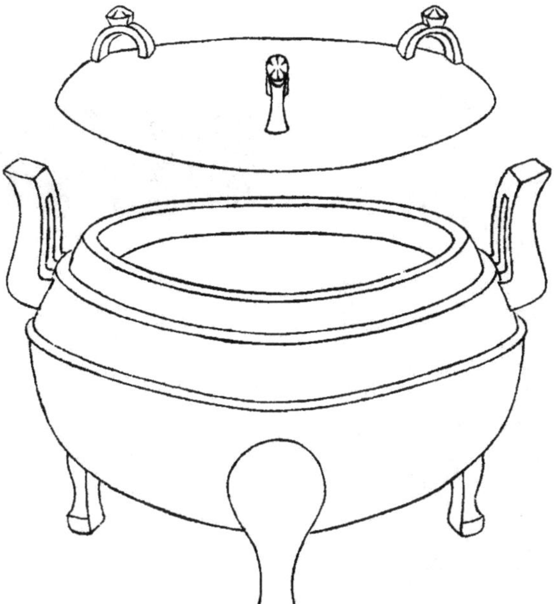

器

右高六寸六分深四寸七分口徑七寸四分腹徑八寸八分耳高二寸一分闊一寸六分蓋高二寸徑八寸四分

漢平陽鼎

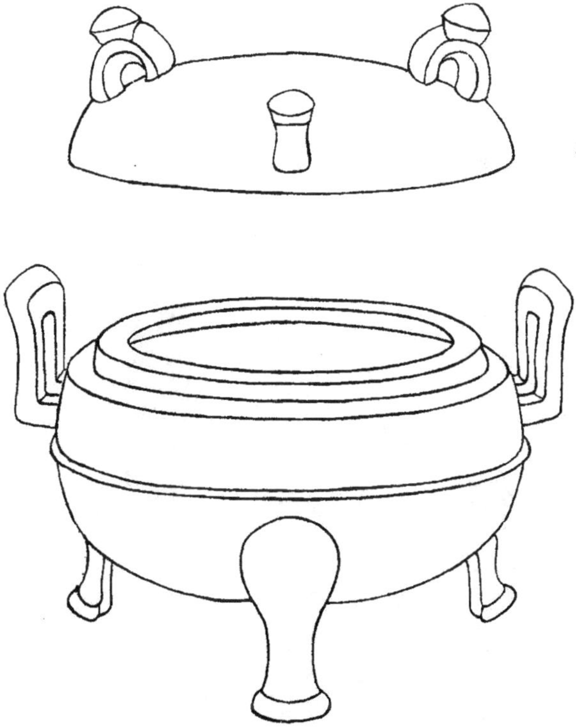

蓋

右高五寸六分深四寸七分口徑六寸七分耳高二寸五分濶一寸五分蓋高一寸八分徑八寸三分

漢長楊鼎

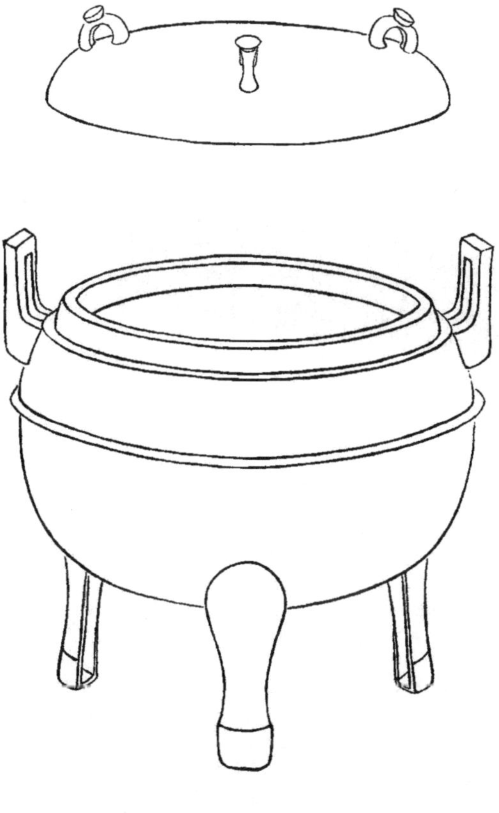

器

卜辭通纂

一周

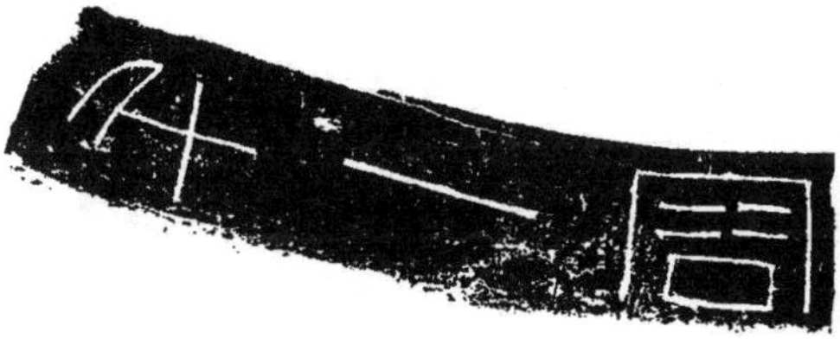

右高六寸六分深四寸三分腹徑七寸三分耳高二寸五分濶一寸二分蓋高一寸五分徑六寸七分

漢荀少夫鼎

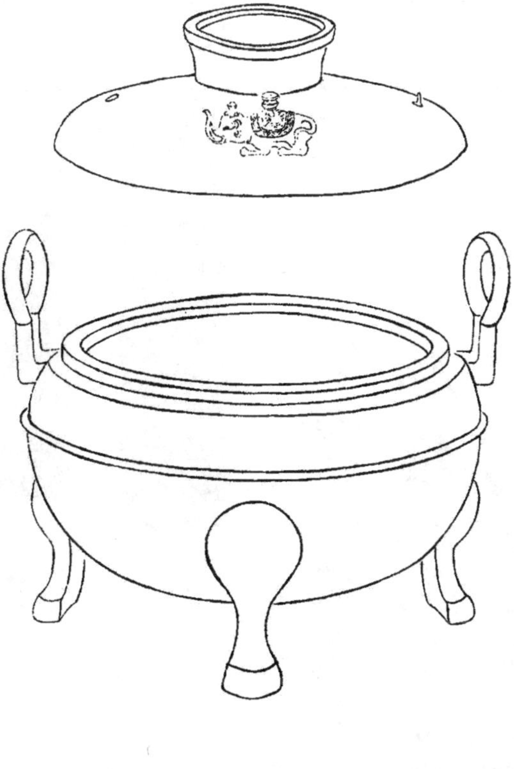

蓋

器

右高一尺一寸二分深九寸三分口徑一尺四寸五分腹徑一尺七寸九分耳高四寸四分濶四寸蓋高四寸徑一尺五寸八分

漢壽成鼎

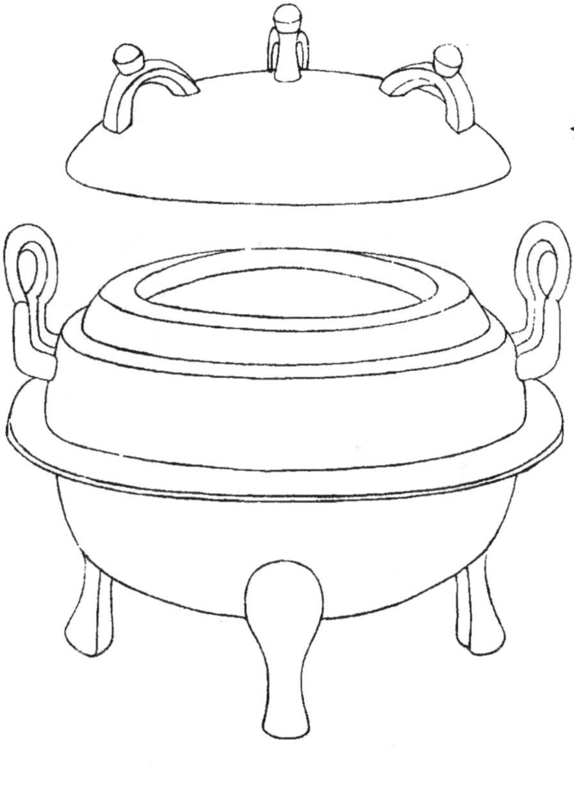

蓋

器

壽成萬歲宮
銅鋗容一升
重三斤十二
兩

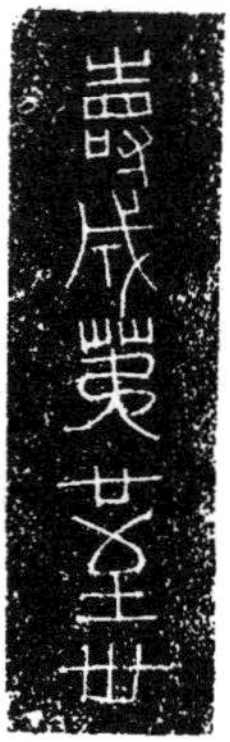

右高七寸二分口徑六寸腹徑八寸一分耳高二寸二分闊一寸

六分蓋高一寸五分徑七寸七分

漢長安鼎

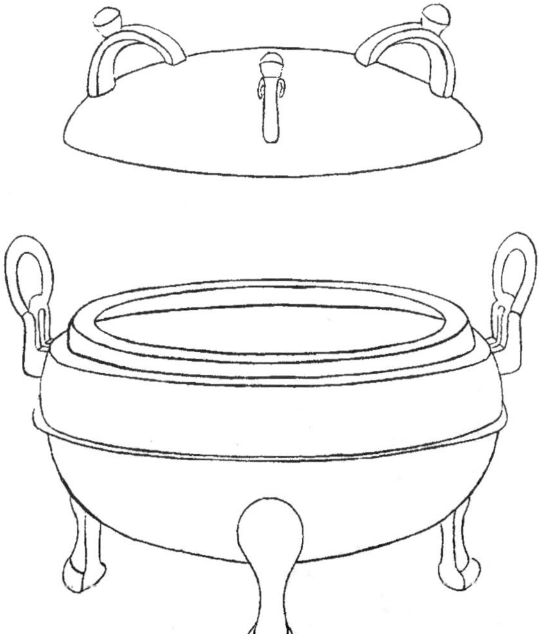

長安廚孝成廟銅三足鼎蓋一合第九　蓋

廚孝成廟銅鼎容三斗一合并重十二斤六兩建平三

年十月工王褒造右丞輔掾譚守令史賞省第九　器

右高六寸五分深四寸六分口徑

六寸五分腹徑七寸二分耳高二

寸七分闊二寸二分蓋高一寸五分

徑八寸八分

漢大衛無極鼎蓋

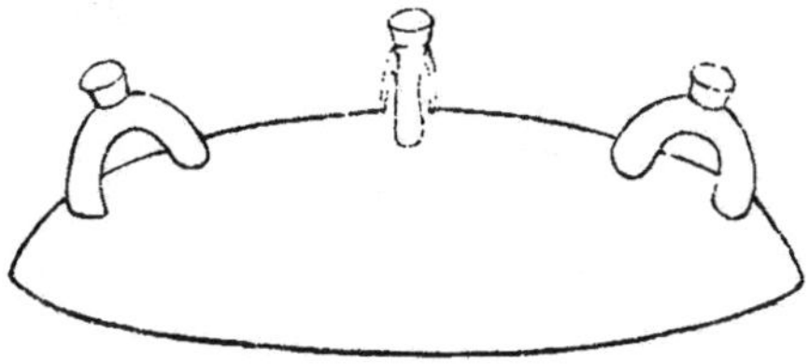

右高一寸三分徑五寸八分

秦高都劍

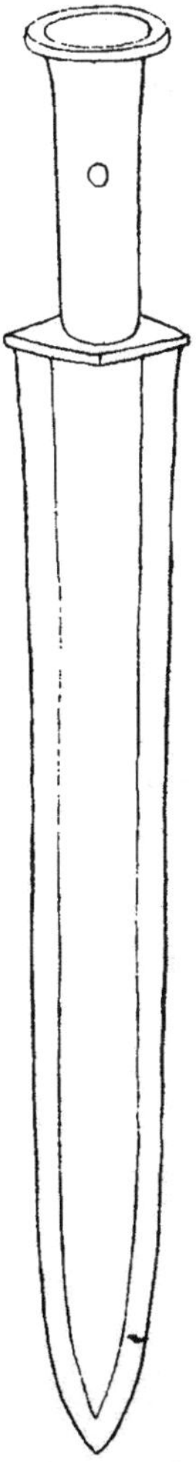

右通長一尺七寸九分

廿九年高都令陳愈工帀華

秦鄭武軍斷劍

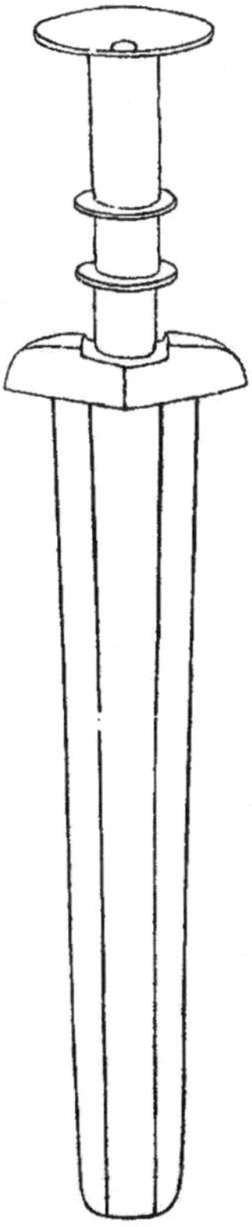

右通長一尺二寸三分

秦官率劍

右通長一尺九寸

秦陰平劍

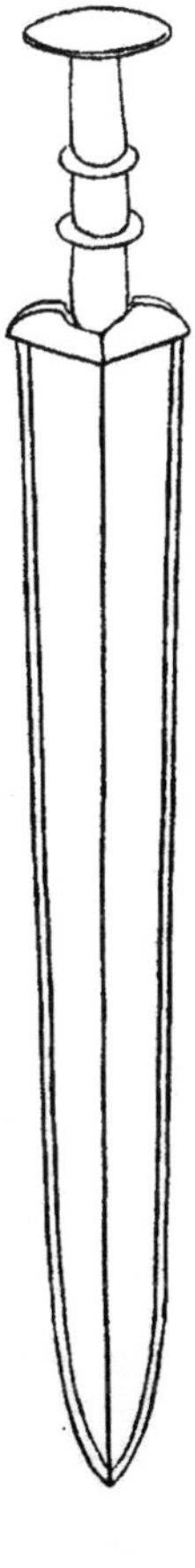

右通長一尺九寸七分

秦昂平侯劍

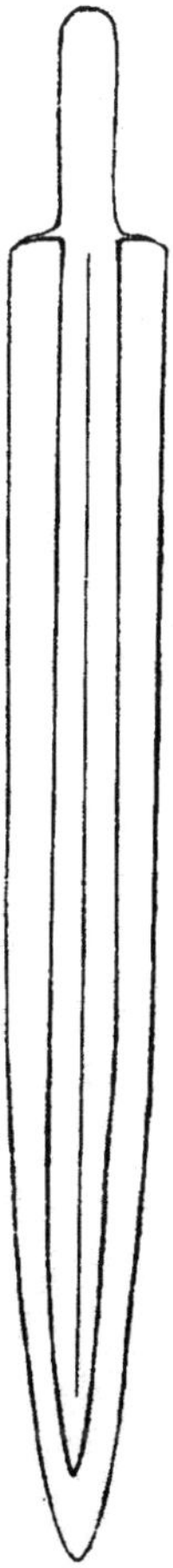

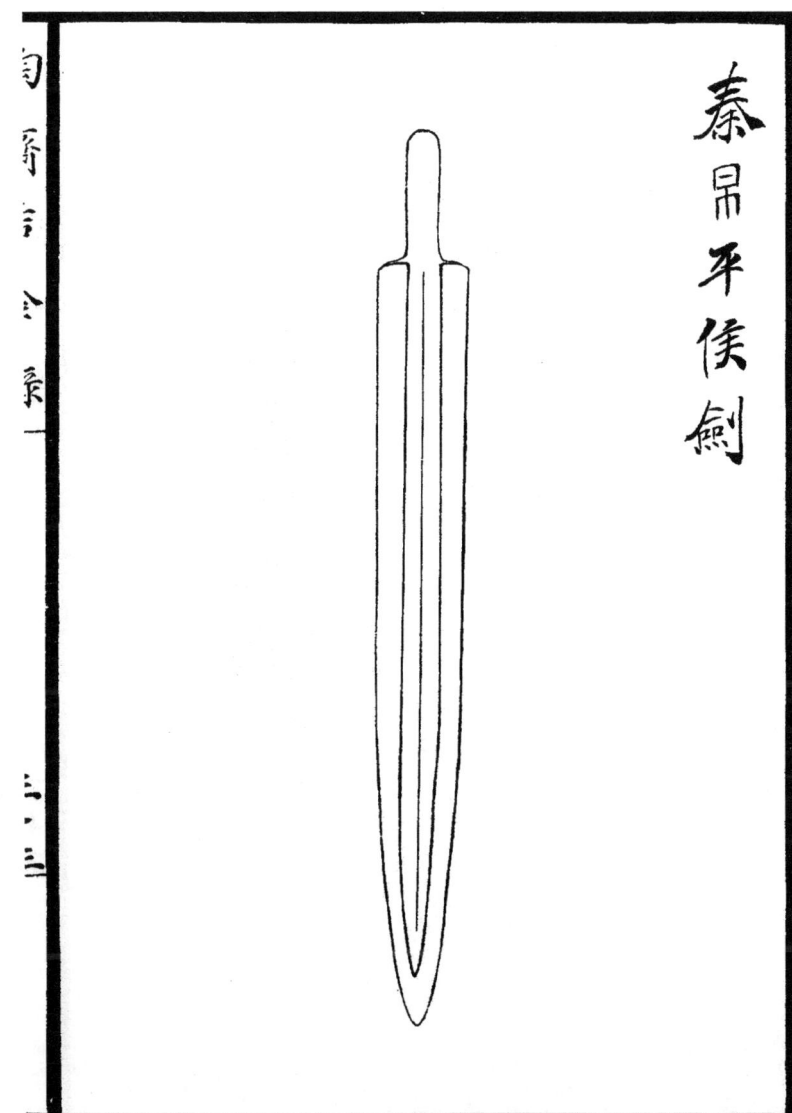

右通長一尺一寸五分

漢黃龍劍

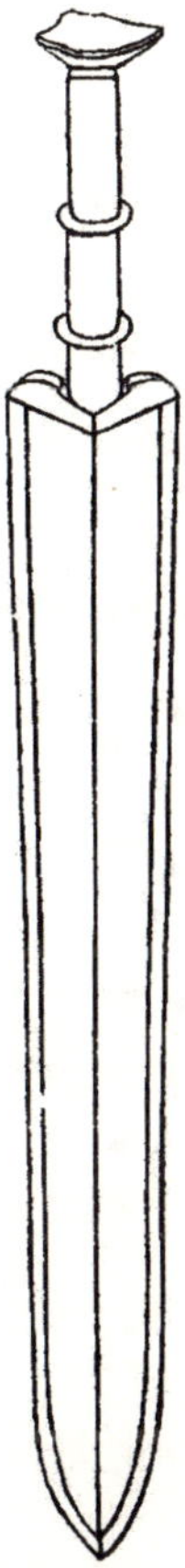

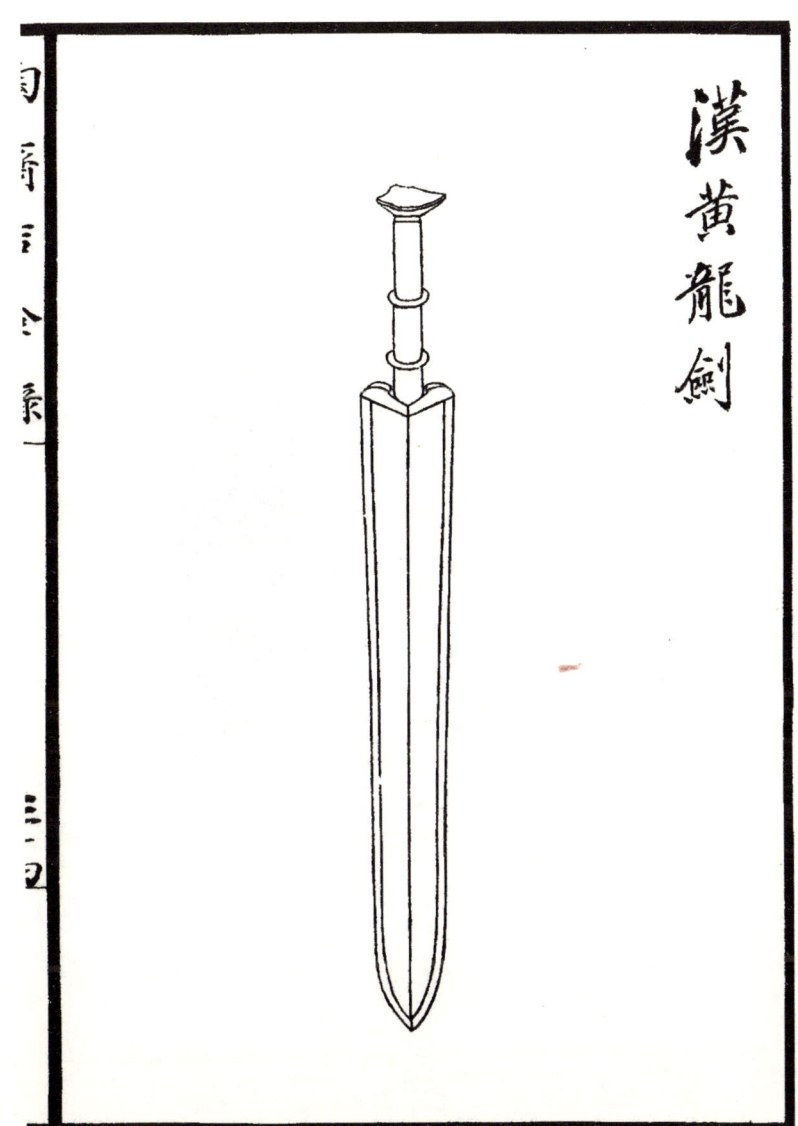

右通長一尺九寸八分

漢宜富劍格 原形

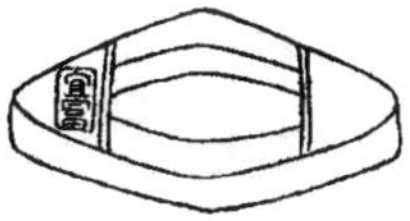

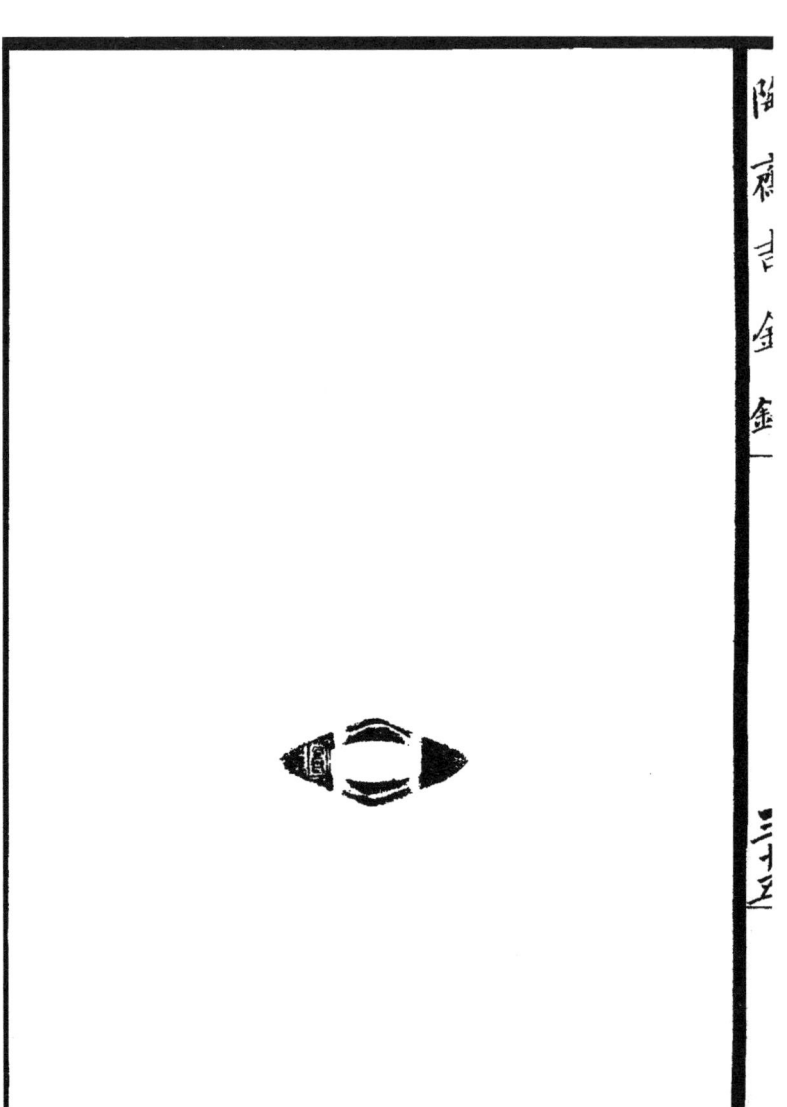

漢蟠螭劍

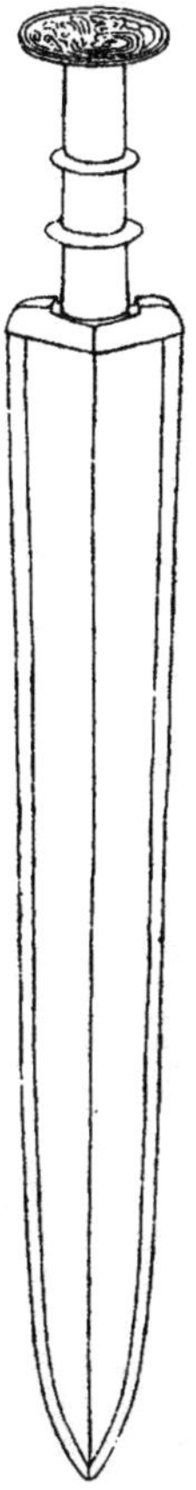

右甬長一尺九寸四分

秦寺工殘戈 原形

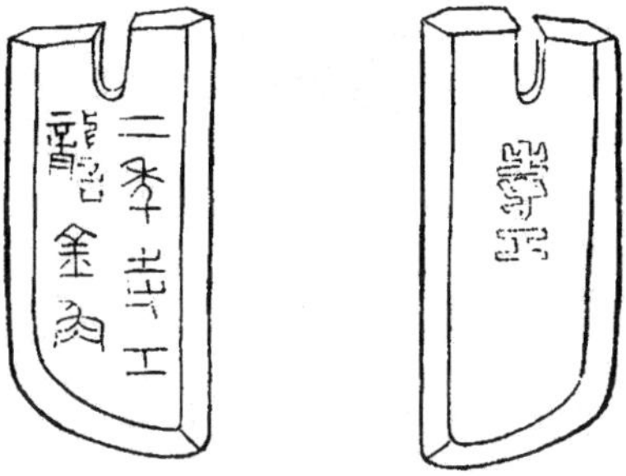

秦武庫戈 原形

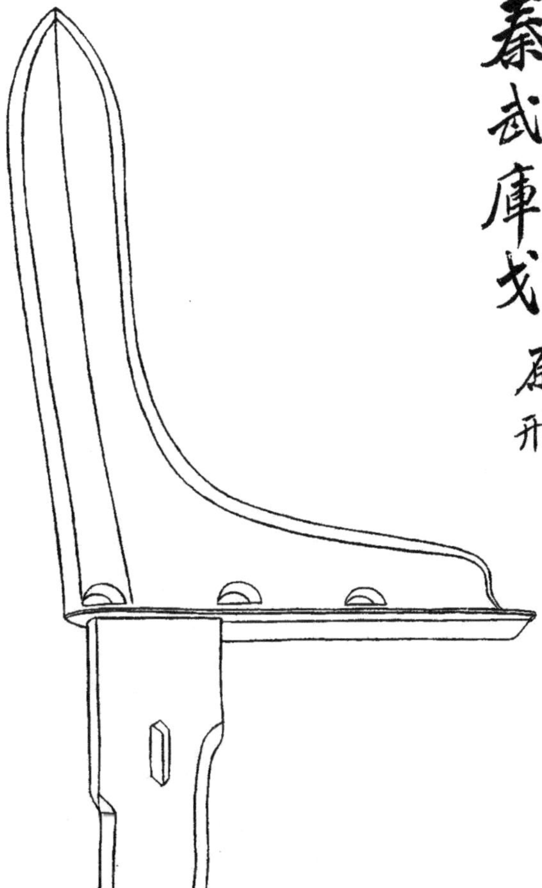

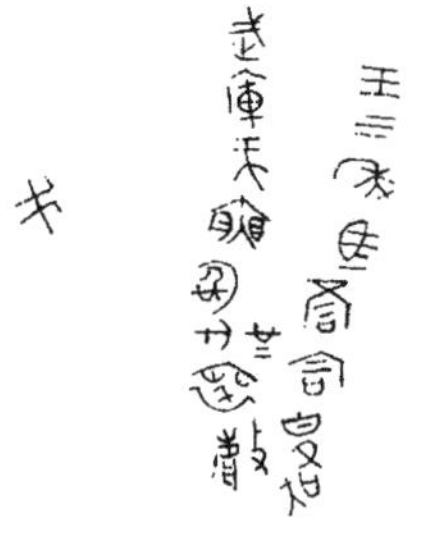

秦八羌戈 原形

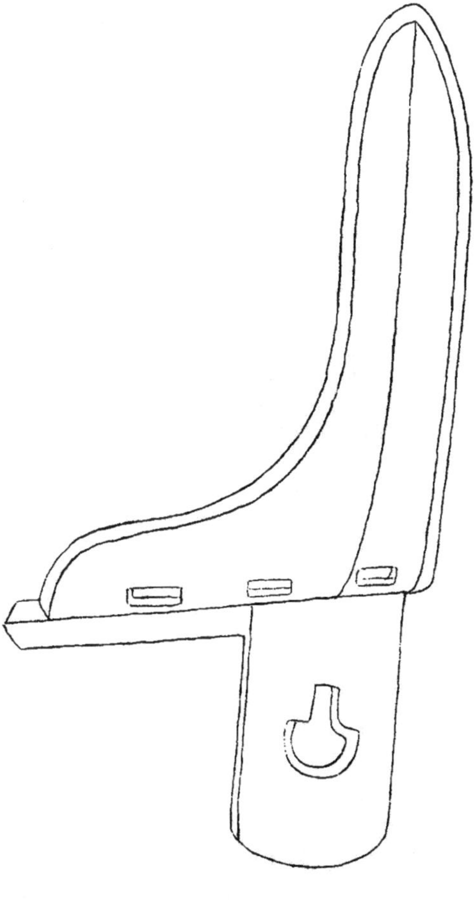

秦左将戈 原形

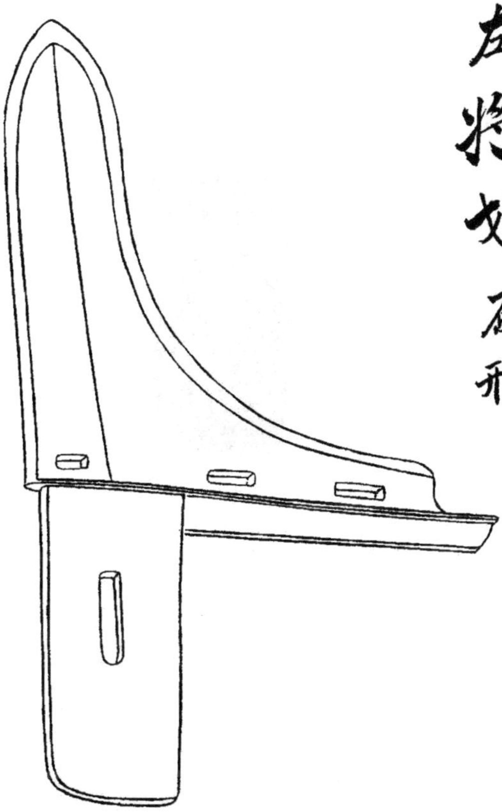

漢武子戈 原形

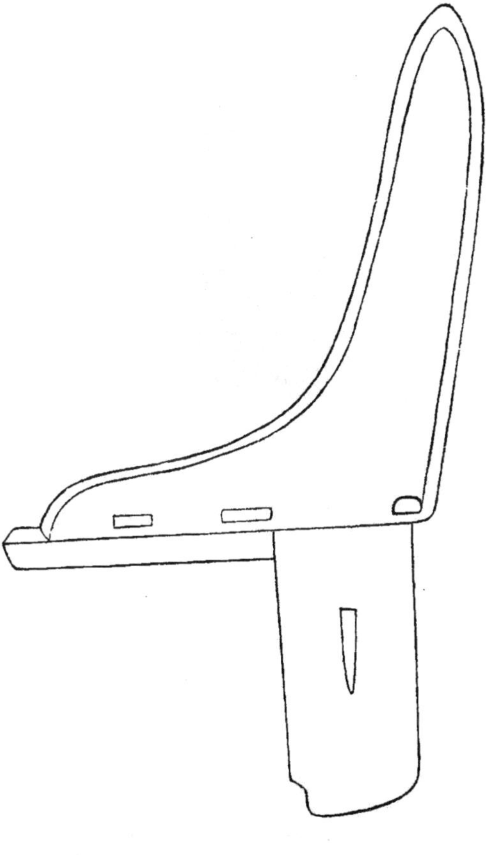

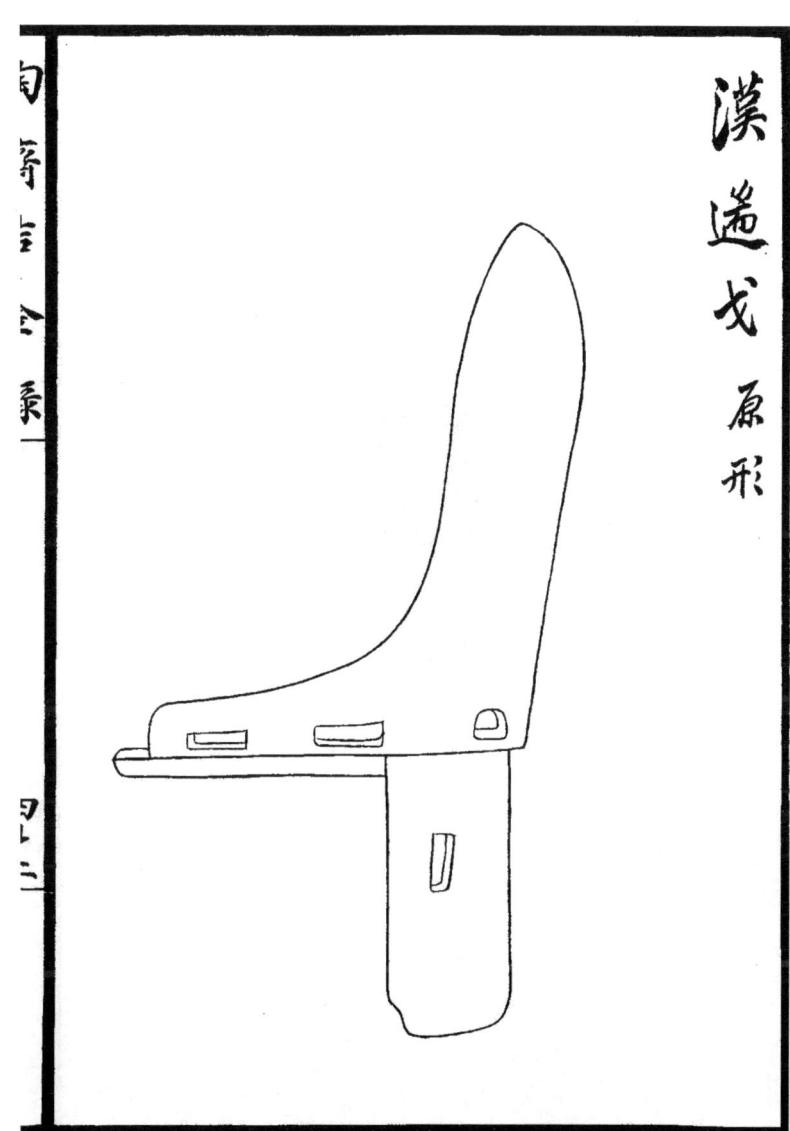

漢遙戈 原形

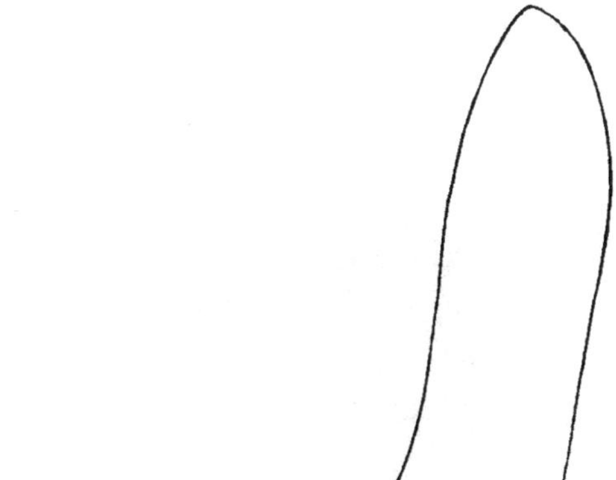

陶齋吉金錄卷六目錄

漢雒陽武庫鍾
中和府鍾
南陵鍾
一石鍾
義陽鍾
延熹鍾
漢元始鈁

長沙元年鈁

平陽子家鈁

趙常樂鈁

西鄉鈁

賈氏鈁

塗金鈁

漢二年酒鋗

綏和鋗

漢平陽子家壺

三字壺

田字壺蓋

漢銅染棓

山都棓

漢章和洗

永元洗一

永元洗二

建安洗

陽遂洗

君宜子孫洗

長宜子孫洗一

長宜子孫洗二

三公洗

大吉宜王洗

吉字洗

大吉羊洗

重七斤洗

漢

元康鐙

長安下領宮鐙

永安宮行鐙

黃龍鐙

永光鐙

建昭行鐙

蘭宮鐙

曲成錠

銅鐙三同式

塗金鐙

漢

五鳳鐎斗

建始鐎斗

宜子孫鐎斗

大泉五十鐎斗

漢右領軍虎符

真　虎符

殘魚符

金符

漢雒陽武庫鍾

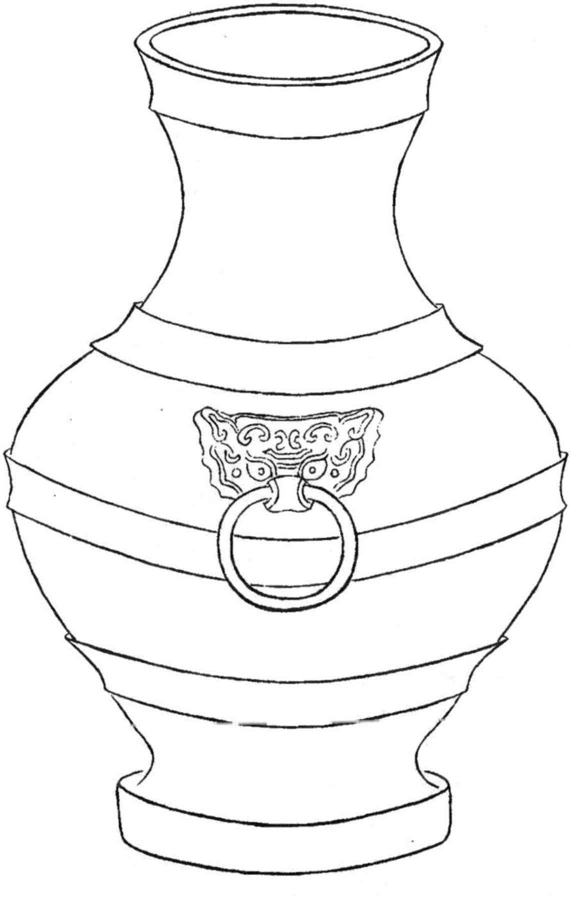

右高二尺三寸二分深二尺五分
口徑九寸四分腹徑一尺八寸

漢中和府鍾

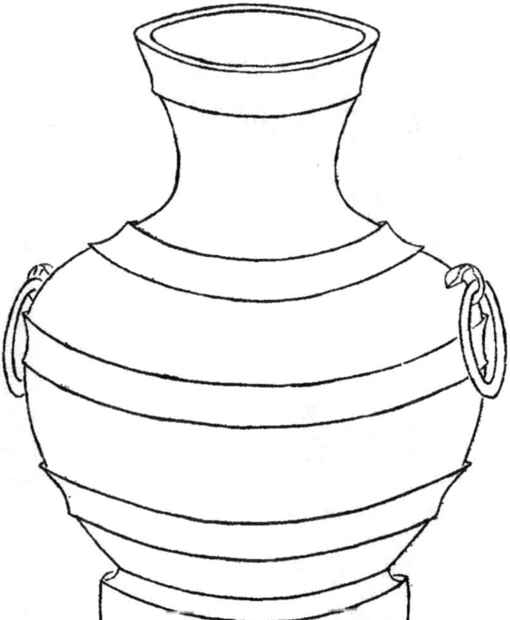

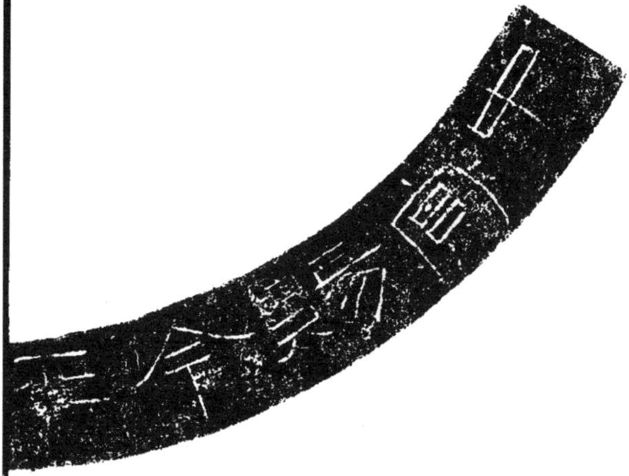

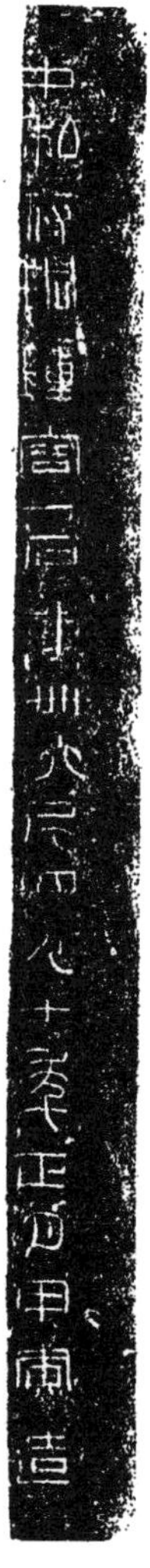

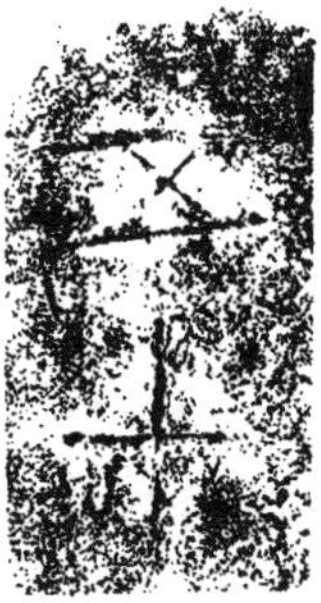

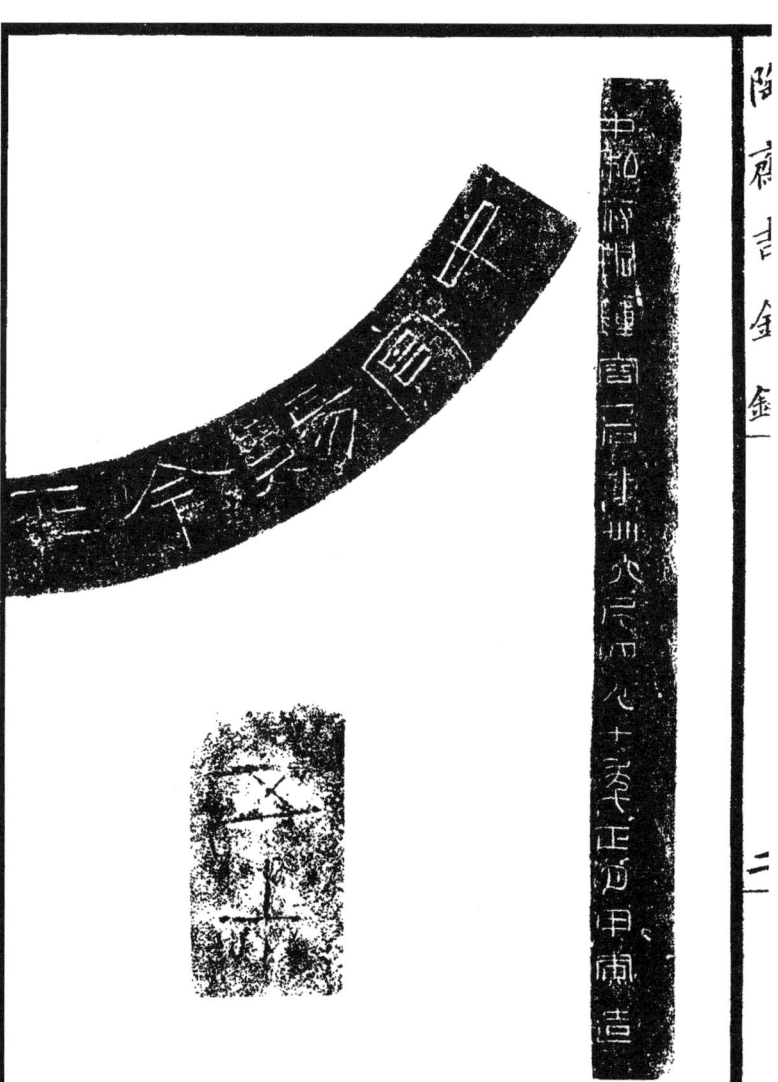

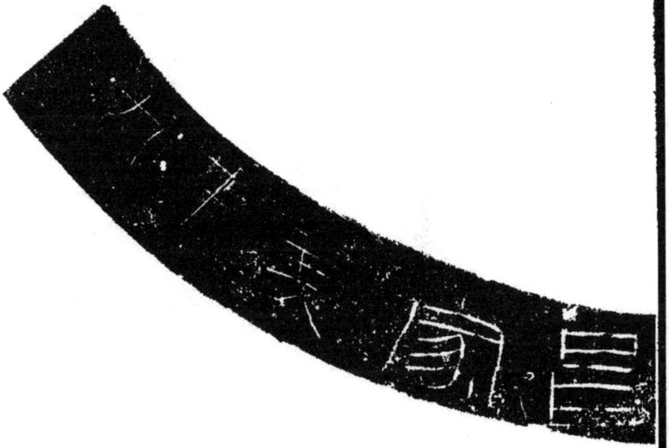

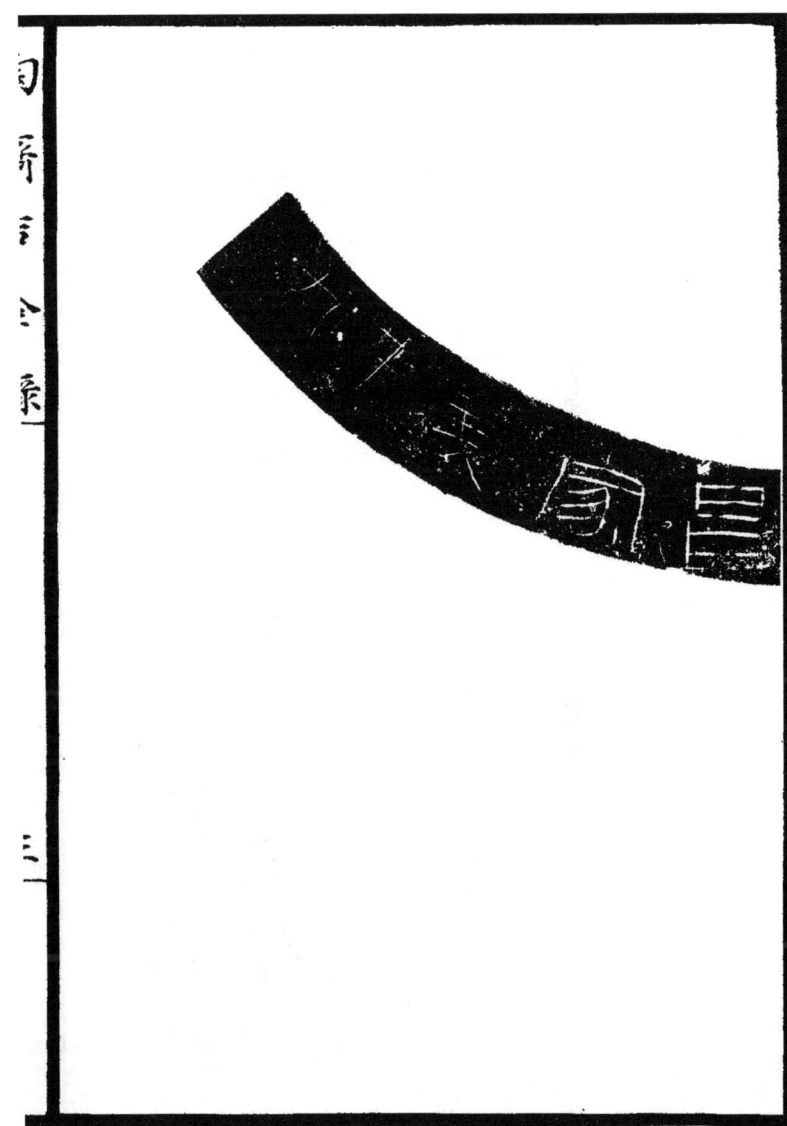

右高一尺九寸七分深一尺七寸三分口徑七寸九分腹徑一尺四寸四分

漢南陵鍾

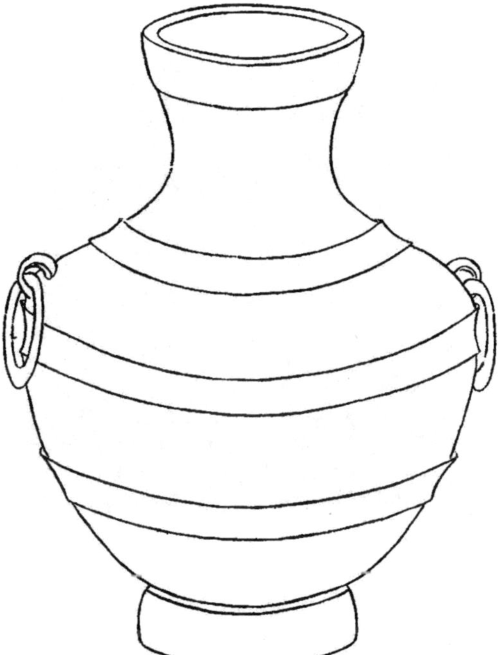

右高一尺九寸五分深一尺七寸五分口徑八寸二分腹徑一尺六寸三分

漢一石鍾

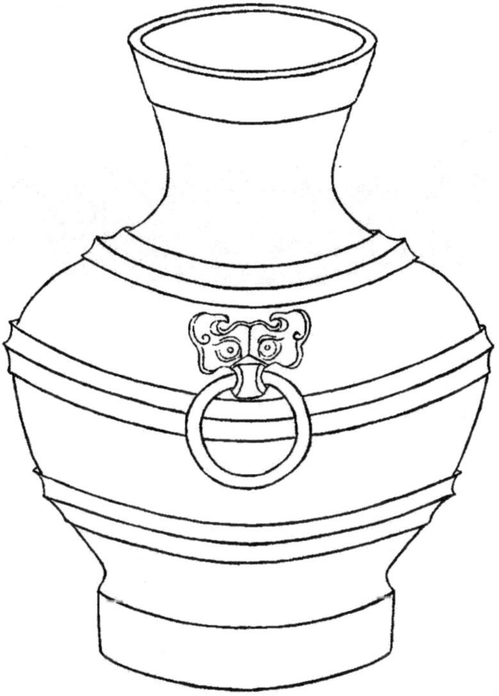

銅一石鍾重卌二斤

右高一尺九寸七分深一尺七寸口徑七寸八分腹徑一尺四寸七分強

陸宣公全集

漢義陽鍾

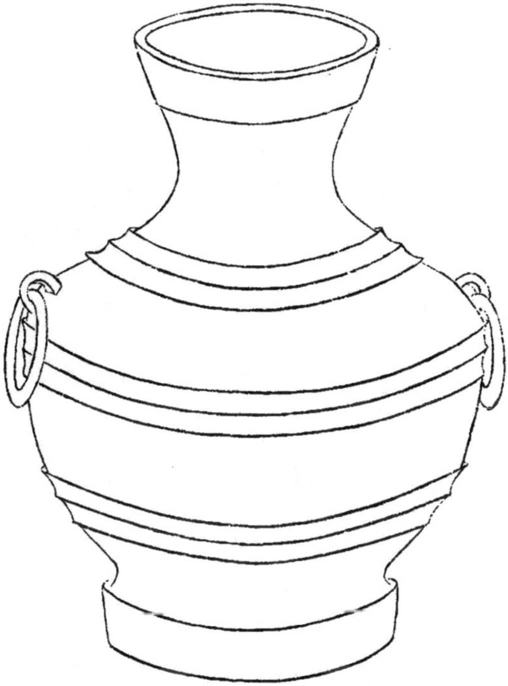

右高一尺九寸五分深一尺七寸五分口徑七寸九分腹徑一尺四寸七分

漢延熹鍾

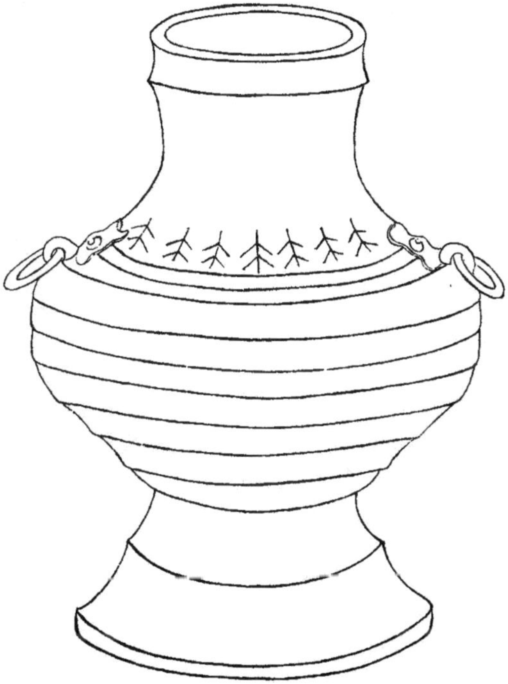

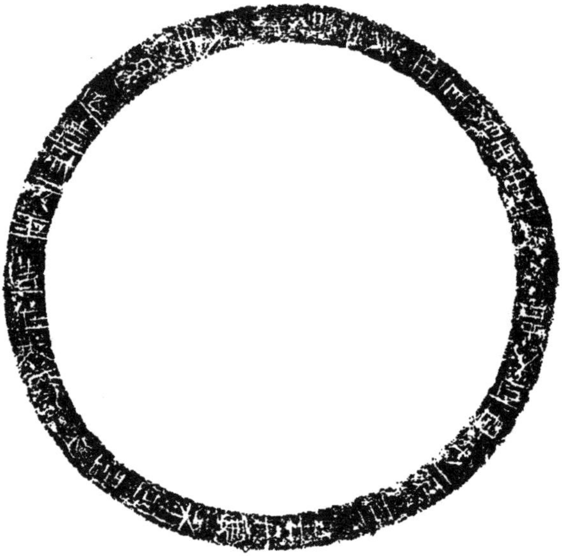

右高一尺五寸七分深一尺二寸二分口徑四寸五分腹徑一尺五分

漢元始鈁

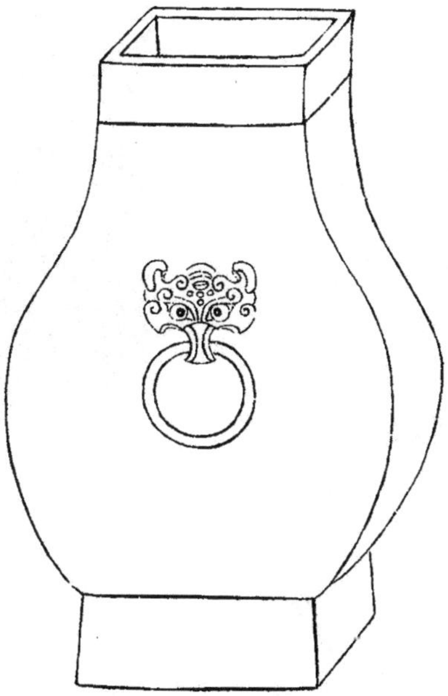

右高一尺七寸三分深一尺四寸
六分口徑五寸七分腹徑一尺三分

漢長沙元年鈁

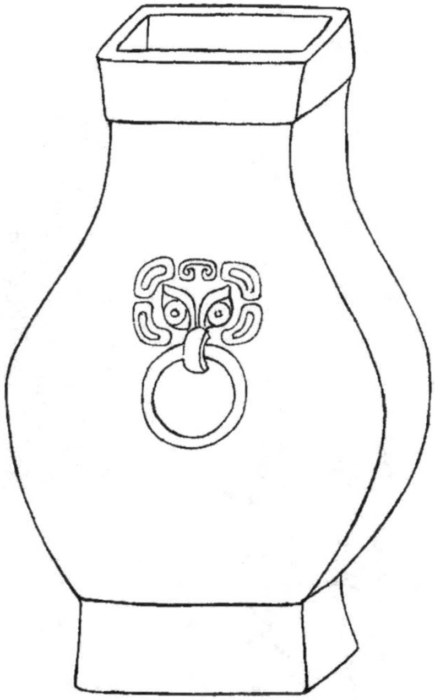

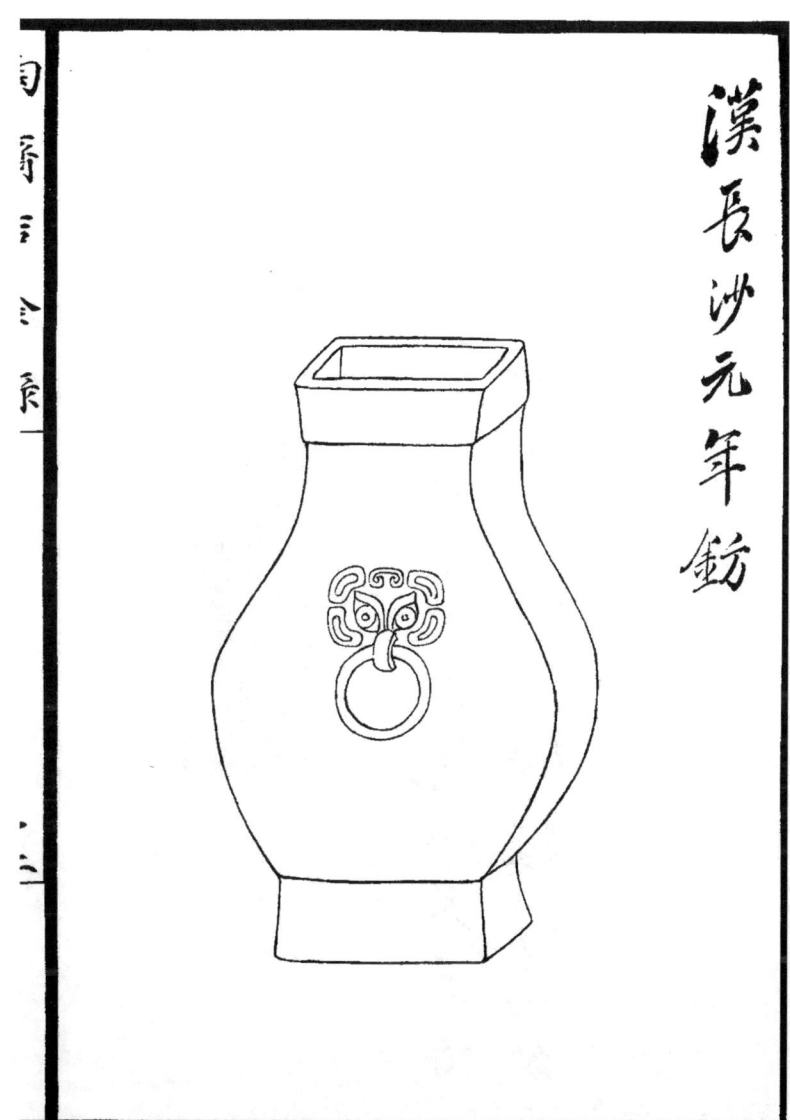

右高一尺五寸一分深一尺三寸二分口徑四寸六分腹徑八寸九分

漢平陽子家鈁

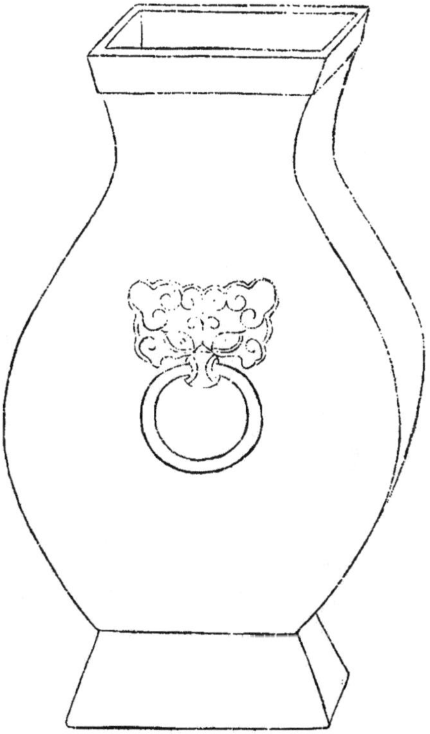

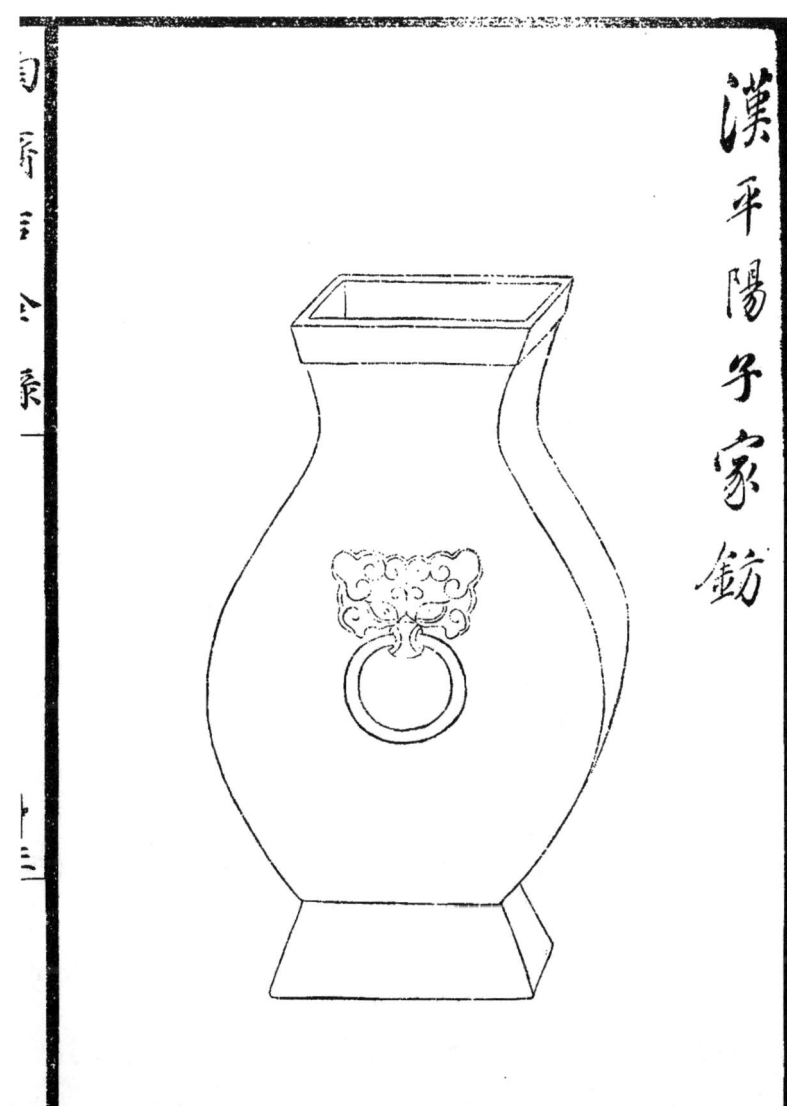

右高一尺六寸深一尺四寸三分
口徑五寸五分腹徑九寸

漢趙常樂鈁

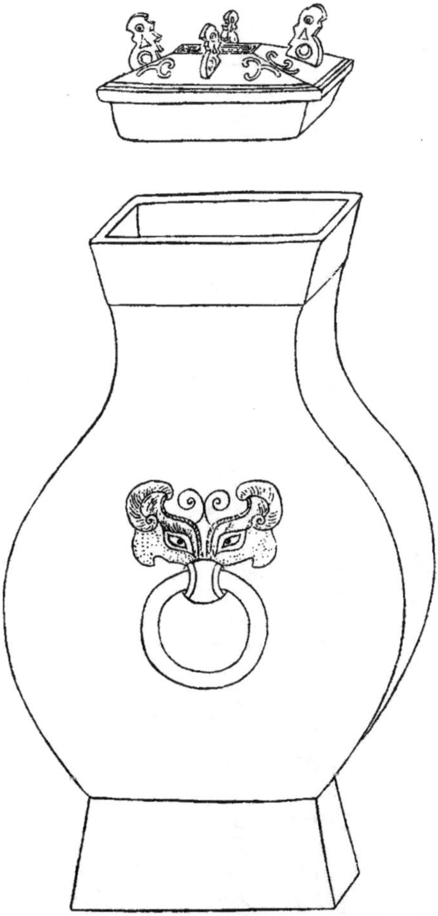

銷常樂

右高一尺六寸深一尺三寸三分

口徑五寸二分腹徑九寸蓋高

二寸八分徑三寸八分

漢西鄉鈁

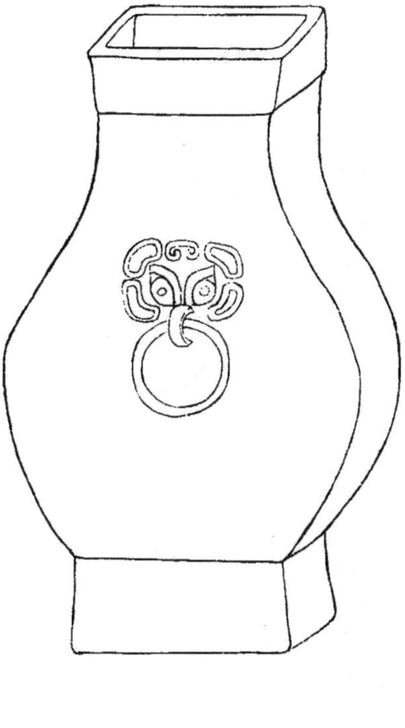

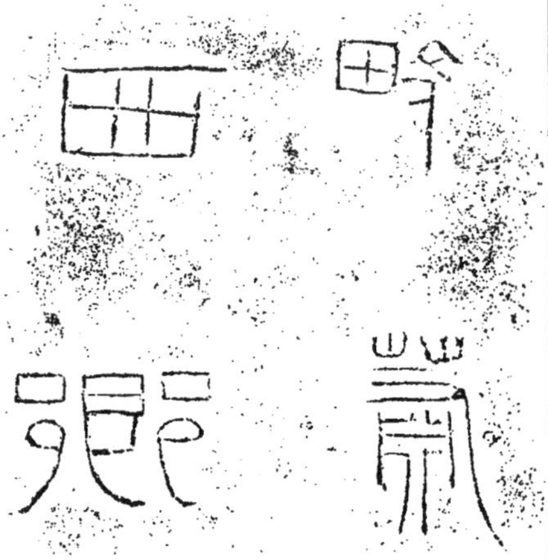

右高一尺五寸九分深一尺三寸六
分口徑四寸八分腹徑九寸一分

漢賈氏家鈁

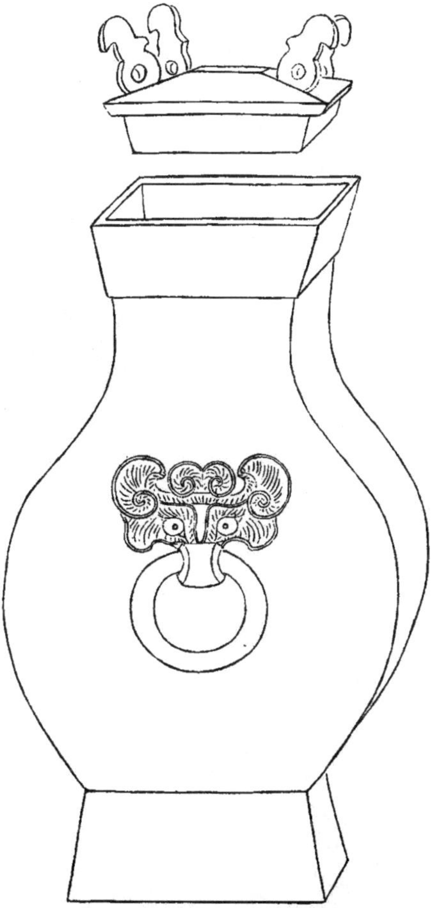

右高一尺六寸九分深一尺三寸七分口徑五寸二分腹徑九寸蓋高一寸六分徑四寸二分

漢塗金鈁

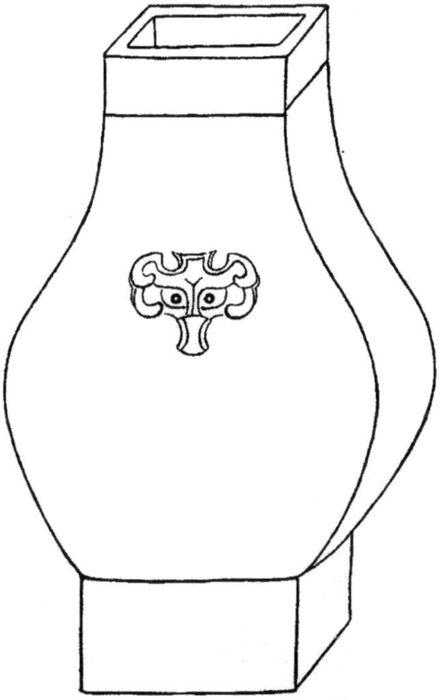

二十

右高一尺六寸一分深一尺三寸四分口徑五寸三分腹徑九寸一分

漢二年酒銷

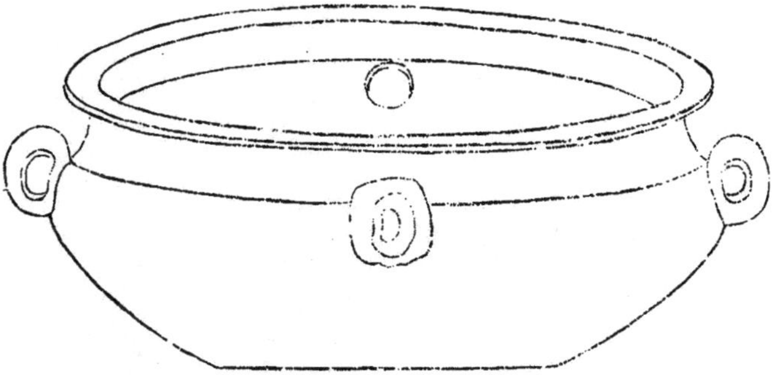

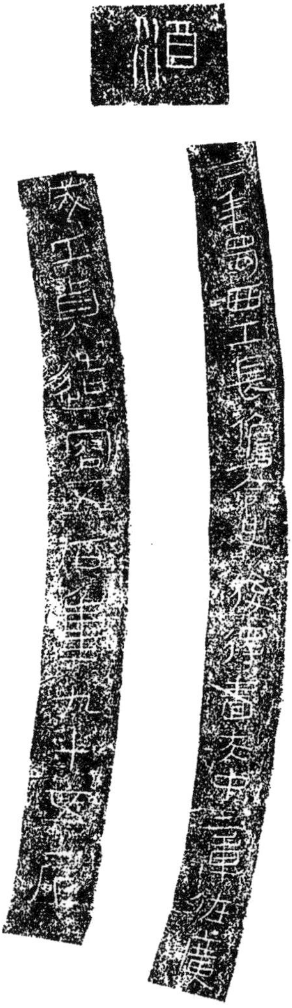

右高一尺五寸五分深一尺四寸九分口徑二尺七寸五分腹徑二尺九寸九分

漢綏和銷

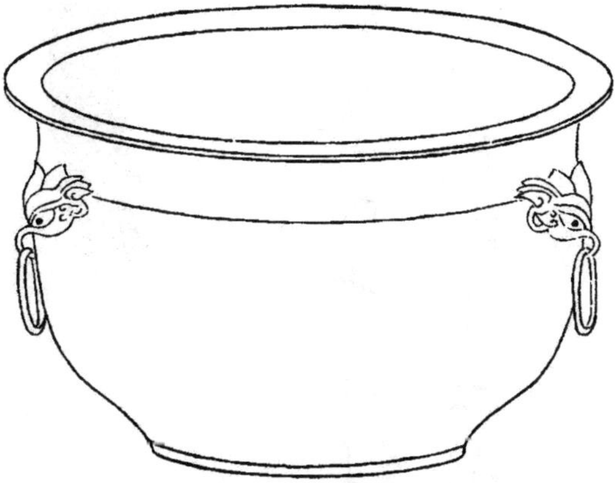

右高六寸四分深六寸口徑一尺二寸二分腹徑一尺一寸二分

漢平陽子家壺

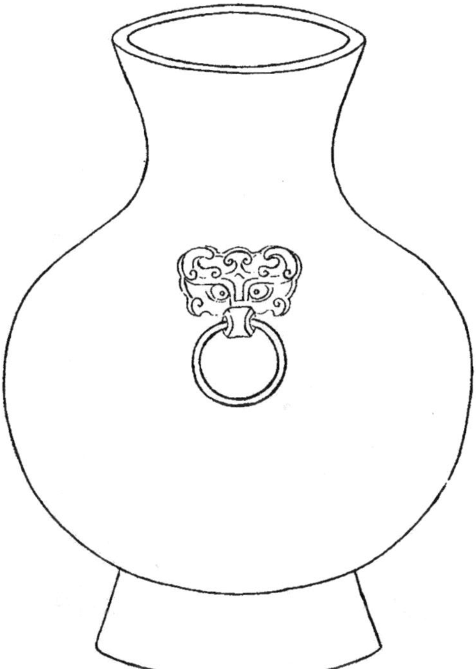

右高一尺一寸八分深一尺八分

口徑四寸六分腹徑九寸

漢三字壺

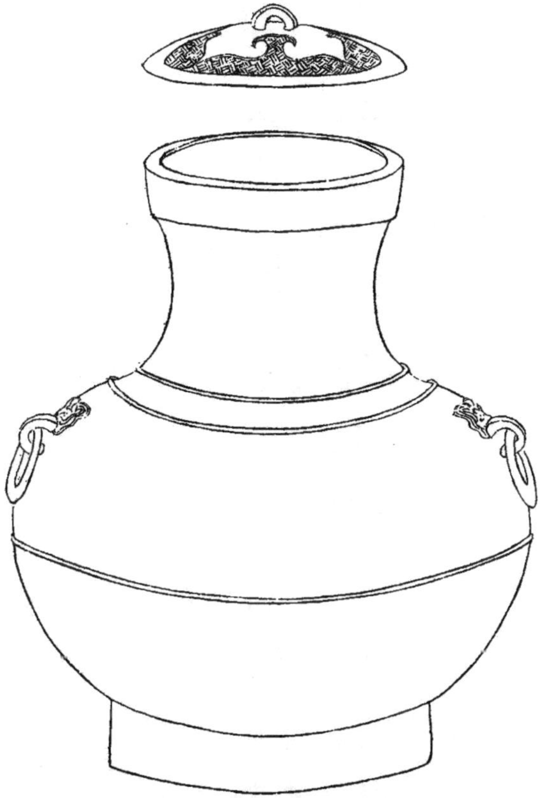

三

右高八寸二分深七寸三分口徑三寸二分腹徑六寸八分蓋高五分徑三寸二分

漢田字壺蓋

右高一寸四分徑六寸八分

漢銅染桮

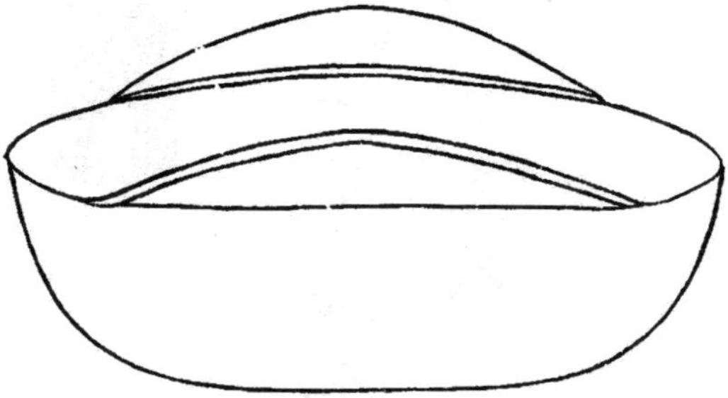

右高一寸六分深一寸四分口徑
長六寸六分濶四寸五分

漢山都棓

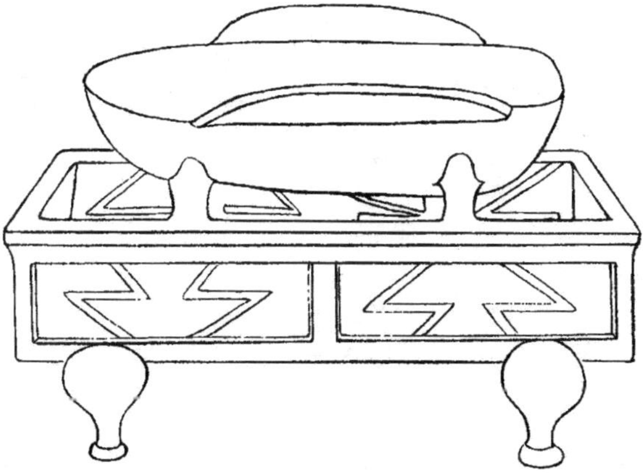

右栝高二寸三分口徑長七寸一分濶四寸三分座高二寸五分長徑七寸八分濶徑四寸六分

漢章和洗

右高九寸五分深九寸二分口徑二尺腹徑一尺六寸五分底徑一尺一寸二分

漢永元洗一

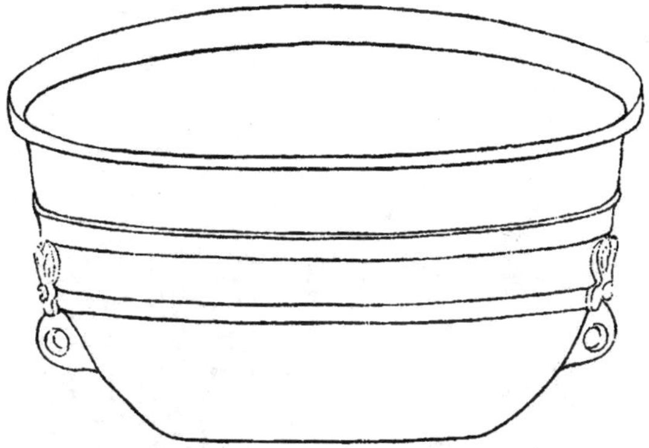

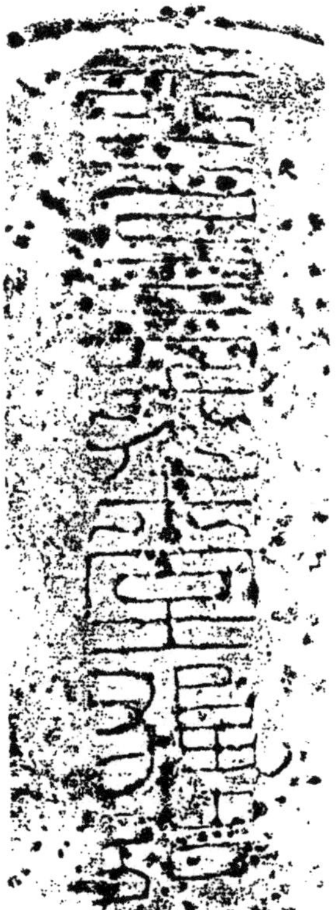

右高六寸八分深六寸五分口徑一尺三寸二分腹徑一尺二寸五分底徑八寸

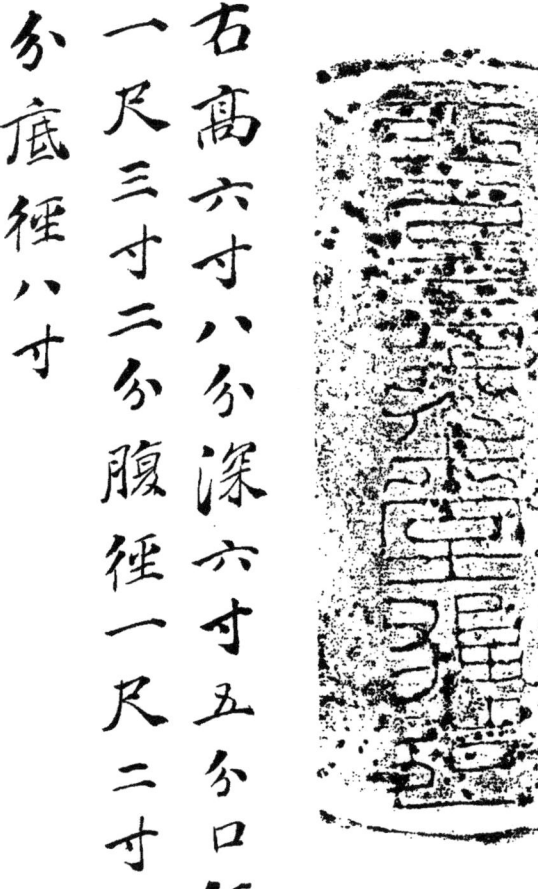

漢永元洗二

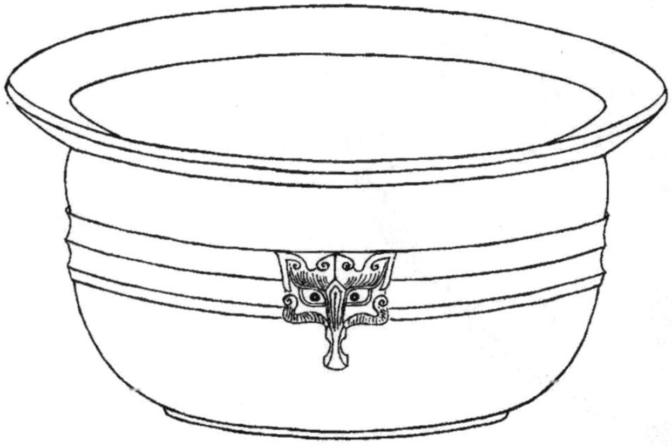

右高六寸四分深六寸三分口徑一尺四寸腹徑一尺一寸七分底徑七寸八分

漢建安洗

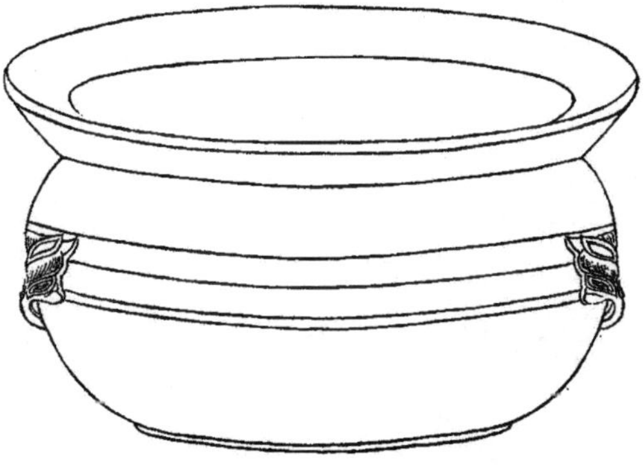

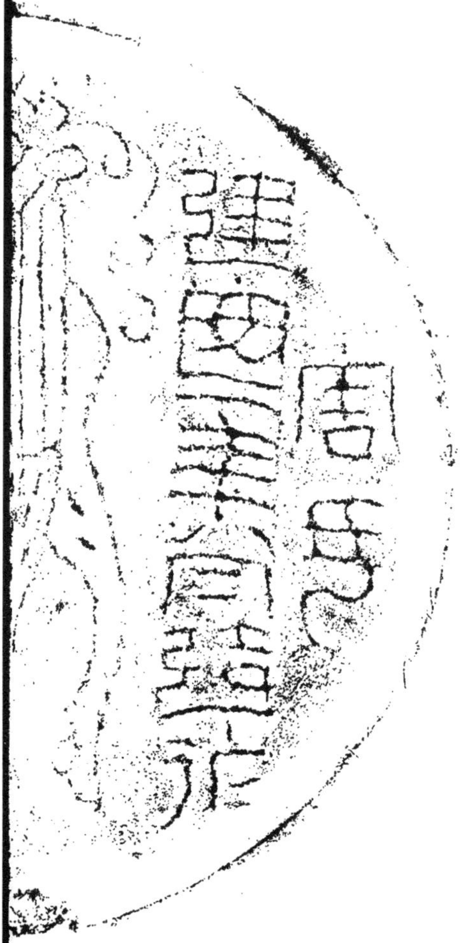

右高六寸九分深六寸七分口徑一
尺四寸五分腹徑一尺三寸七分底

徑八寸八分

漢陽遂洗

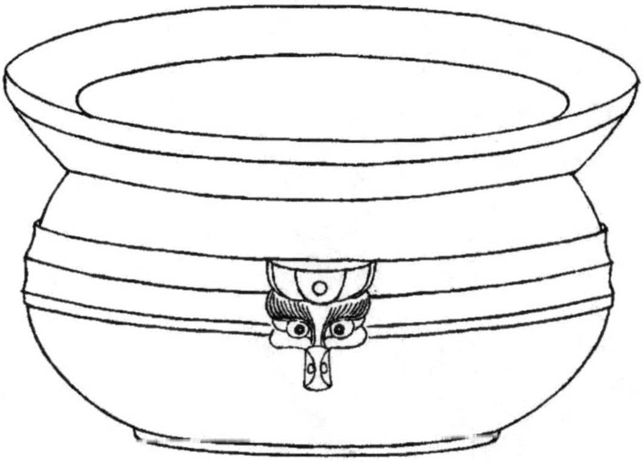

右高八寸一分深七寸七分口徑一尺六寸二分腹徑一尺五寸四分底

徑九寸四分

漢君宜子孫洗

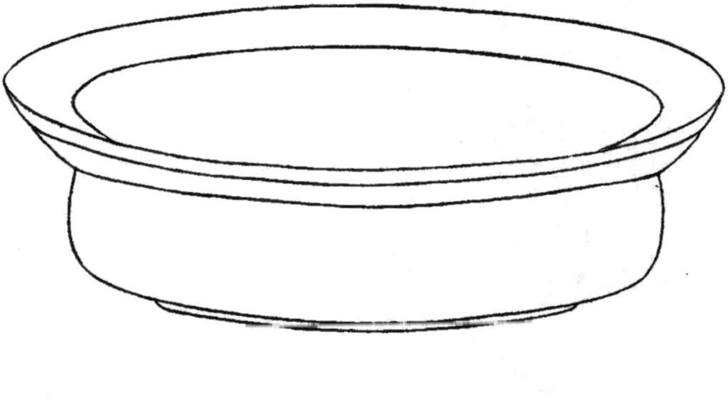

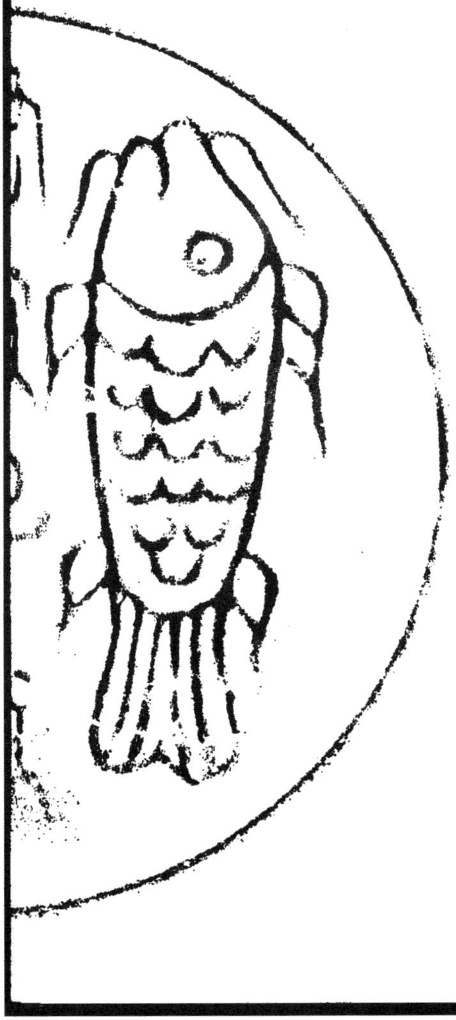

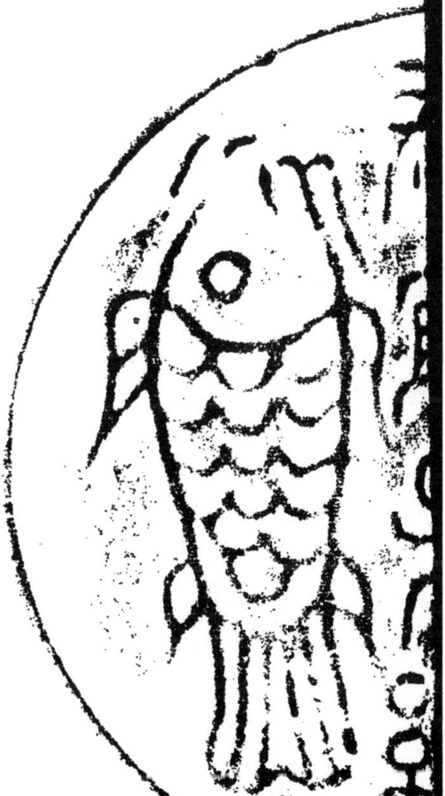

右高三寸六分深三寸四分口徑一尺五寸七分腹徑一尺三寸二分底徑八寸八分

漢長宜子孫洗一

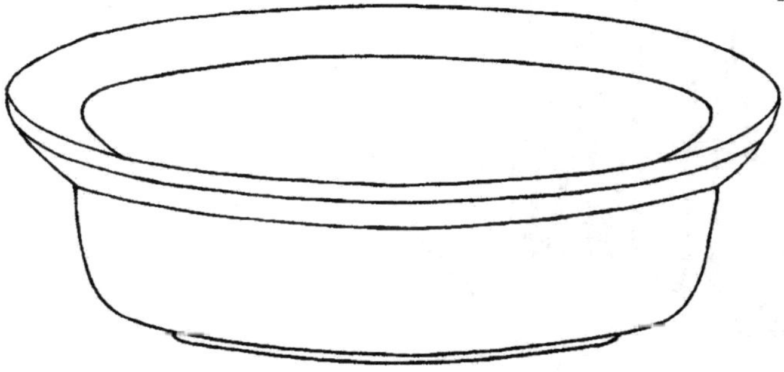

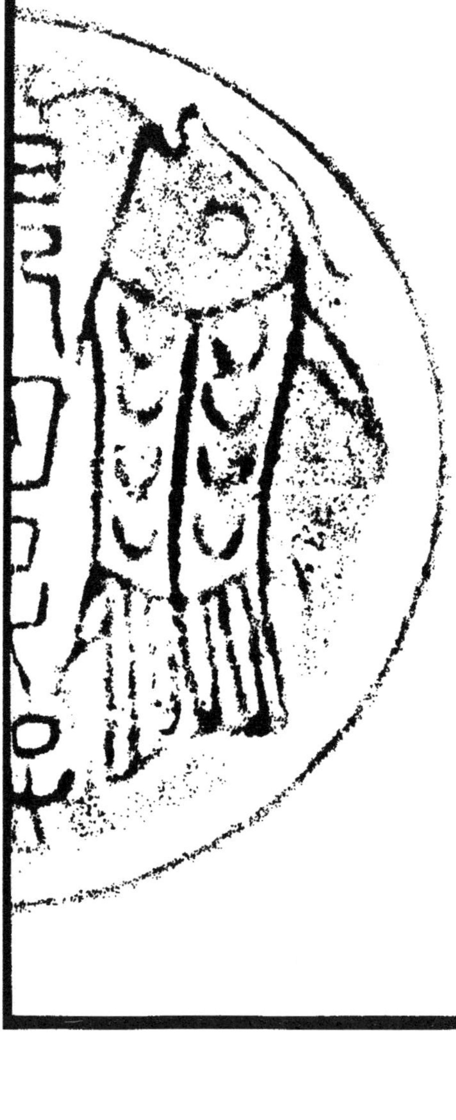

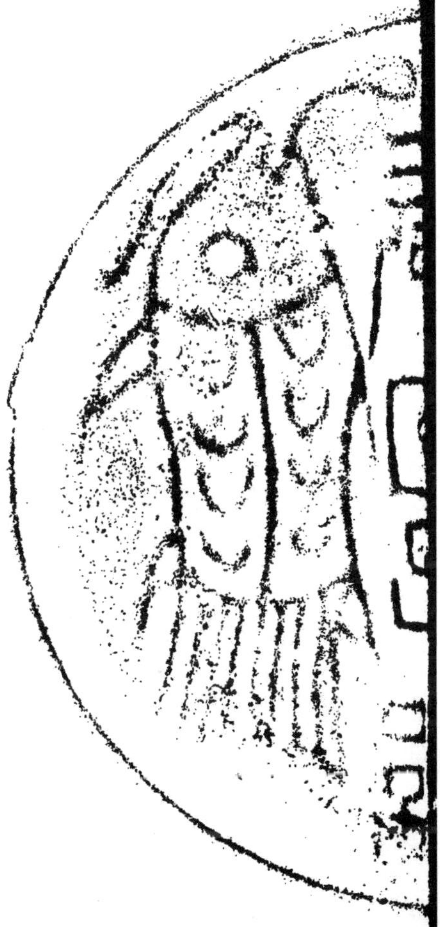

右高三寸七分深三寸五分口徑一尺五寸六分腹徑一尺三寸底徑八寸七分

漢長宜子孫洗二

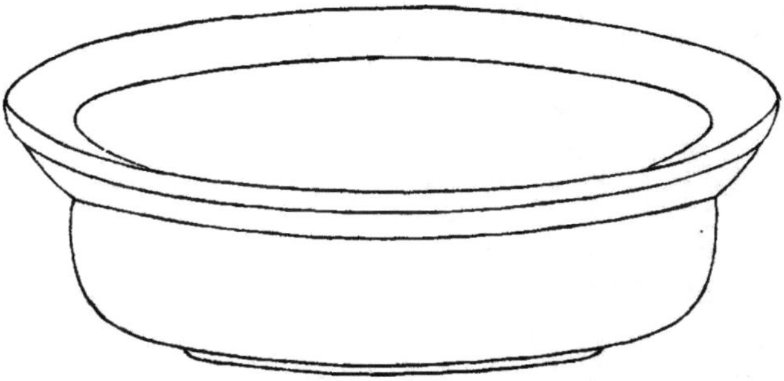

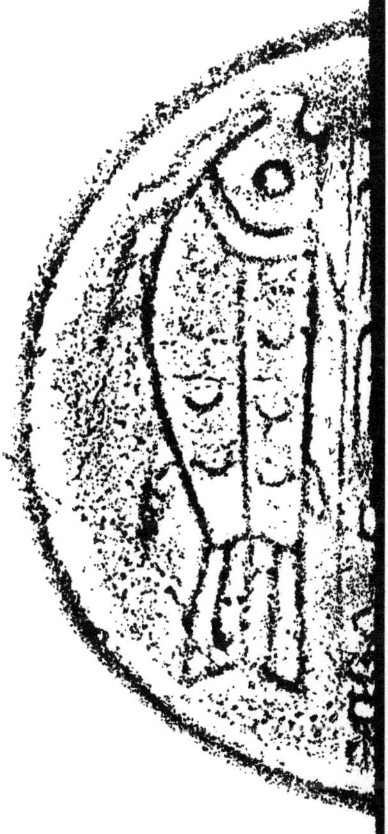

右高三寸六分深三寸四分口徑一尺四寸三分腹徑一尺二寸一分底徑七寸五分

陶齋吉金錄

三十八

漢三公洗

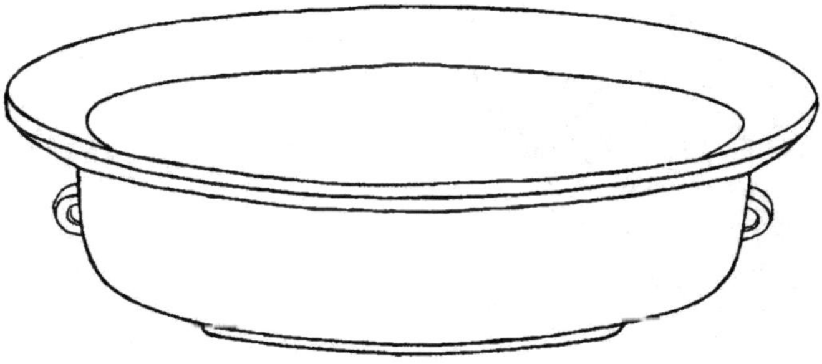

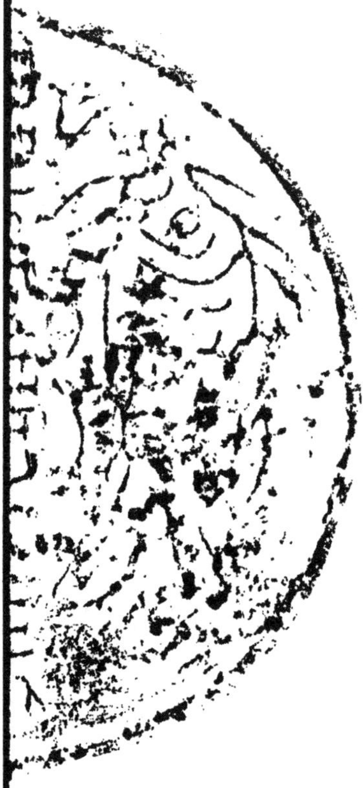

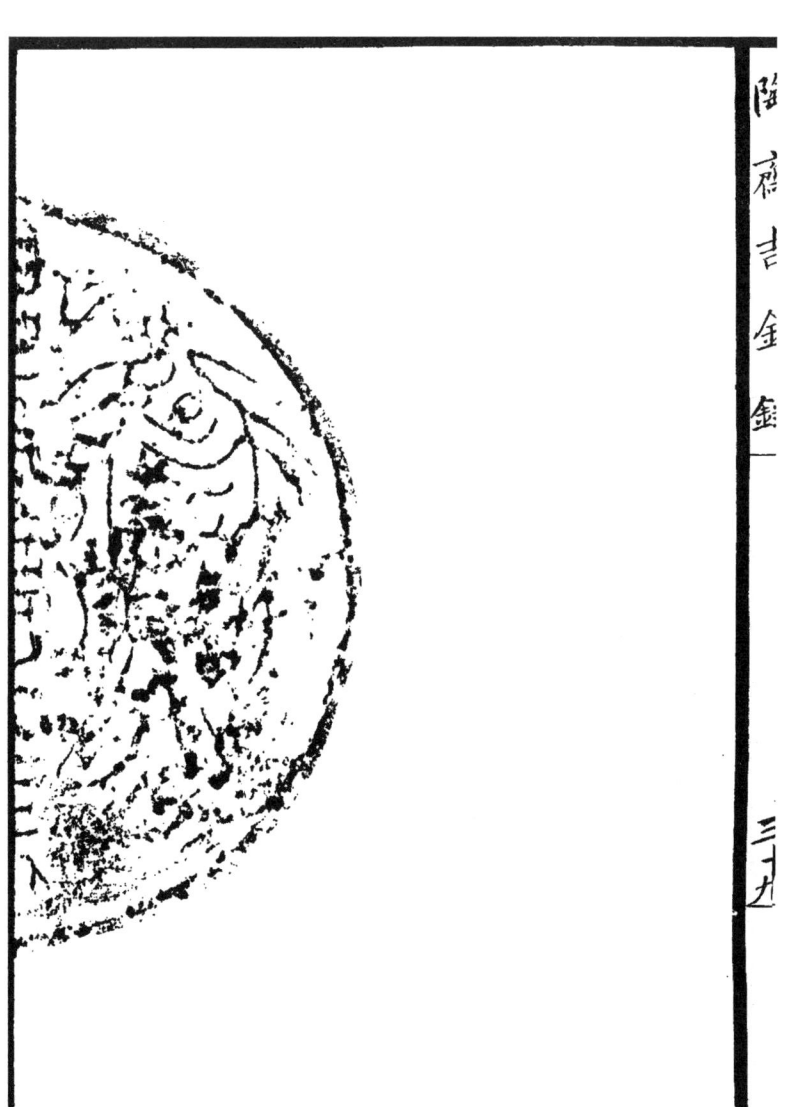

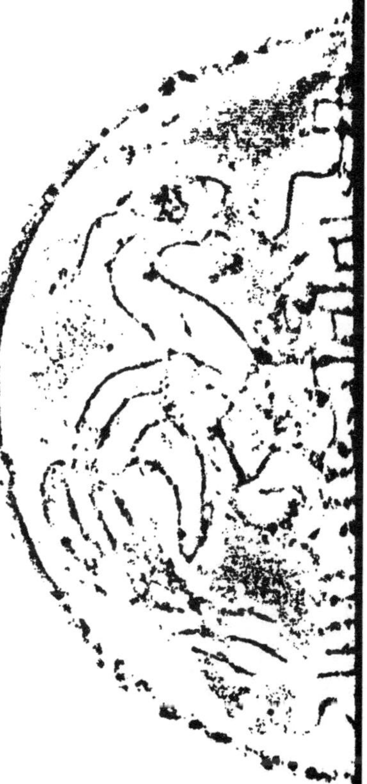

右高三寸三分深三寸口徑一尺五寸六分腹徑一尺三寸一分底徑七寸五分

隋書吉金録

四十

漢大吉宜王洗

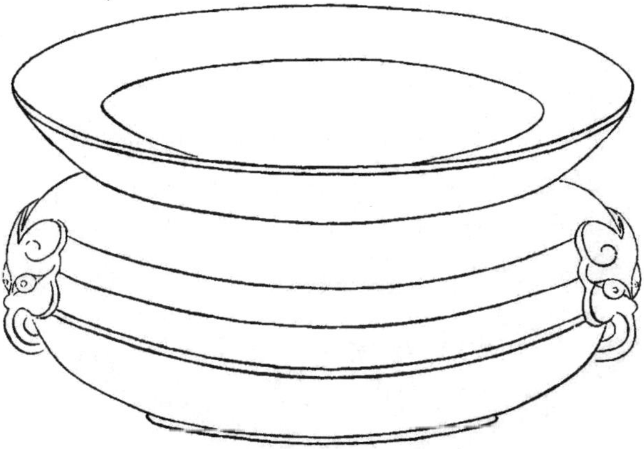

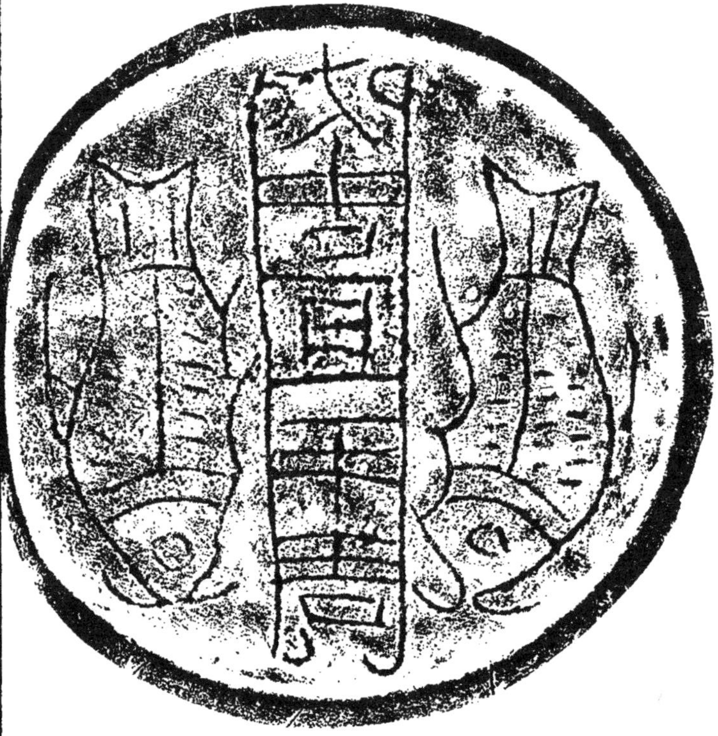

右高四寸九分深四寸六分口
徑一尺六分腹徑一尺八分底
徑六寸五分

隋書　金石
四十二

漢吉字洗

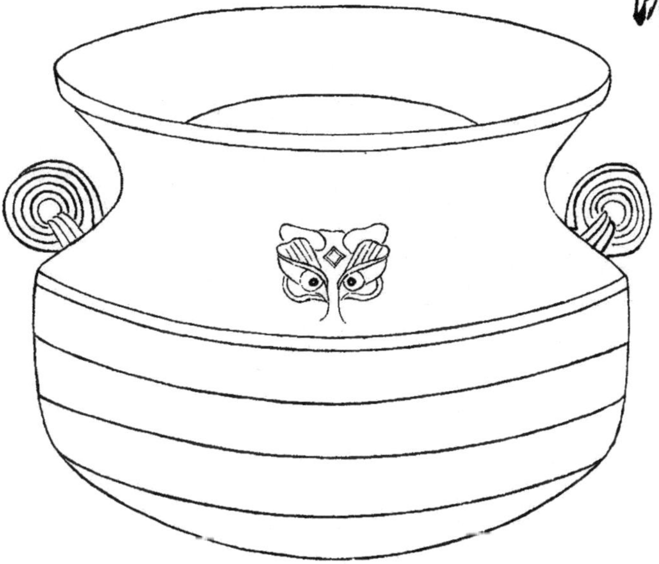

右高一尺二寸五分深一尺一寸
八分口徑一尺四寸五分腹徑一
尺五寸九分底徑一尺一寸八分

漢大吉羊洗

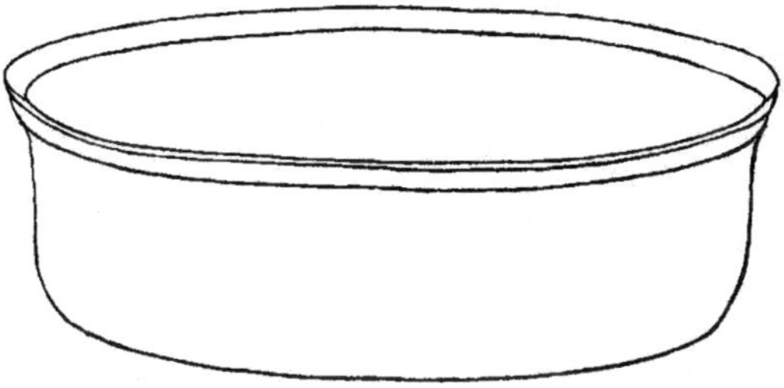

大吉羊宜用

右高三寸三分深三寸一分口
徑八寸八分腹徑八寸六分底徑
八寸三分

漢重七斤洗

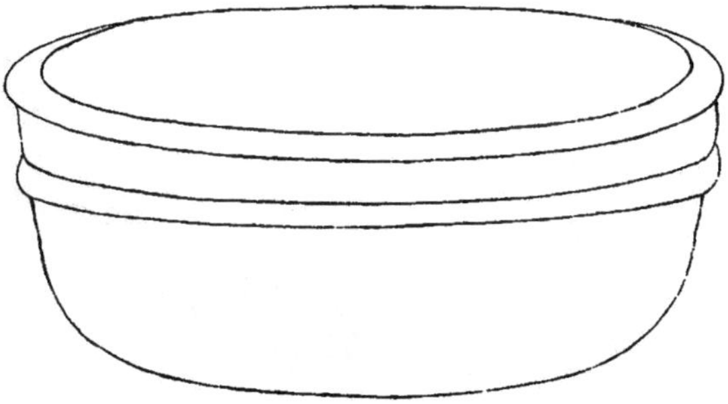

右高三寸八分深三寸五分口徑九寸七分腹徑九寸四分底徑八寸九分

漢元康鐙

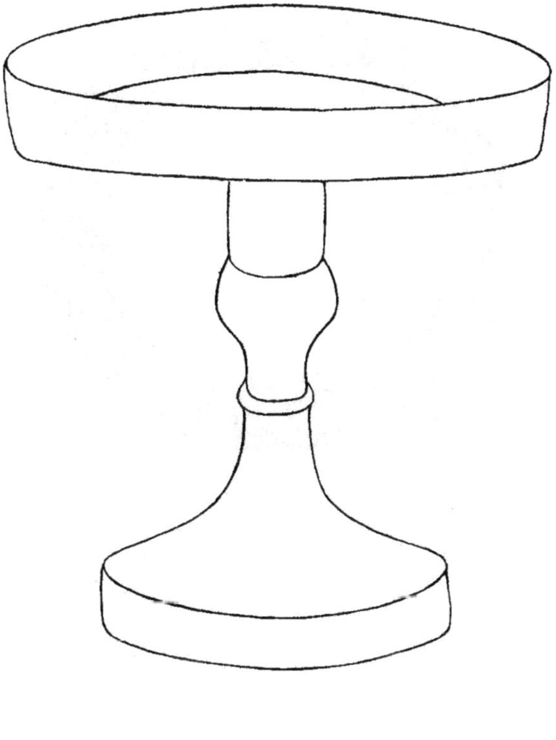

齊侯吉金一

四十八

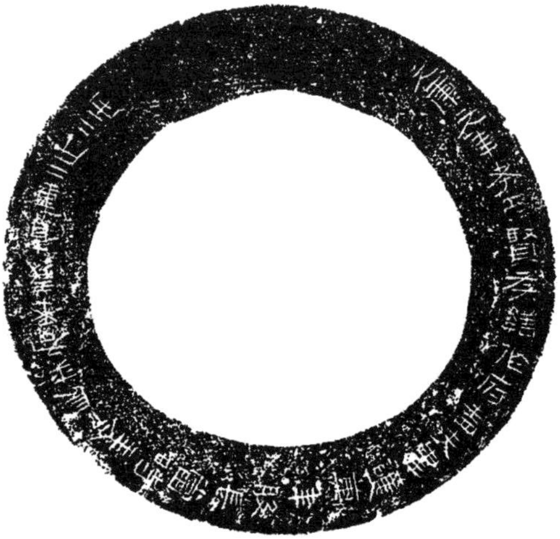

漢長安下領宮鐙

長安下領宮銅高鐙重四斤

二兩神爵元年工鑄建造

右高九寸一分盤徑六寸五分
底徑四寸五分

漢永安宮行鐙

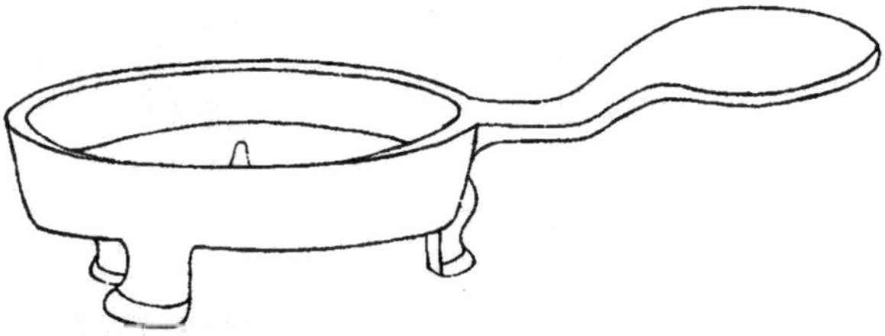

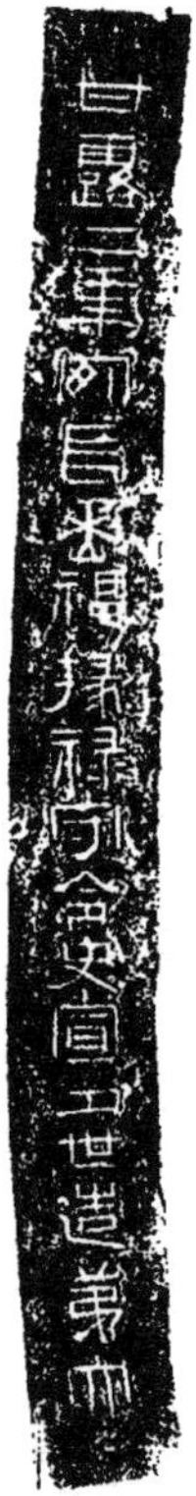

右高一寸五分盤徑四寸九分

柄長四寸

漢黃龍鐙原形

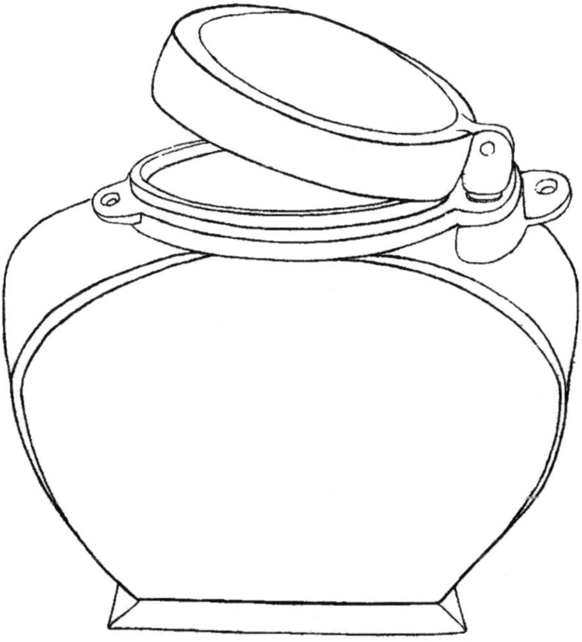

漢永光鐙

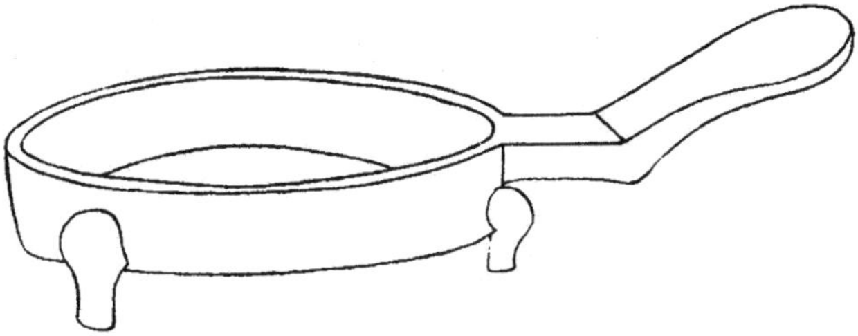

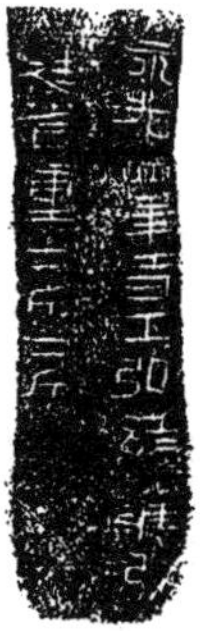

右高一寸九分深九分盤徑四寸
九分柄長三寸濶八分

漢建昭行鐙

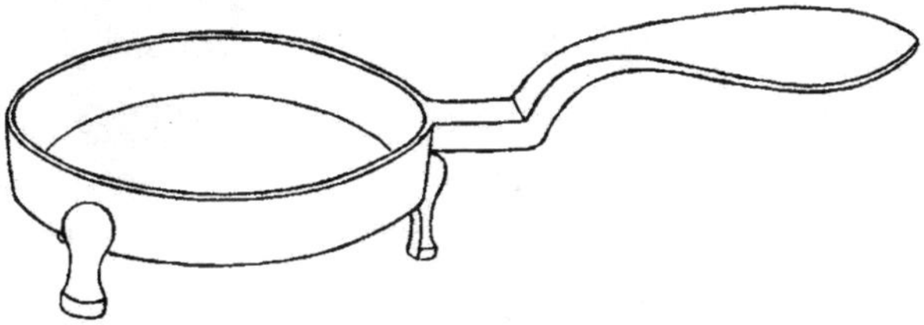

右高一寸六分盤徑五寸柄長六寸

漢蘭宮鐙

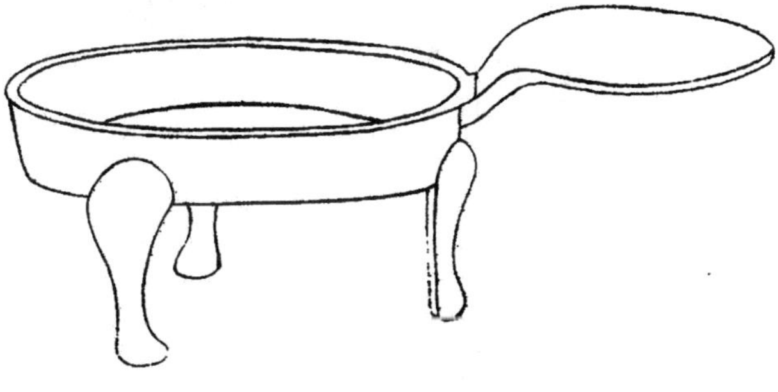

右高二寸九分盤徑五寸二分

柄長四寸

漢曲成錠原形

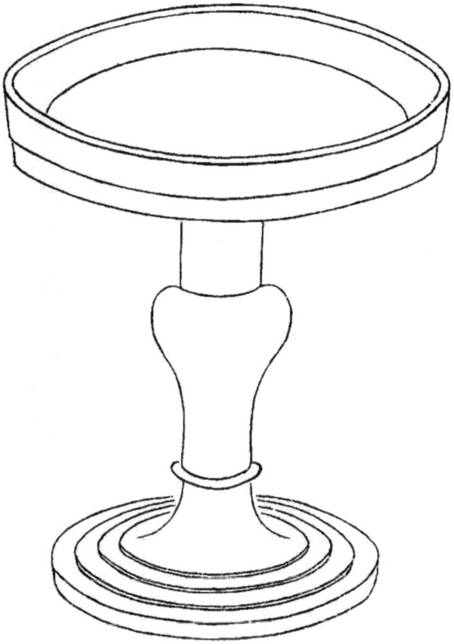

漢鐙一

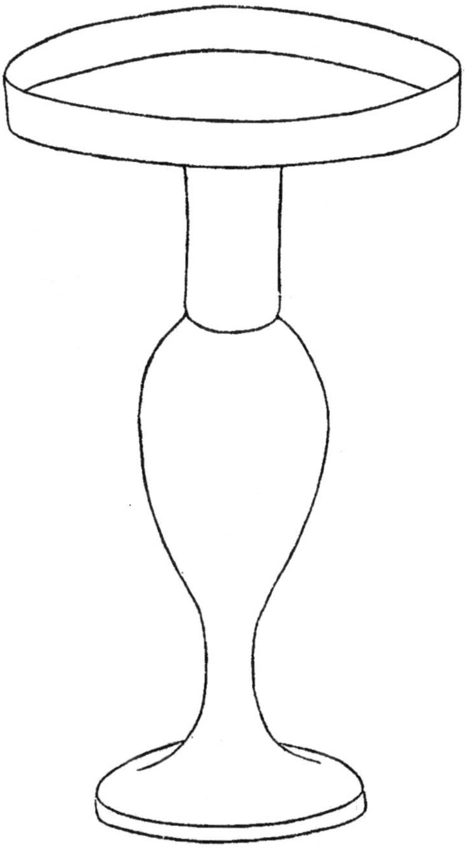

右高一尺三寸八分盤徑七寸
四分底徑五寸六分

漢鐙二

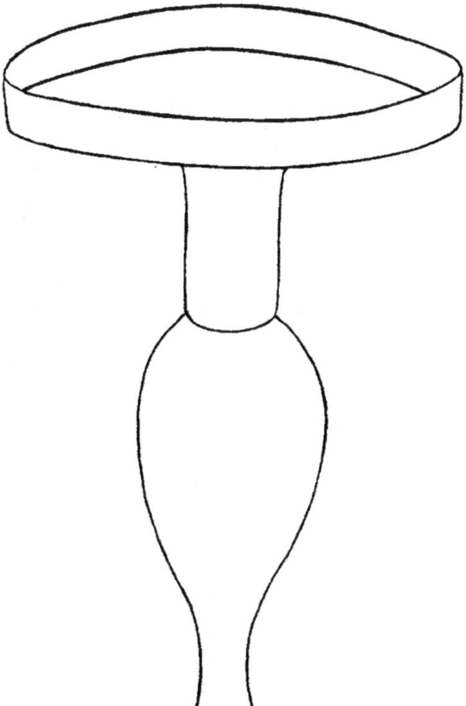

右高一尺三寸八分盤徑七寸
四分底徑五寸六分

漢鐙三

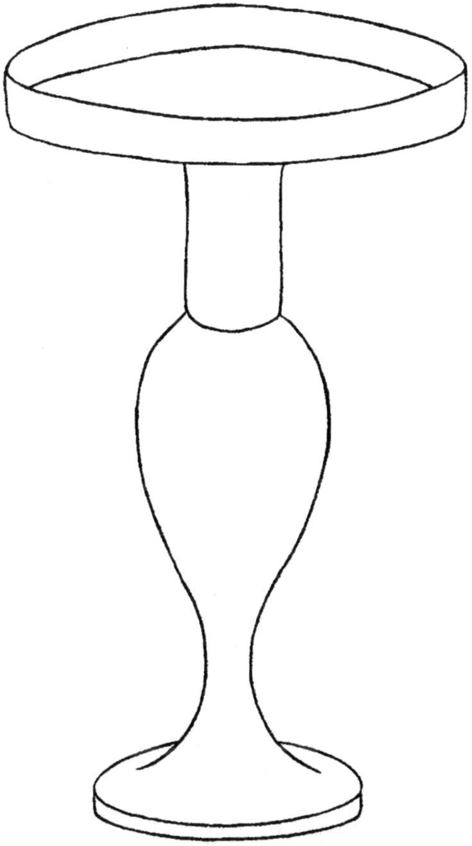

右高一尺三寸八分盤徑七寸
四分底徑五寸六分

漢塗金鐙

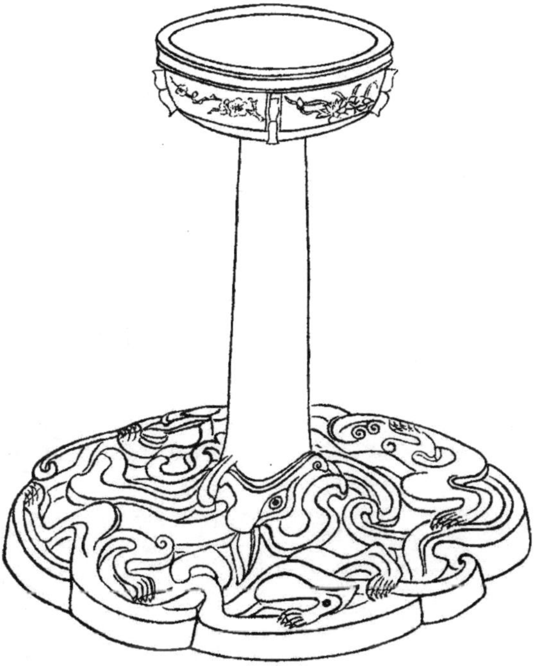

右高七寸六分盤徑三寸一分
底徑六寸九分強

漢五鳳鐎斗

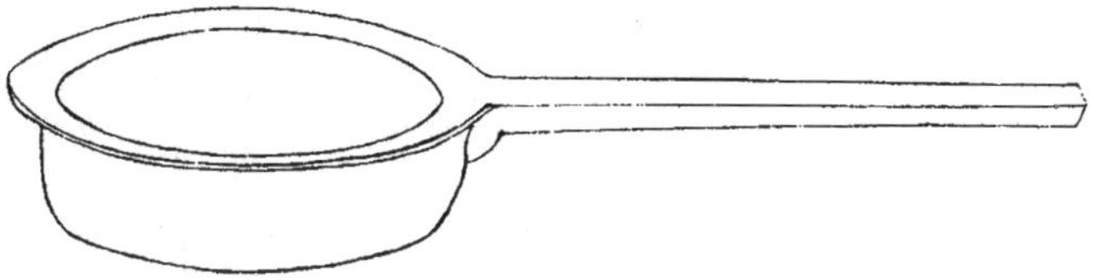

右高二寸深一寸八分口徑五寸二分柄長九寸七分

漢建始鐎斗

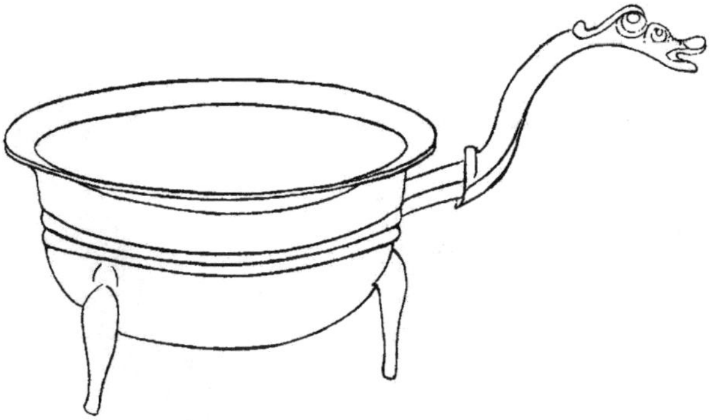

右高三寸八分深二寸四分口徑七寸柄長五寸二分

漢宜子孫鐎斗

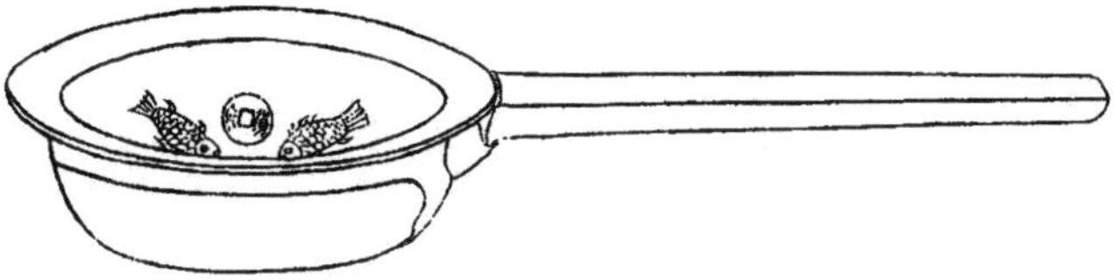

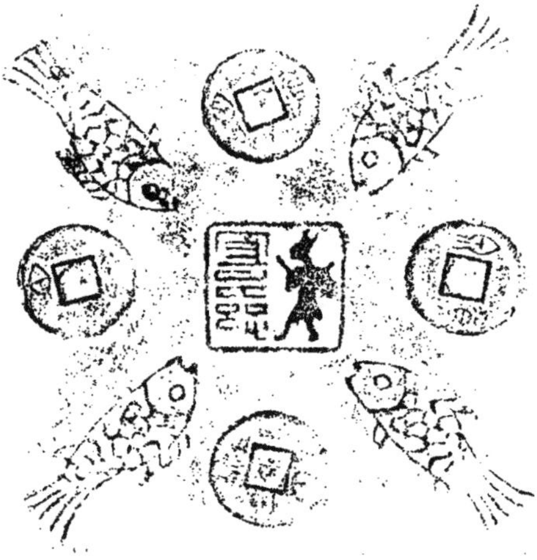

右高二寸三分深三寸二分口徑七寸一分柄長九寸七分

漢大泉五十鐎斗

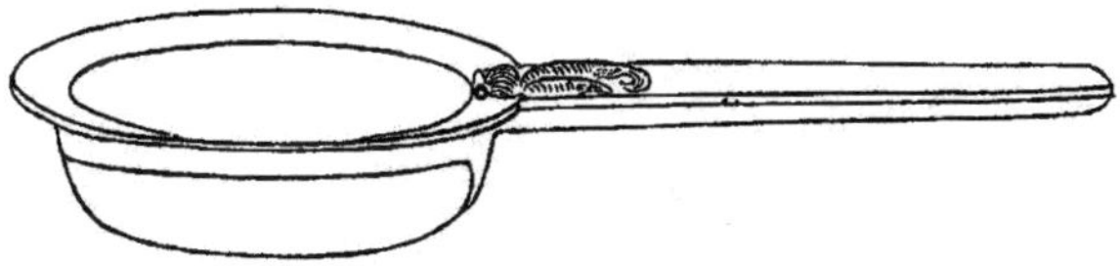

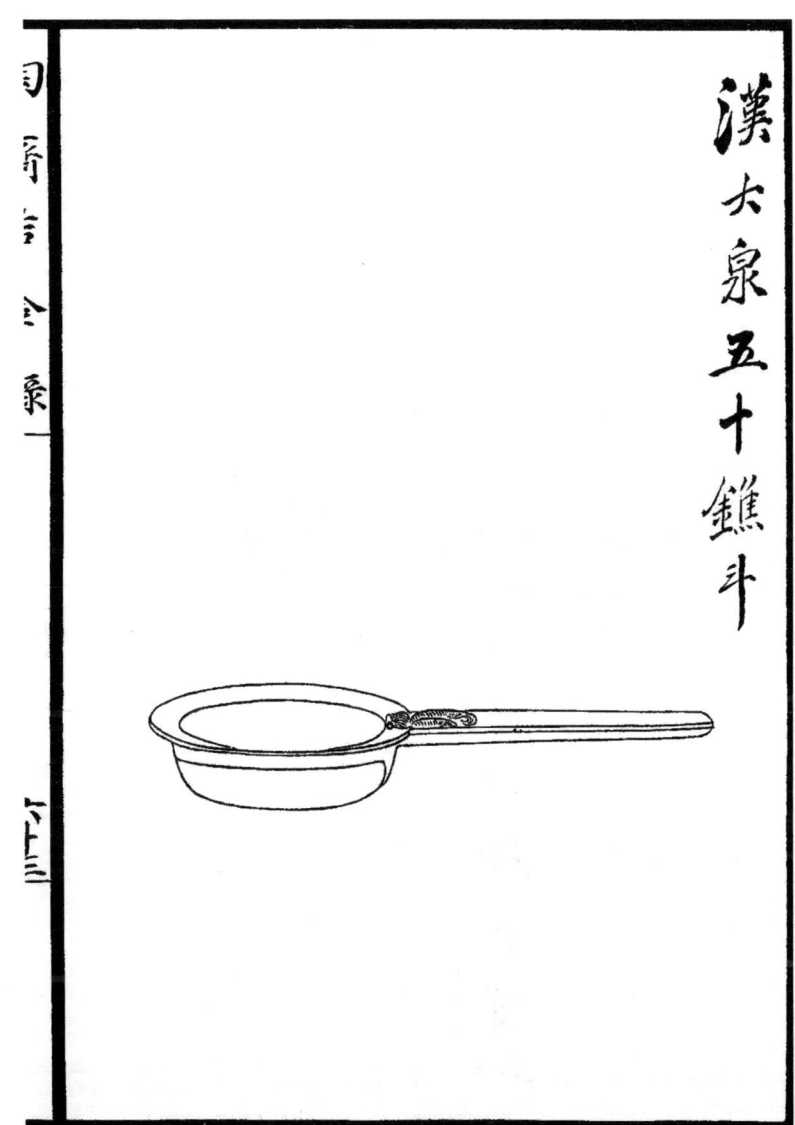

右高二寸深一寸八分口徑六寸一分柄長七寸一分

漢右領軍虎符原形

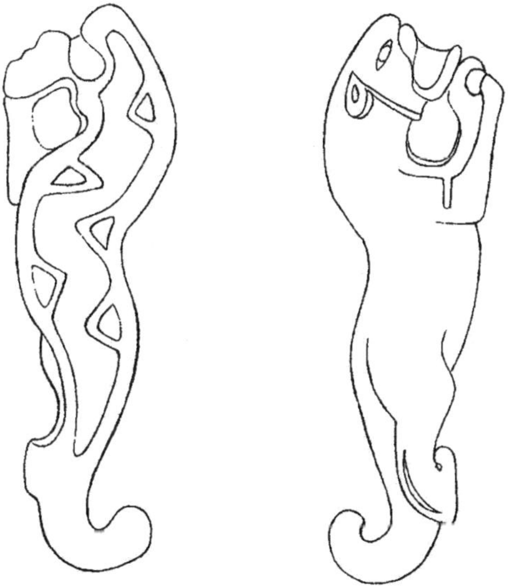

漢亭□虎符原形

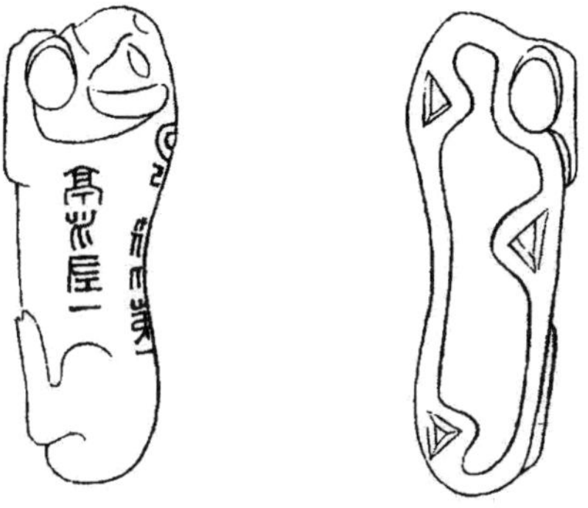

漢殘魚符原形

漢金符原形

陶齋吉金錄卷七目錄

漢建武銅皷
漢陽信家銗鐓
漢君宜高官鉤
賈蒼鉤
同鉤一
同鉤二
漢平陽銅句

漢平陽銅柄

漢塗金環刀

漢下軍矢鏃

漢彈丸

漢尚方銅器一

漢尚方銅器二

漢朱提残字

漢建初弩機一

建初弩機

永元弩機

元興弩機

永初弩機

永和弩機

延熹弩機

劉鈞弩機

河內弩機一

河内弩機二

望尺弩機

蜀漢章武弩機

魏正始弩機一

正始弩機二

漢元興鏡一

元興鏡二

新莽鏡

吴永安鏡

漢牛馬鈴一

牛馬鈴二

牛馬鈴三

牛馬鈴四

漢宜子孫鐸

宜牛犢鐸

大吉利田字鐸

晋泰始鐸

聲震邊庭鐸

飛鴉鐸

稱永利鐸

大合羅鐸

小合羅鐸

漢塗金鑒

宋紹興鑒

龜魚盤

魏尚方香鑪

晉太康釜

唐銀鋌

唐犂

張伯鍑

元延祐犂笵

明宣德銅甗

明天啟銅鋺

漢建武銅鼓

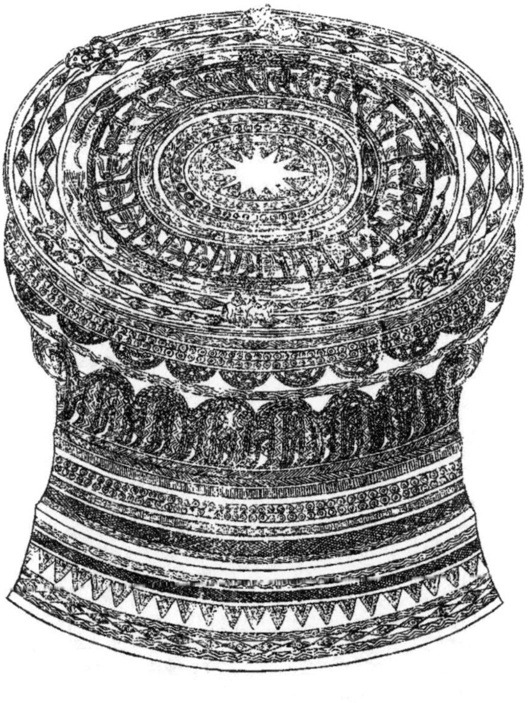

右高二尺四寸九分面徑三尺四寸
八分腹徑三尺一寸五分底徑三尺
二寸九分

漢陽信家銅銗鏤

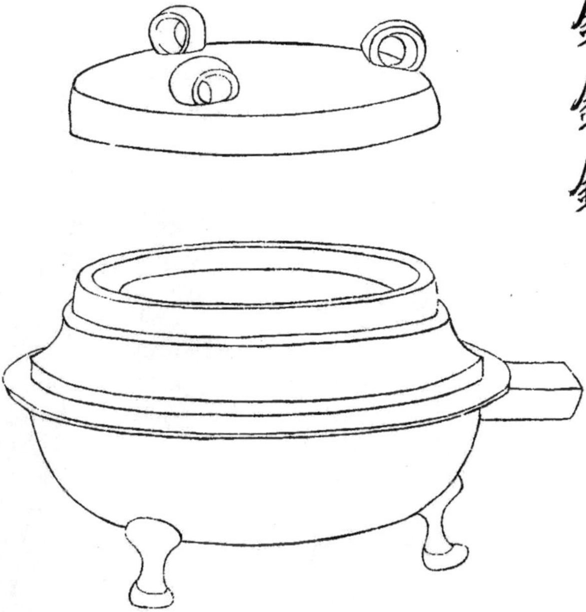

蓋

器

右高五寸一分口徑七寸五分

蓋高一寸五分徑六寸三分

漢君宜高官鉤原形

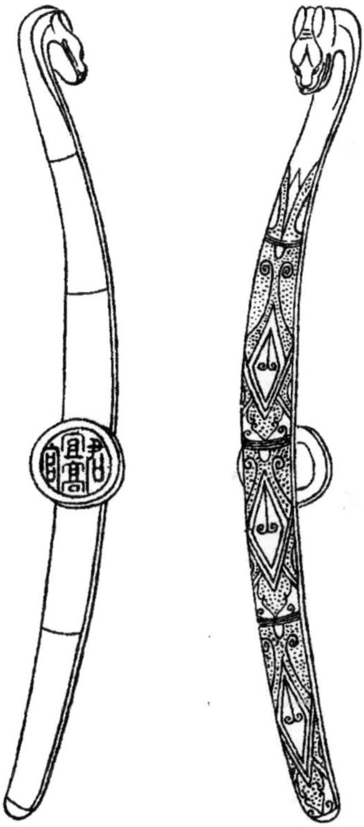

漢賈蒼鉤原形

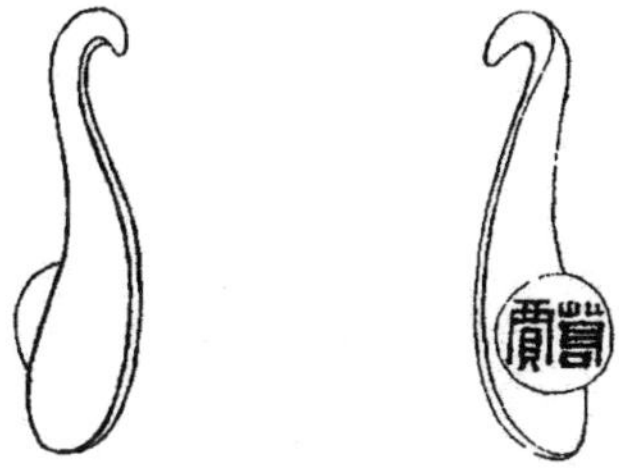

漢川鉤原形

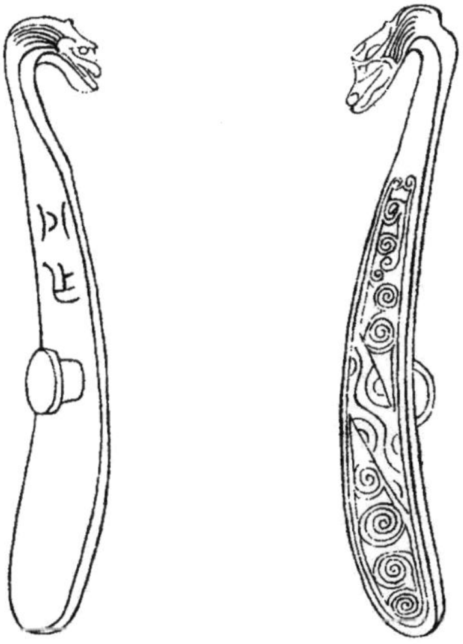

漢川鉤二

原形

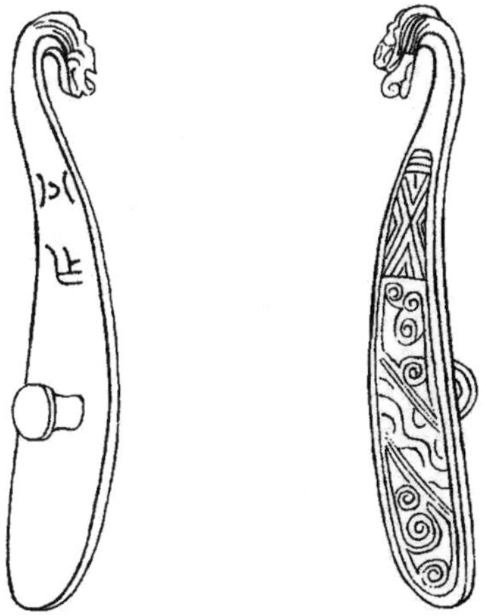

漢平陽銅勺原形

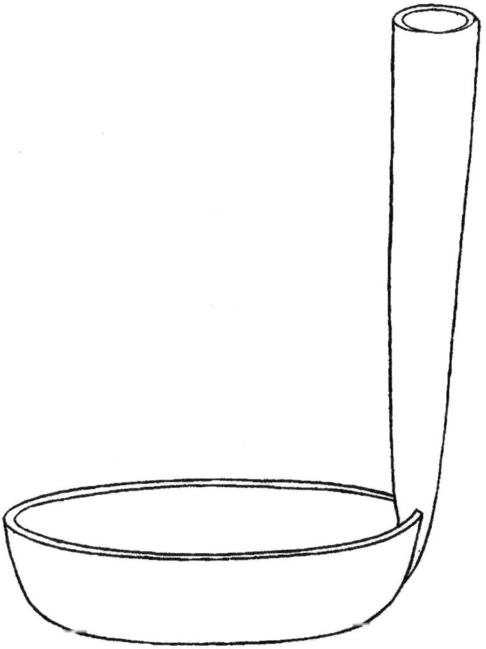

平陽右尉壹十兩

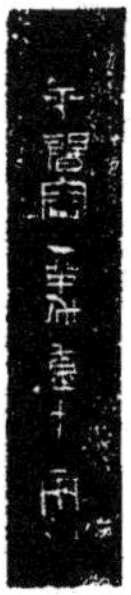

漢平陽銅柄 原形

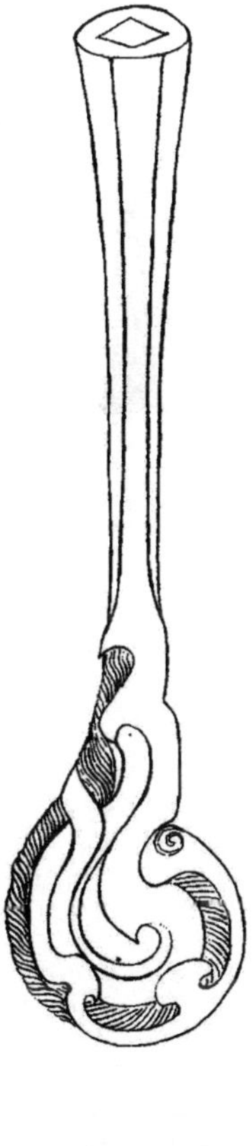

第十四冊

漢塗金環刀

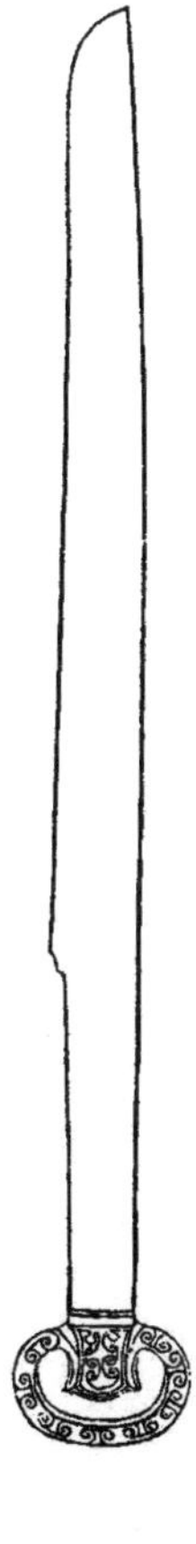

右通長一尺九寸一分

漢下軍矢鏃原形

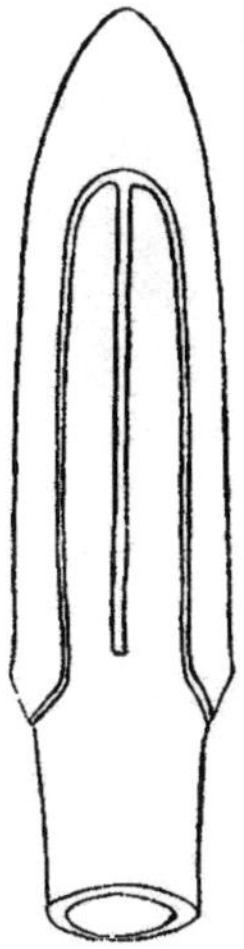

漢彈丸原形

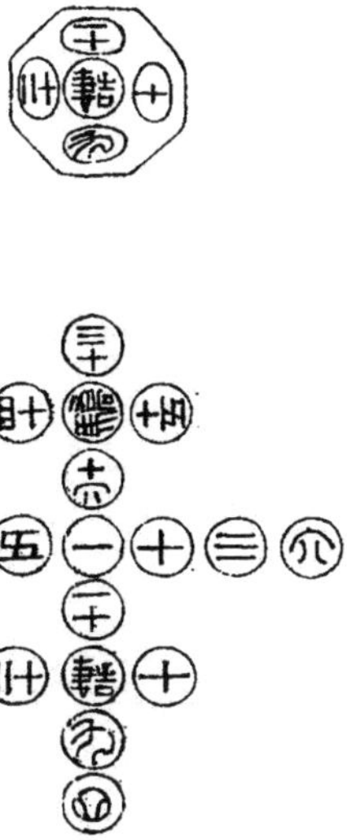

漢尚方銅器原形

漢尚方銅器二 原形

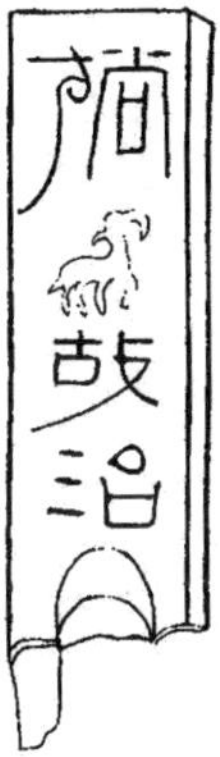

漢朱提殘字

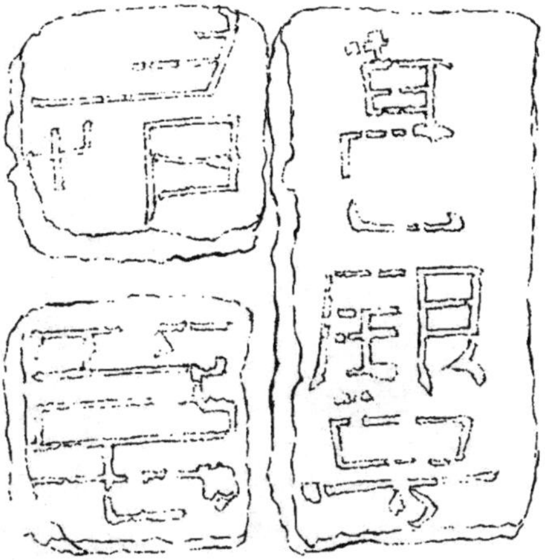

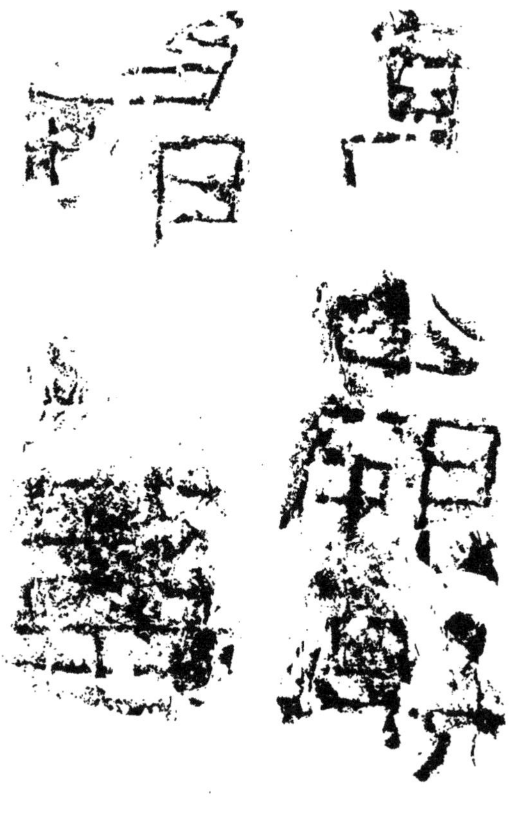

右直存八寸二分橫存六寸八分

漢建初弩機 一原形

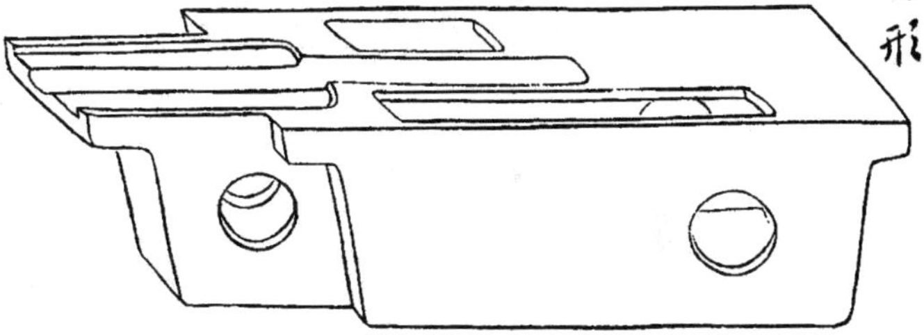

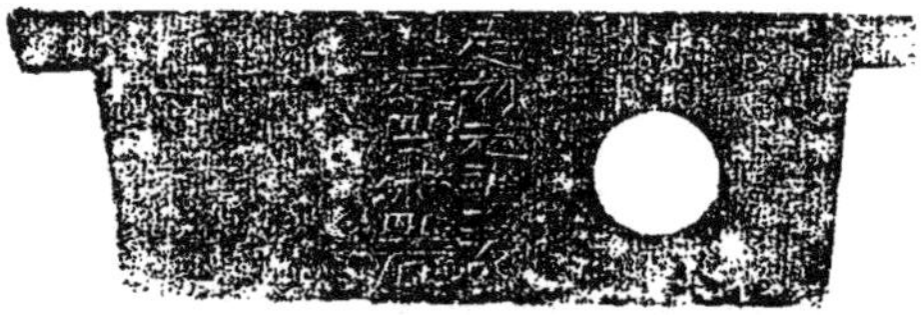

漢建初弩機二原形

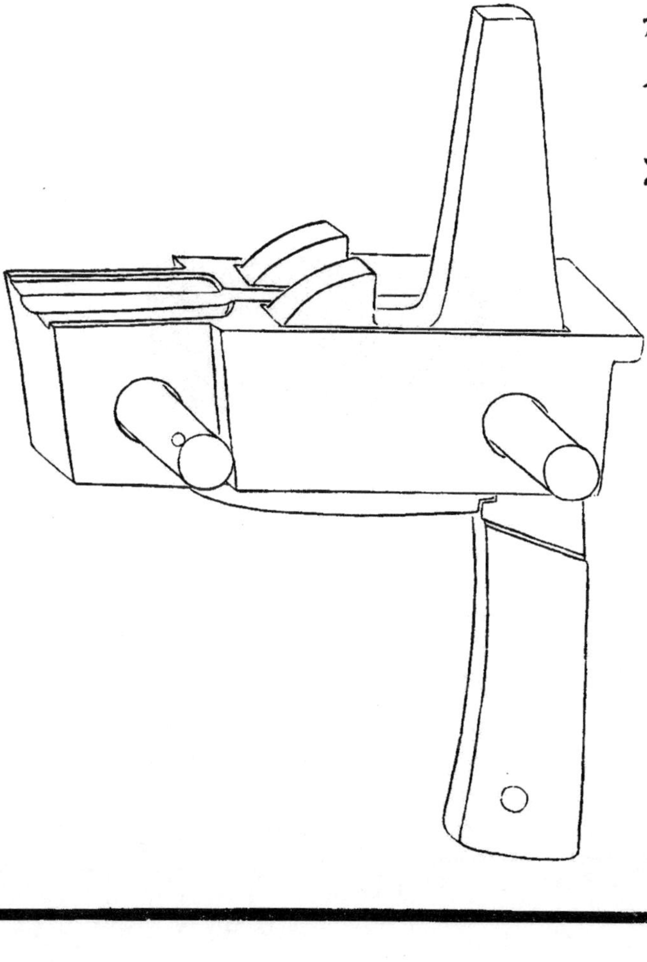

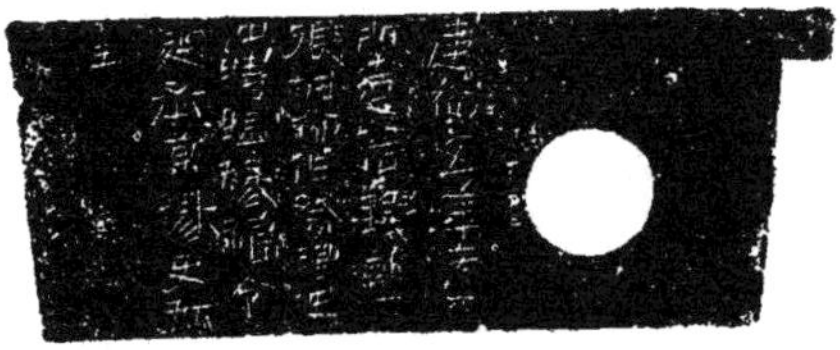

漢永元弩機原形

漢元興弩機原形

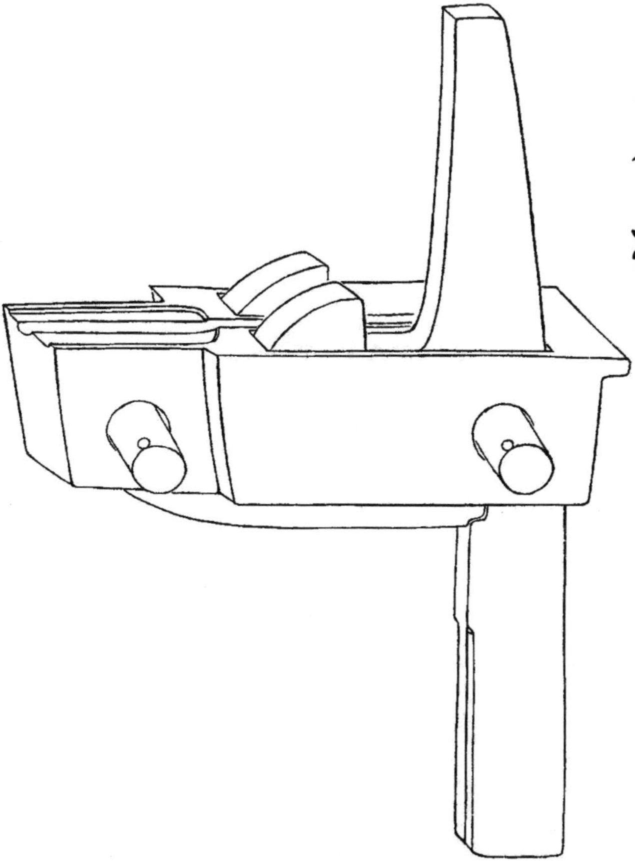

天興元年癸卯造若
鐵鄴左史從佐大僕
臨右掾謂仁令循
丞詩捄浮置平

漢永初弩機原形

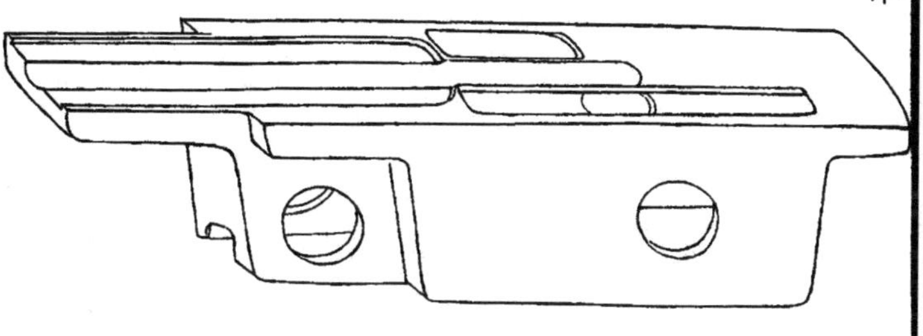

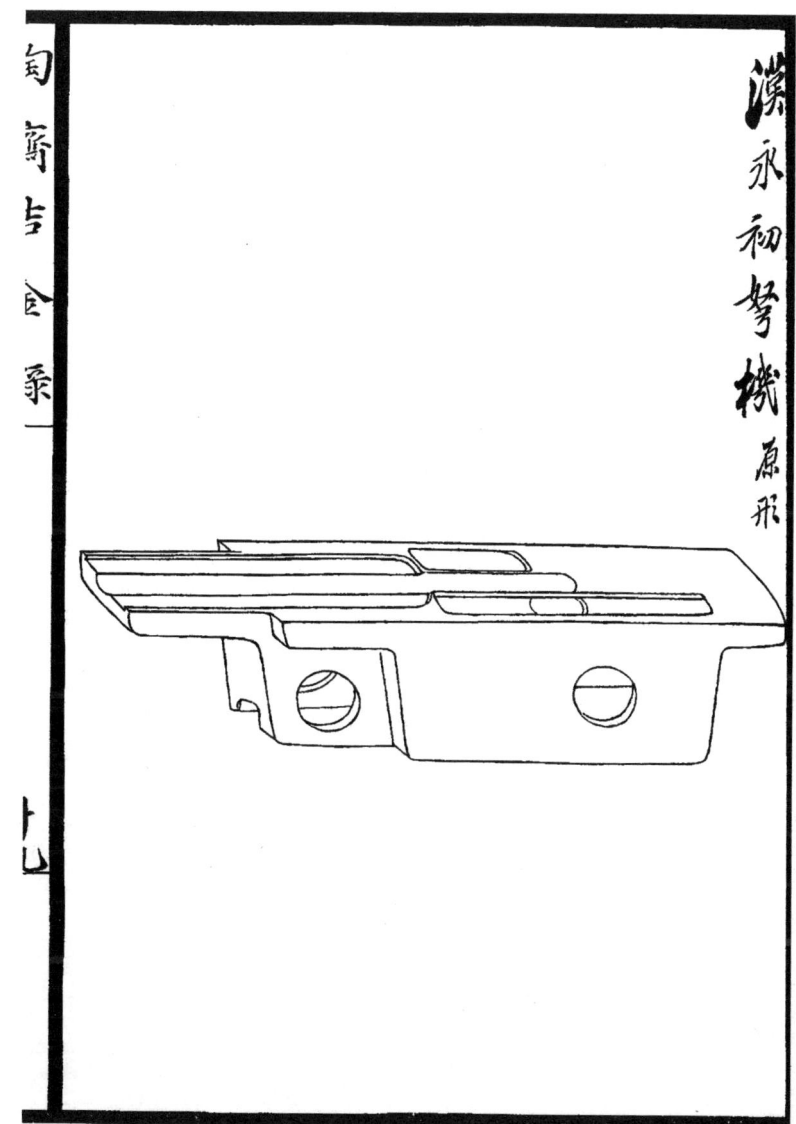

永初三年冋右浮
諱君造石鐵郭
工李伯ニ烋循丞
孫掾丞廣主

漢永和弩機原形

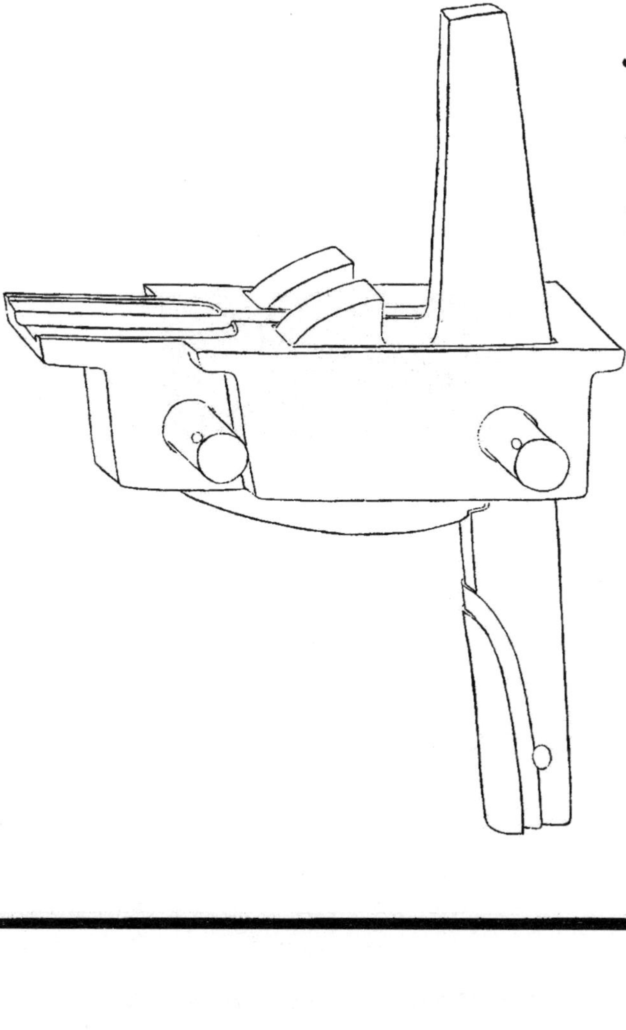

漢延熹弩機原形

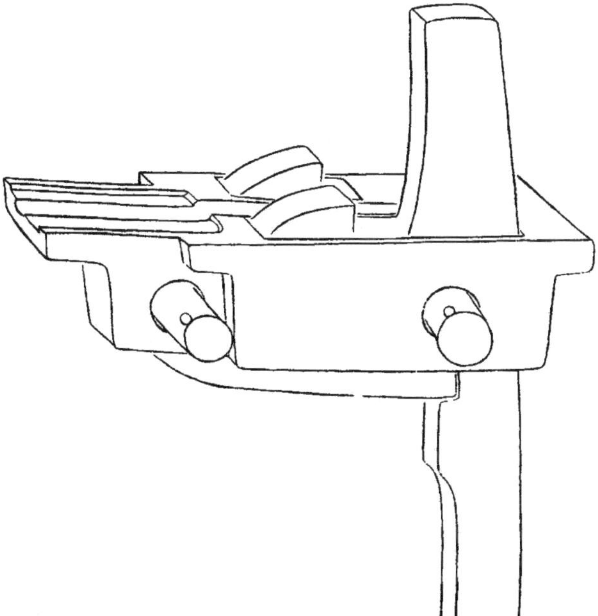

延熹五年六月書言
佐丁未詔書六石錢
郭朱夫齊史韓忠
掾張江丞趙緐令
五當大僕監掾郭
登臨作

漢劉鈞弩機 原形

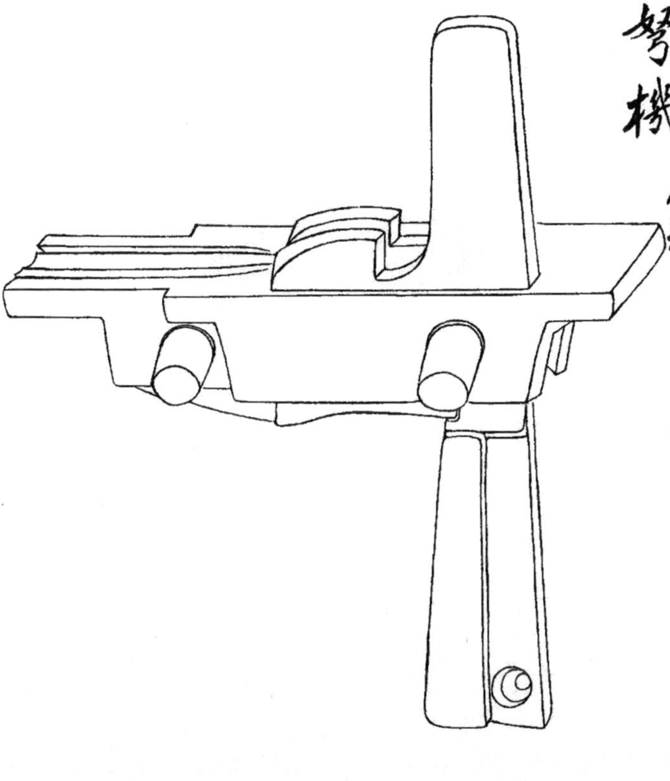

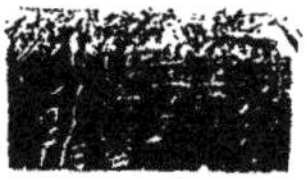

漢河內弩機一 原形

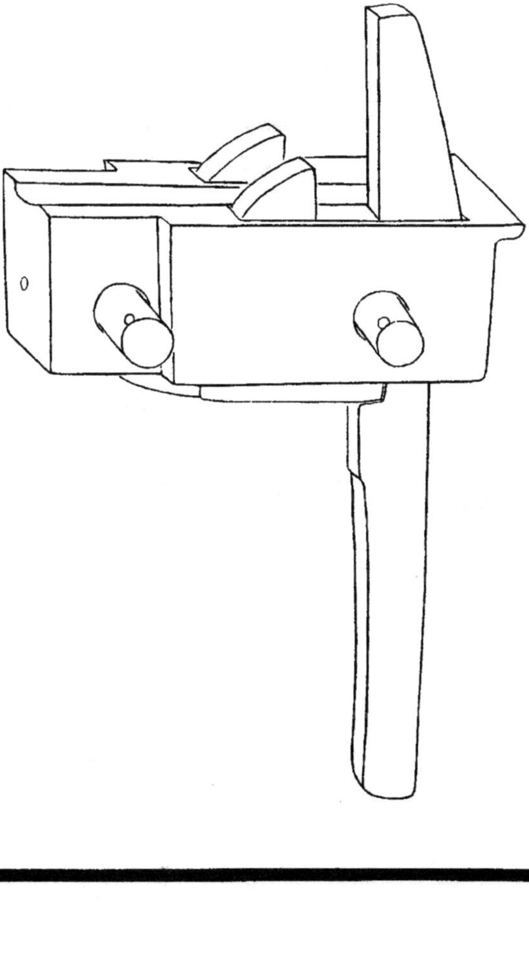

漢河内弩機二原形

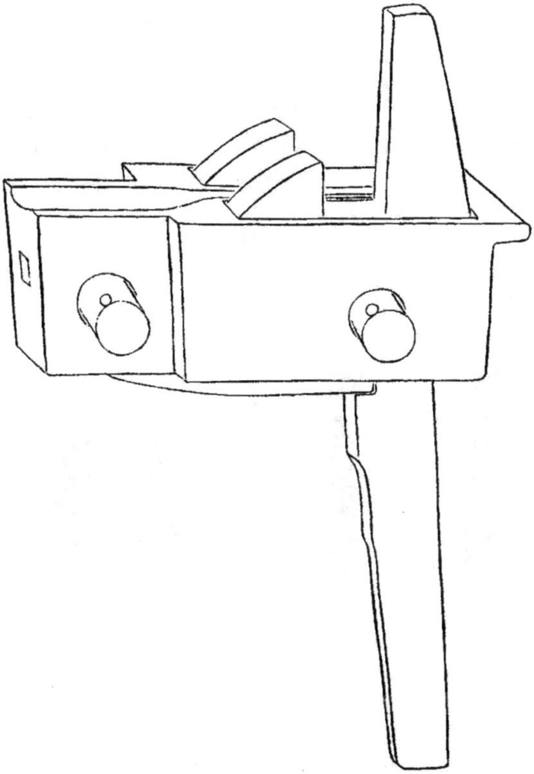

漢望尺弩機原形

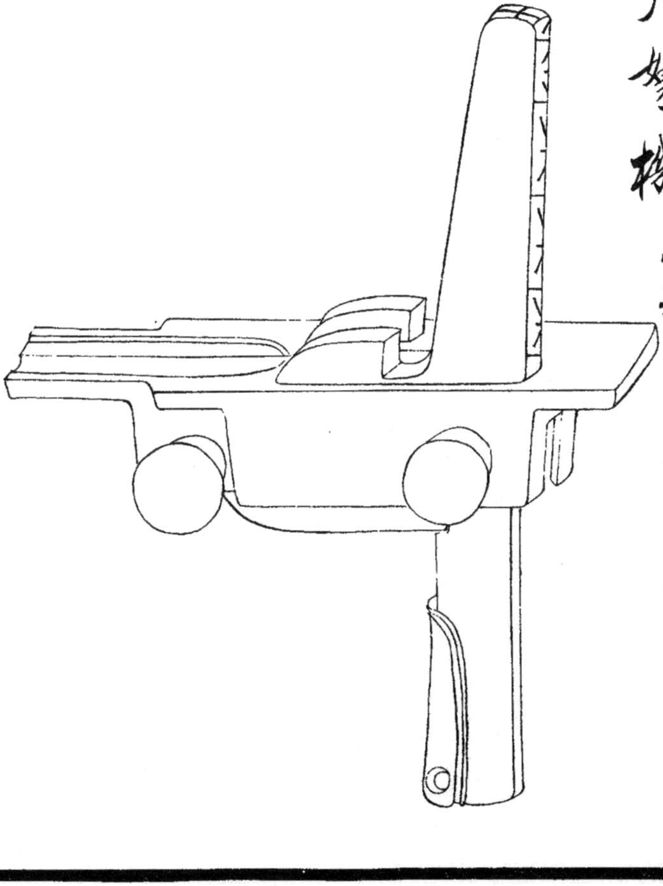

蜀漢章武弩機原形

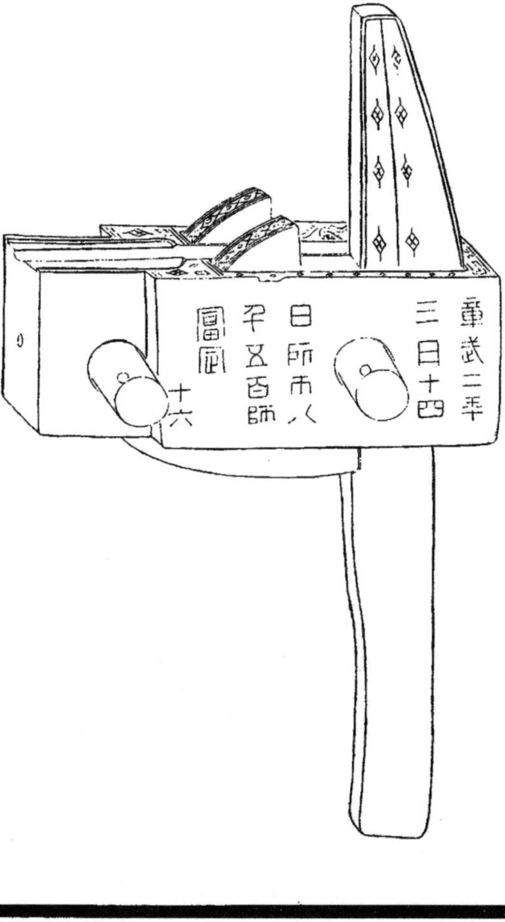

魏正始弩機原形

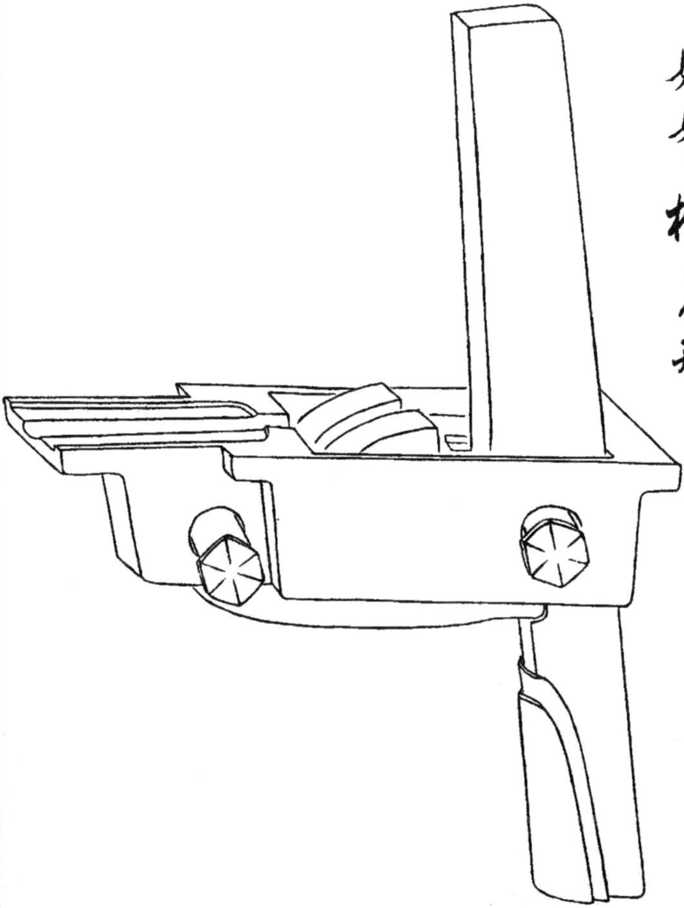

正始二年五月十日左尚方造
監作吏鼂泉牙匠馬廣
師戴業臂匠江子師項种

魏正始弩機二原形

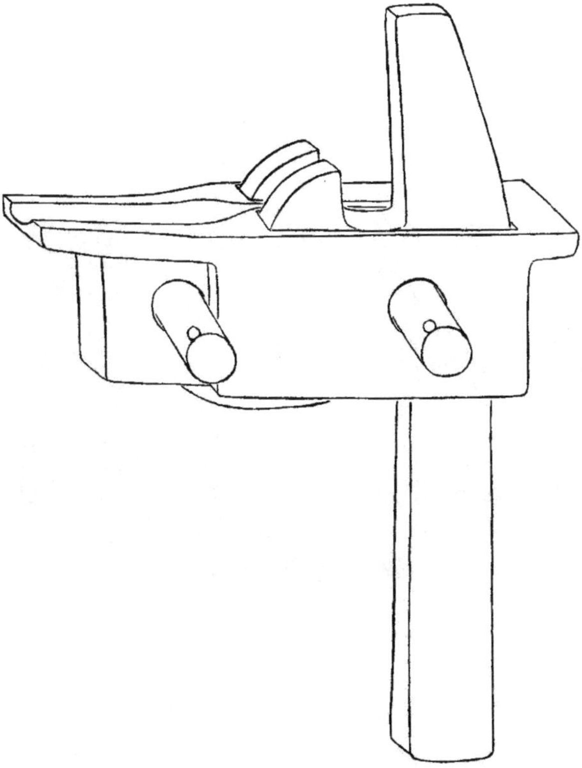

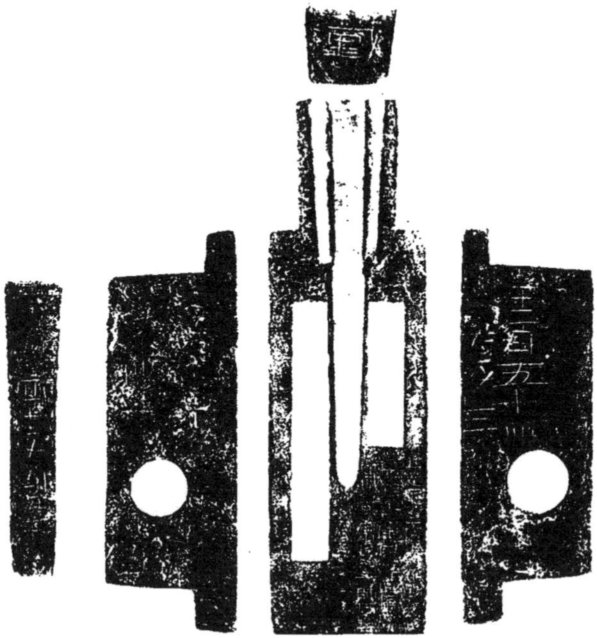

漢元興鏡一原形

漢元興鏡二原形

新莽鏡原形

吳永安鏡原形

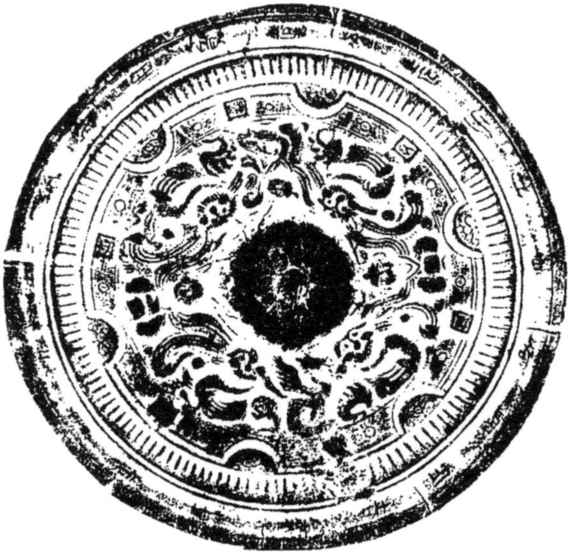

漢牛馬鈴一 原形

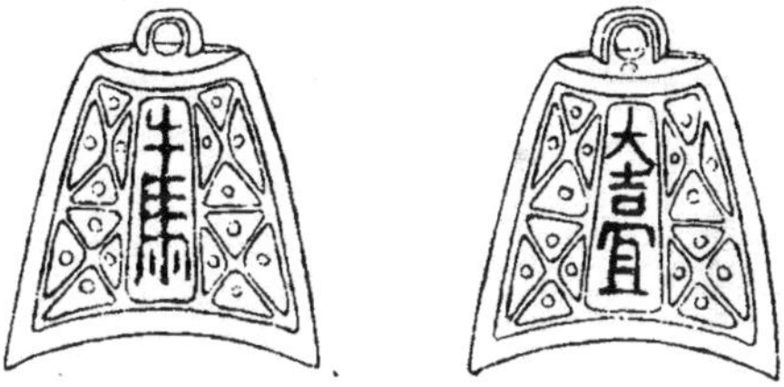

漢牛馬鈴二原形

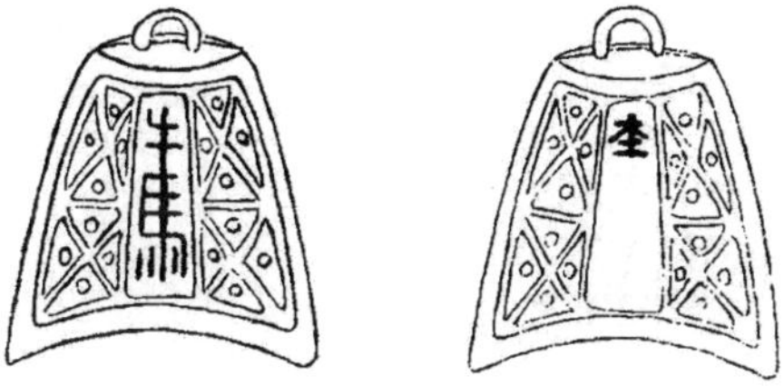

陳卮言金釜

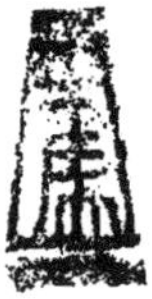

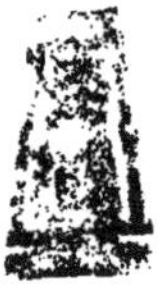

漢牛馬鈴

三 原形

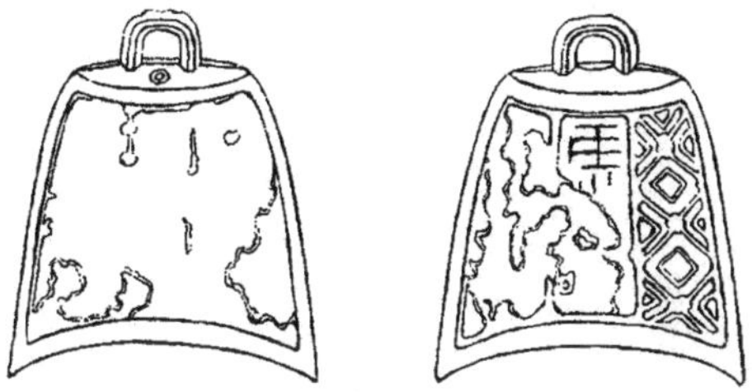

陷虜書金銘

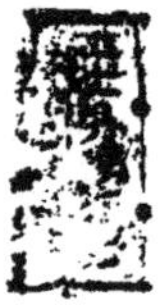

漢宜子孫鐸

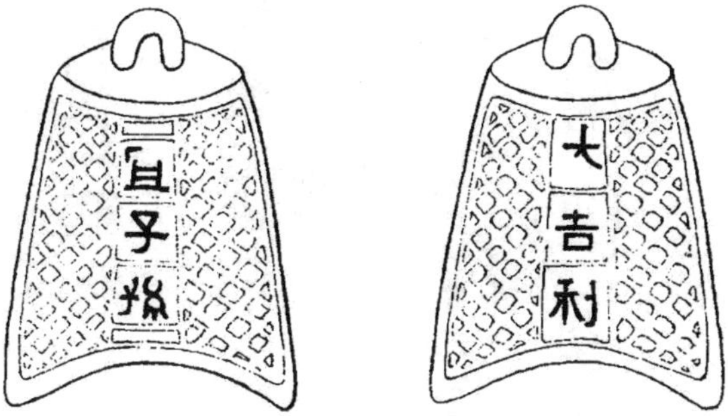

右高三寸五分頂徑長一寸八分濶一寸二分脣徑長三寸濶二寸一分

漢宐牛犢鐸

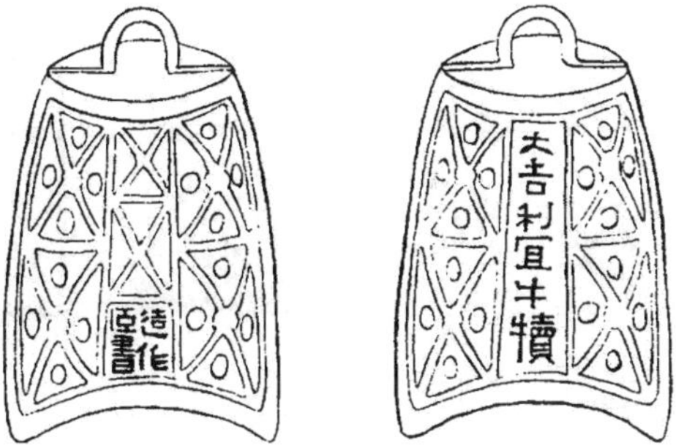

右高五寸一分頂徑長二寸六分濶一寸三分唇徑長三寸九分濶二寸三分

漢大吉利田字鐸

右高六寸六分頂徑長二寸八分闊二寸五分唇徑長四寸三分闊二寸七分

晉泰始鐸

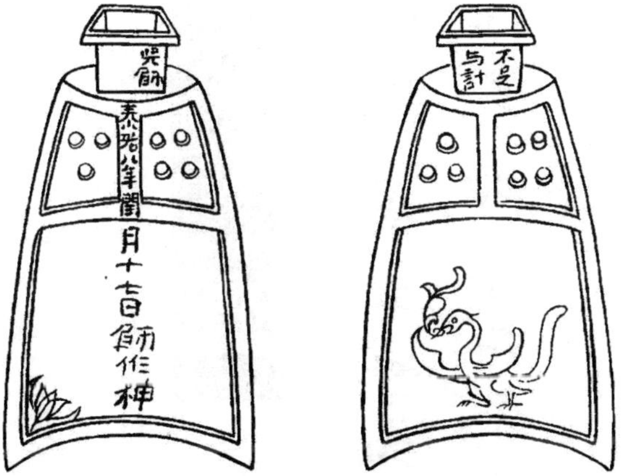

右高七寸三分項徑長二寸二分
闊一寸八分唇徑長四寸二分闊
二寸八分

聲震邊庭鐸

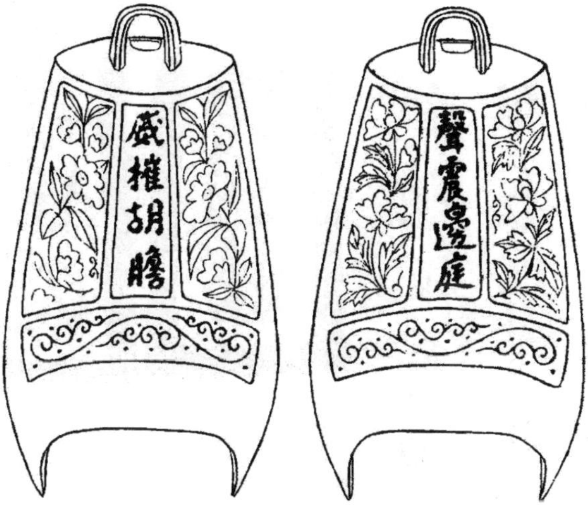

右高九寸八分頂徑長四寸闊一寸九分唇徑長四寸五分闊二寸三分

飛鴉鐸

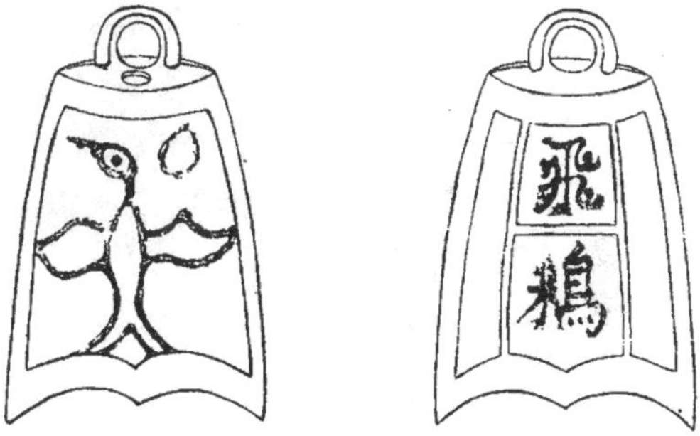

右高二寸七分頂徑長二寸一分
濶一寸三分脣徑三寸二分濶二
寸一分

稱永利鐸

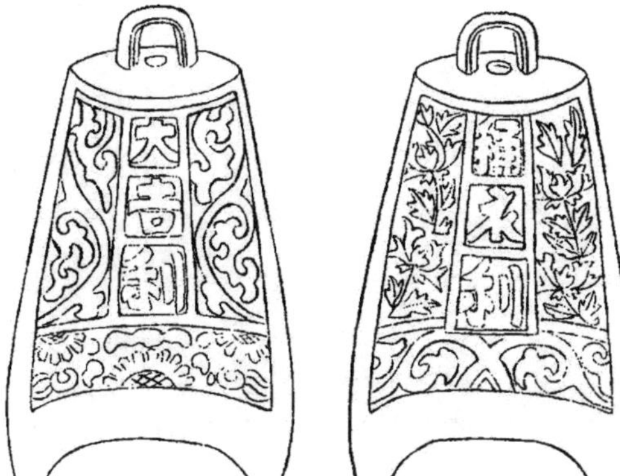

右高八寸三分頂徑長三寸三分濶二寸五分唇徑長四寸二分濶二寸四分

大合羅鐸

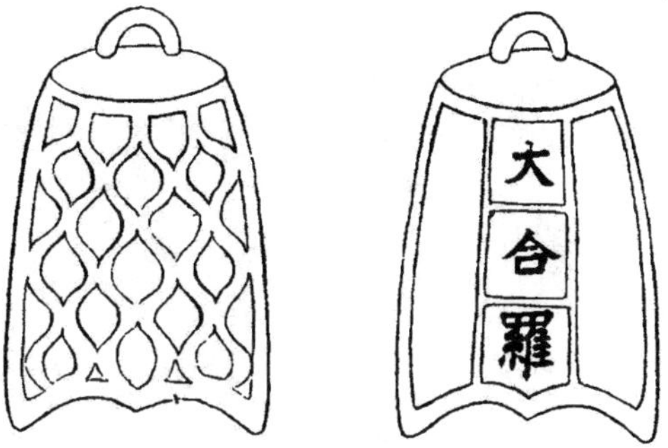

右高五寸二分頂徑長二寸五分濶一寸五分唇徑長三寸九分濶二寸八分

小合羅鐸

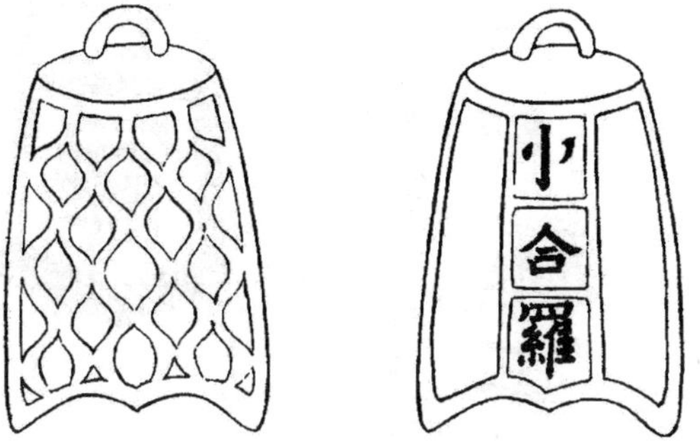

右高四寸四分頂徑長二寸一分
濶一寸二分唇徑長三寸二分濶
二寸二分

漢塗金盤

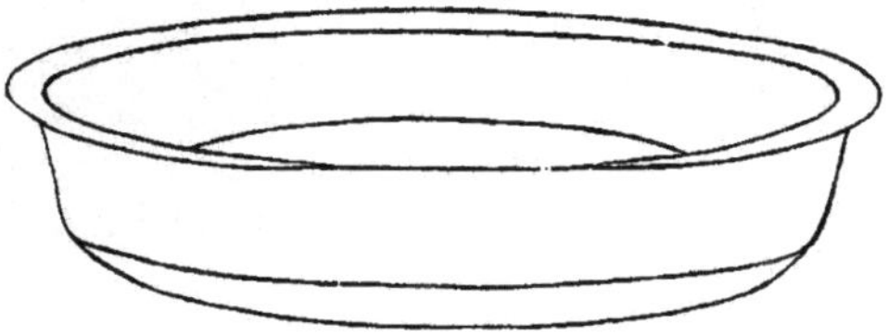

右高三寸深二寸八分口徑一尺五寸二分

宋紹興盤

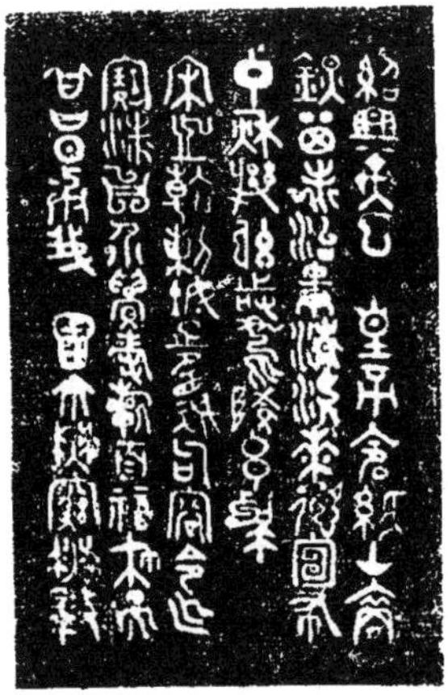

右高二寸五分深一寸五分口徑一尺三分

龜魚盤

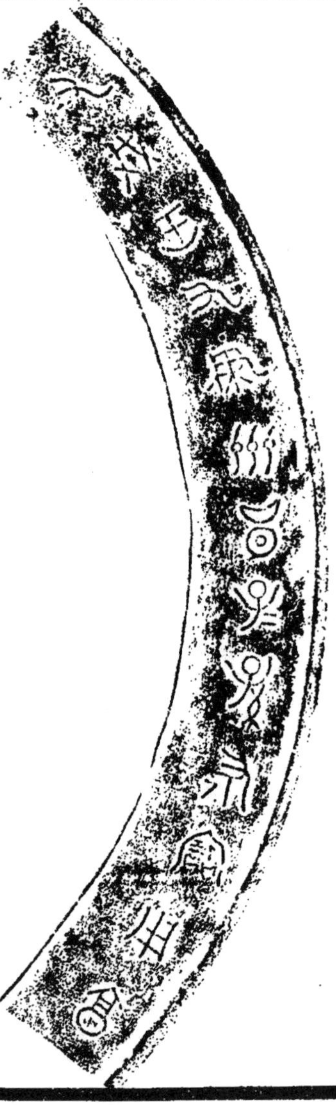

右高七寸八分深五寸三分口徑
一尺四寸三分足徑七寸五分

魏尚方香鑪原形

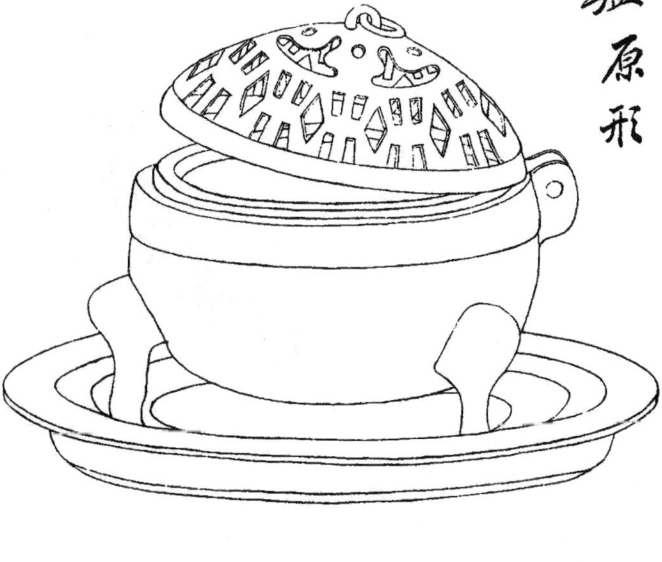

銅香鑪重三斤十

晉太康釜

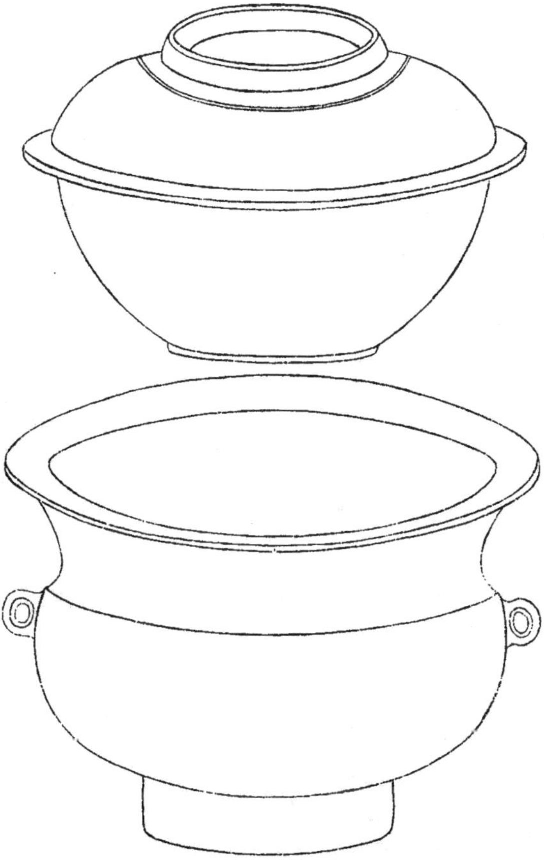

右釜高五寸六分深五寸三分口徑八寸七分腹徑九寸二分底徑四寸七分鍑高五寸六分深五寸三分口徑四寸二分腹徑八寸五分底徑四寸二分

唐銀鋌

右高二寸一分長徑九寸濶徑四寸

唐犁

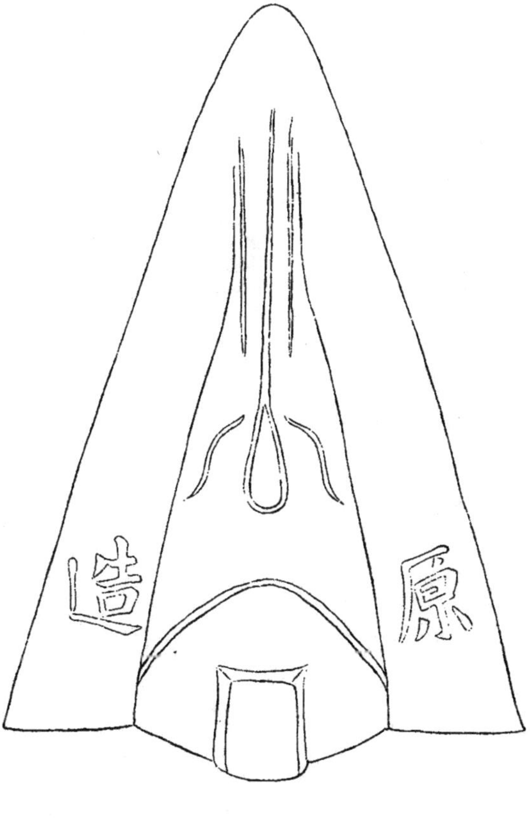

原造

右長九寸八分濶七寸五分

張伯鍑

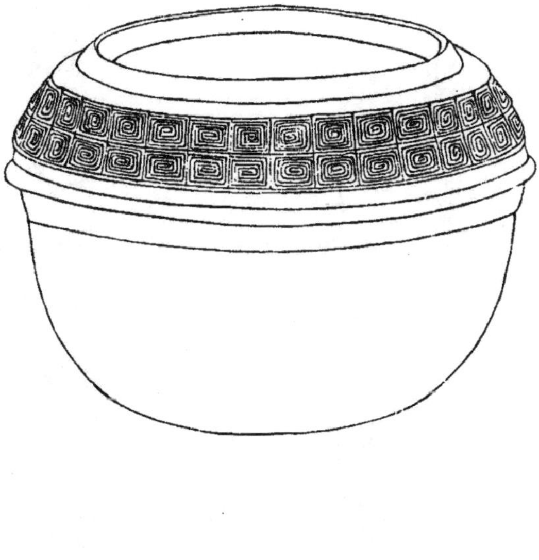

右高六寸三分深六寸一分口徑五寸二分腹徑八寸二分

元延祐犁范

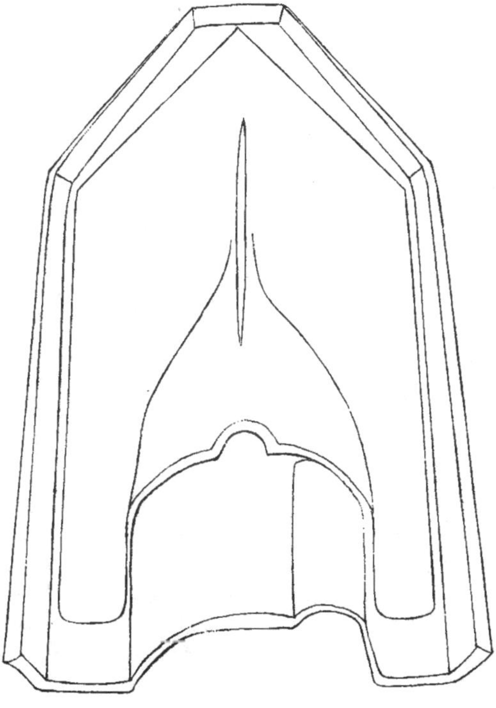

延祐六年三月

岳成南記

千　王人

右長一尺五寸下濶一尺八分上濶四寸七分

明宣德銅甑

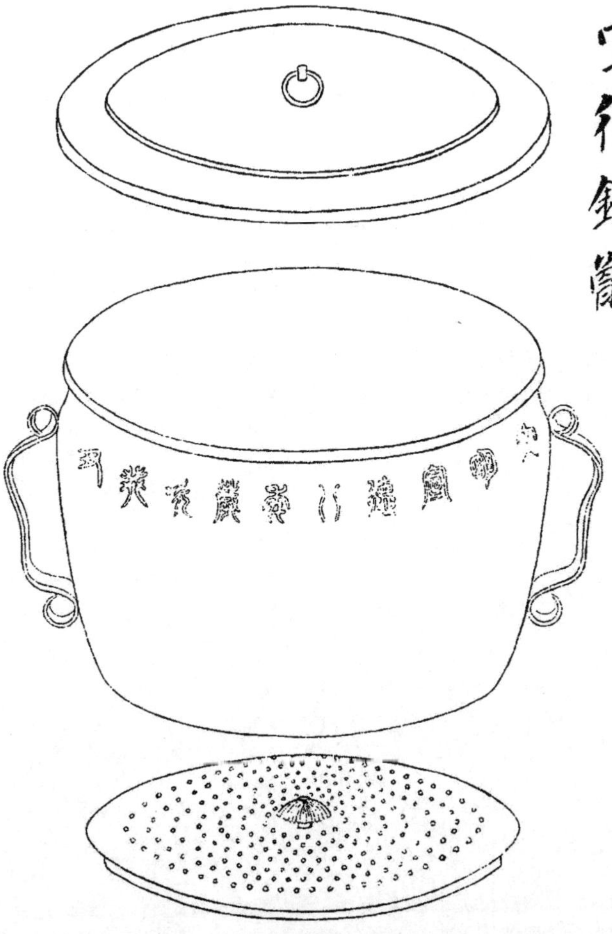

隋虞恭公 金一

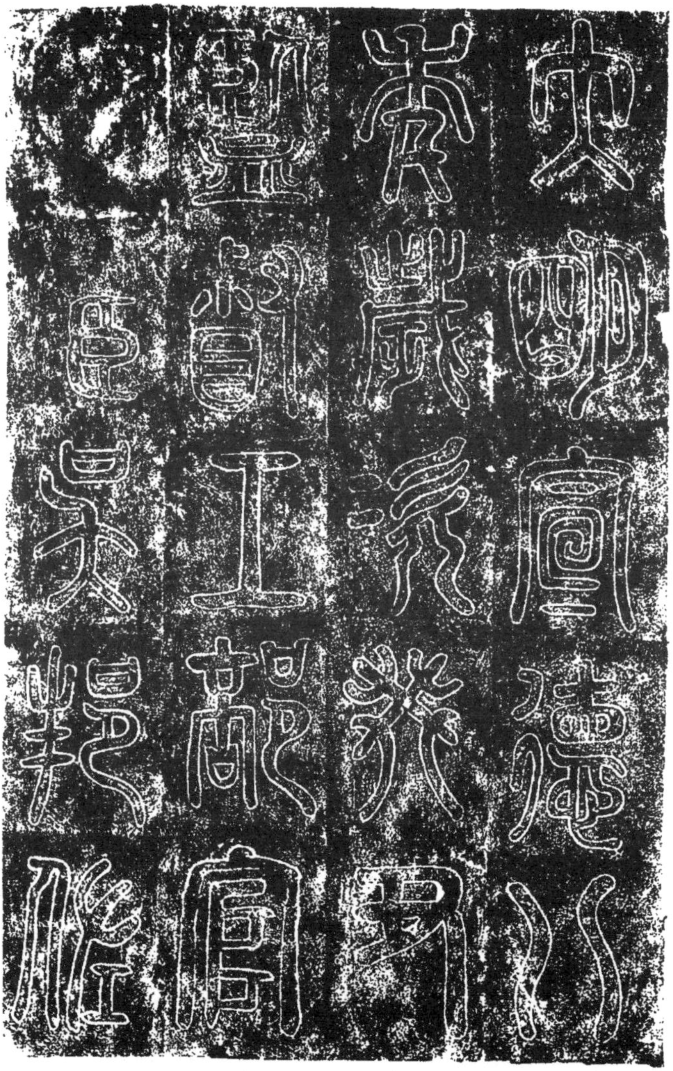

右通蓋高一尺六寸強深一尺二寸口徑二尺二寸七分底徑一尺九寸五分

明天啟銅鋺

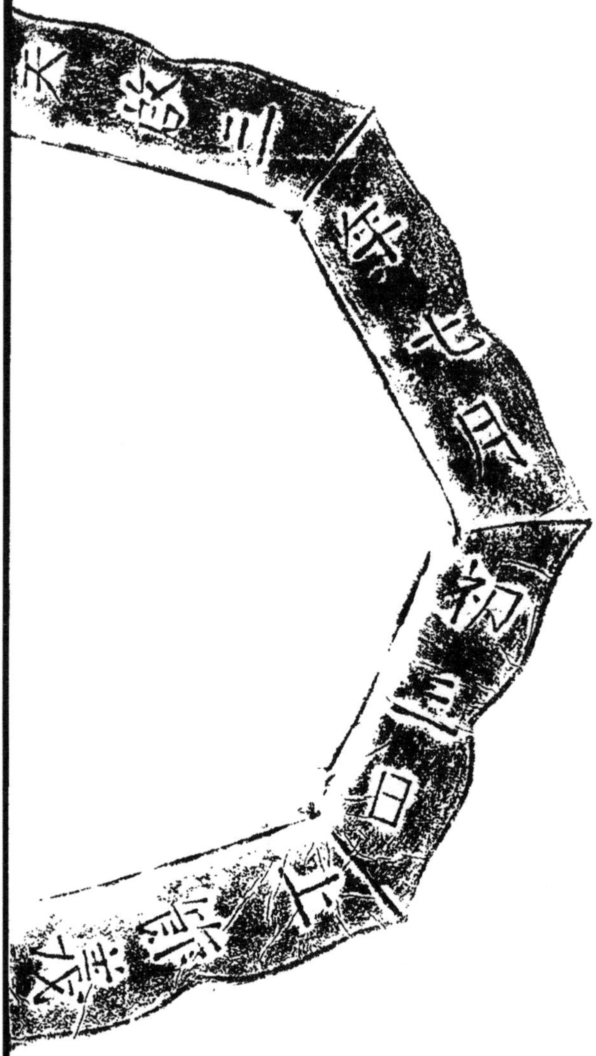
七月初三日

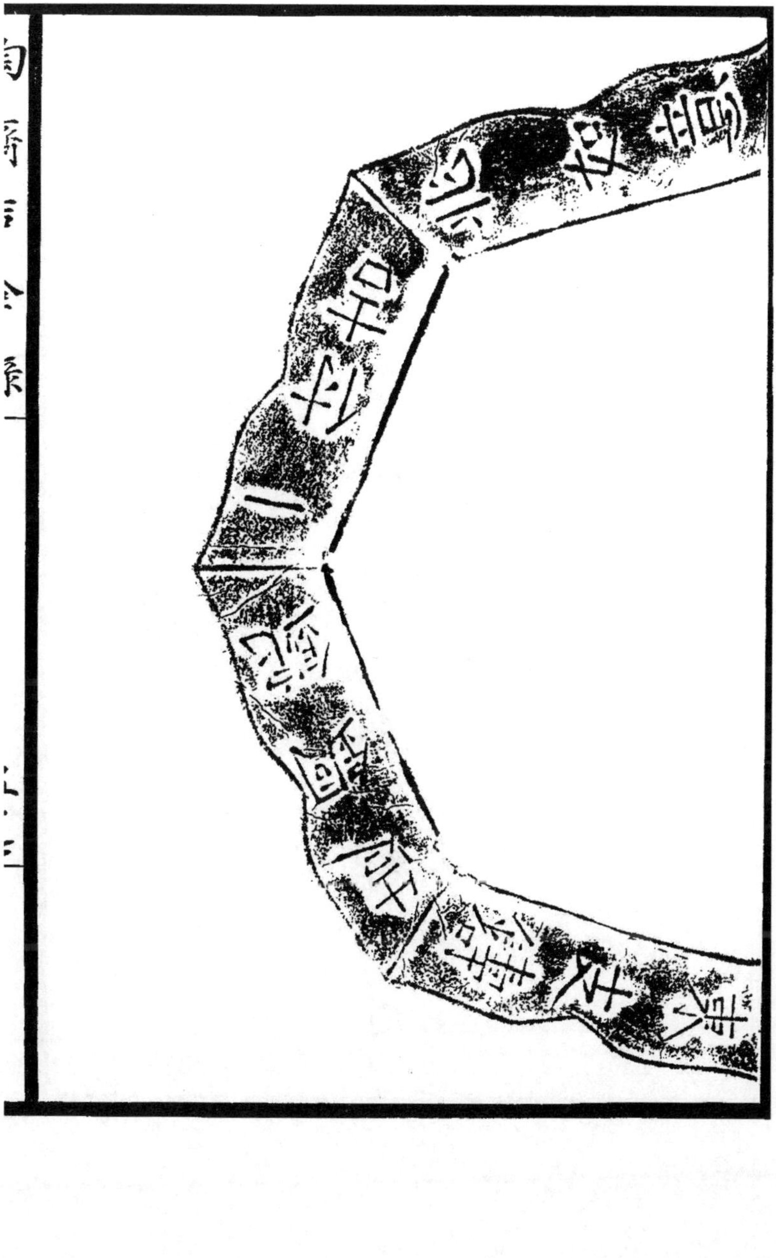

右高六寸深四寸九分口徑八寸
三分底徑五寸

陶齋吉金錄卷八目錄

銅造象附

宋韓謙造象
北魏徐常樂造象
北魏吳卯造象
北魏郭巨造象
北魏左善造象
北魏晏次將造象

北魏靳江造象

北魏張多通造象

北魏張溫造象

北魏　　造象

北魏殘造象

東魏吳廣造象

東魏田訖造象

東魏杜五娘造象

北齊比丘尼淨好造象

北齊波羅寺僧等造象

北周趙春和造象

隋成胡二人造象

隋　光楫造象

隋張冨造象

隋張歡愛造象

隋段敬資造象

隋王氏造象

隋范波若母等造象

唐趙善造象

唐李越仁造象

唐呼仁感造象碑

唐徐慶妻臧九娘造象碑

唐薛奉則造象碑

唐趙光等造象碑

宋韓謙造像

嘉十四年
五月一日
子韓謙敬造佛

周吉金文系

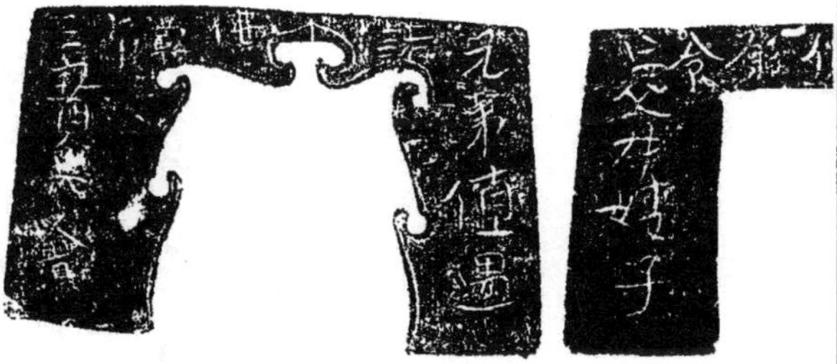

右通高一尺二寸八分座高四寸二分徑四寸佛光長徑八寸九分濶徑七寸三分

北魏徐常樂造像 原形

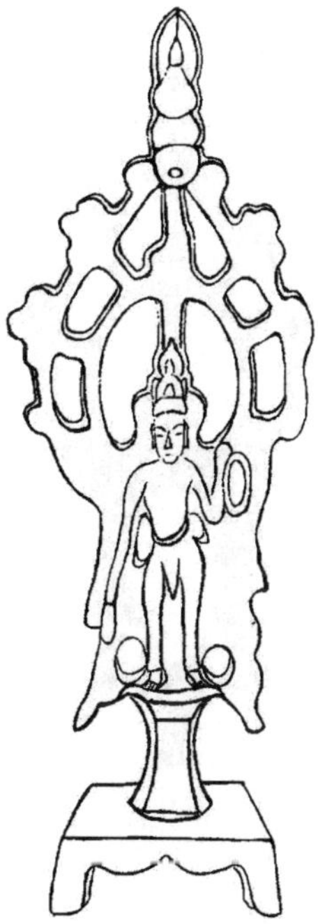

隋趙書鐘三

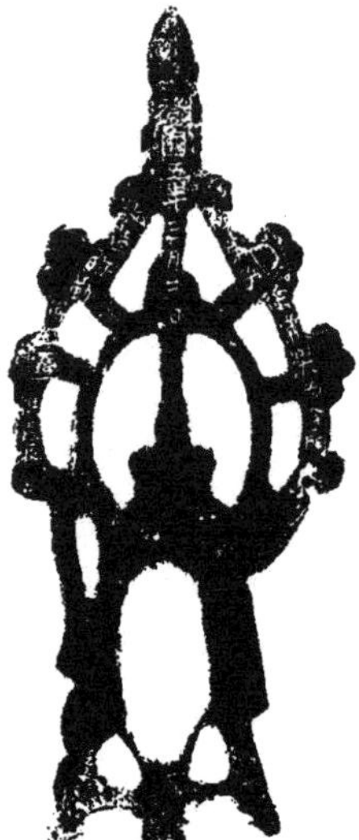

北魏吴卲造像原形

北魏郭巨造像

原形

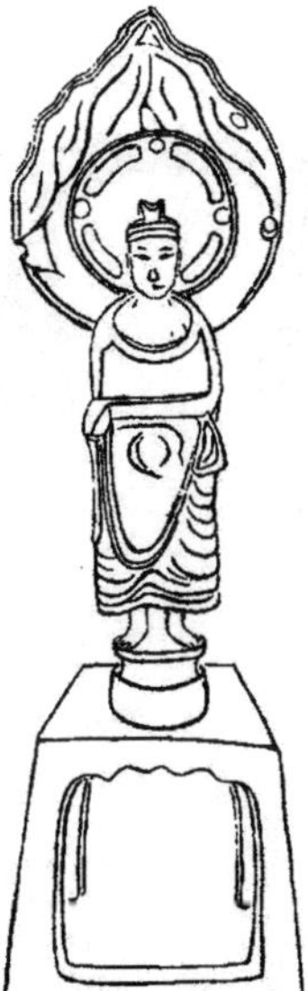

北魏左善造像 原形

北魏晏次将造像 原形

太和十四年六宴次將
人齊道和為上父
母眷屬等敬
造光世音一區願
見世安隱

北魏蘄江造像 原形

北魏張多通造像 原形

北魏張温造像 原形

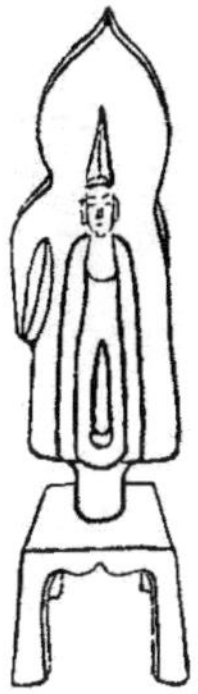

五月八日

北魏□□造像

原形

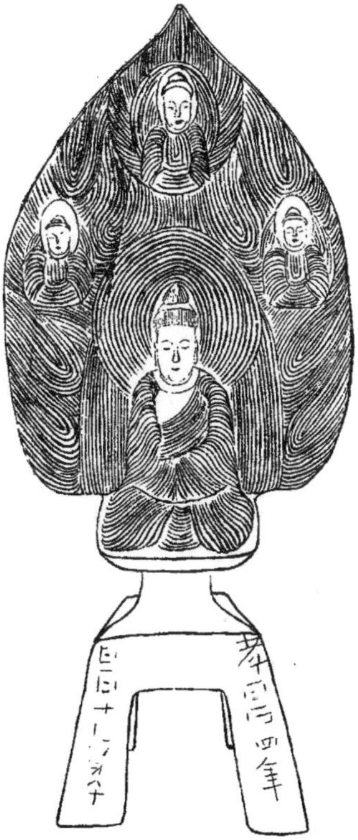

隋前書金鑑

孝宣四年

高二十二分半

吳小題

北魏殘造像 原形

東魏吳廣造像

原形

東魏田記造像 原形

東魏杜五娘造像 原形

北齊比丘尼淨好造像 原形

陴庸言金錍

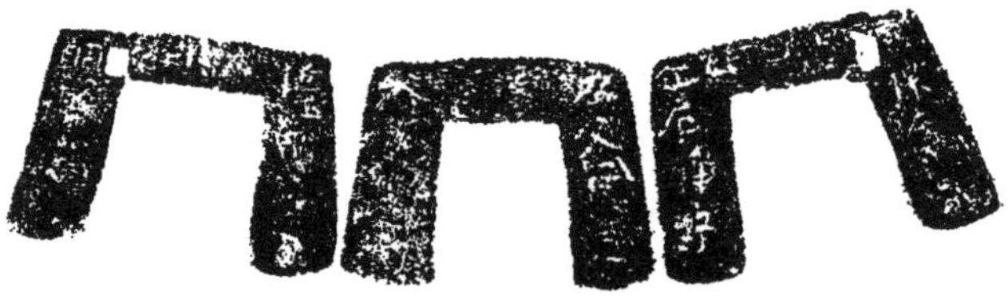

北齊波羅寺僧曇瑞造像

右通高一尺五寸七分座高四寸
一分上徑三寸四分下徑四寸二分
佛光闊徑四寸五分

北周趙春和造像 原形

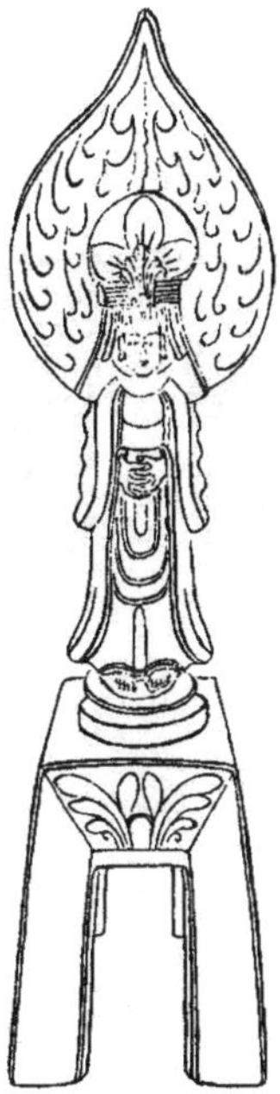

隋成胡二人造像 原形

隋□光楊造像 原形

隋張富造像原形

開皇八年十月
吉日張富為合
門大小敬造
勒像一軀

隋張歡愛造像 原形

隋段敬資造像原形

隋王氏造像 原形

開皇十二年四月八日佛弟子王爲行成造像一區

隋范波若母等造像

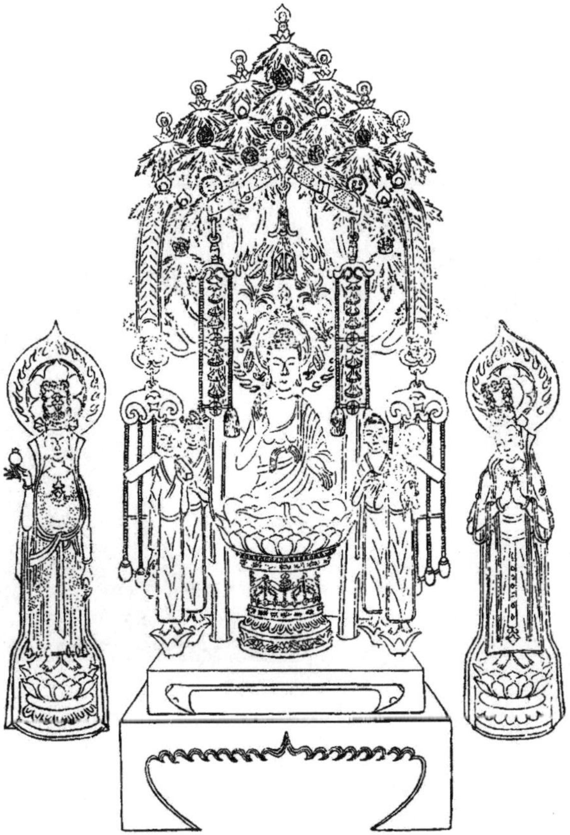

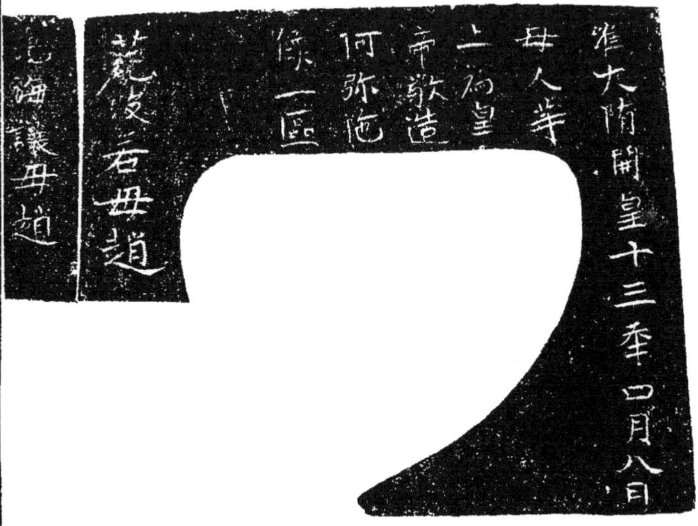
維大隋開皇十三年四月八日
母人等
上為皇
帝敬造
何弥陀
像一區
若毋趙
毋趙

旬齋吉金彔一

　　　　　　　　　　　　　　辶言戠
　　　　　　　　　　　　　　牛大才
　　　　　　　　　　　　花士岐
　　　　　　　　　　　　母廸
　　　　　　　　　　辶衷李
　　　　　　　　　好路
　　　　　　　　辶伯仁
　　　　　　范市佀母李
　　　　范子希
　　母馮

二十五

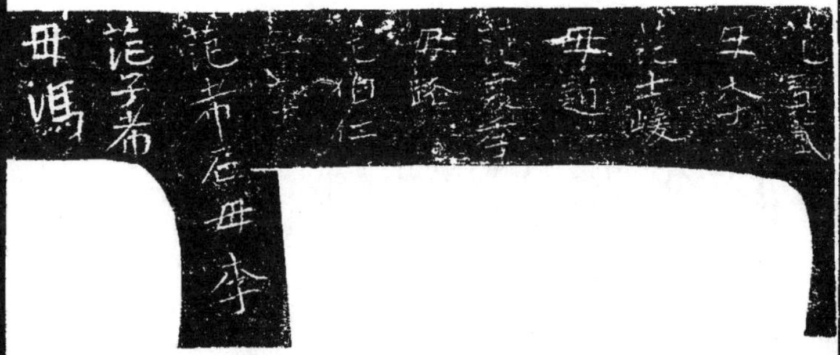

右佛像佛光蓮座通高二尺八寸五分座上四侍佛高八寸八分座薦兩侍佛高一尺四寸五分座高四寸八分座長徑一尺四寸三分濶徑一尺二寸二分佛後菩提樹高二尺六寸五分樹杪名有佛像一區趙州東南十五里鄭家郭出土

唐趙善造像 原形

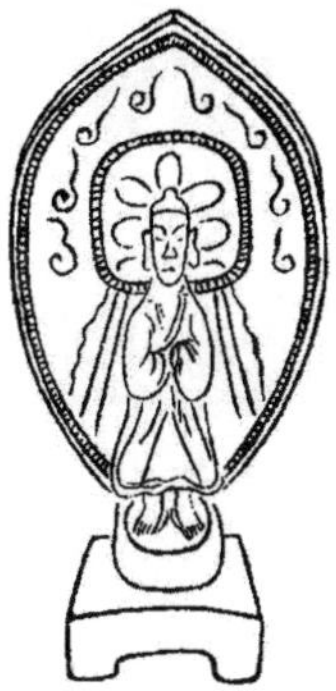

唐李越仁造偶原形

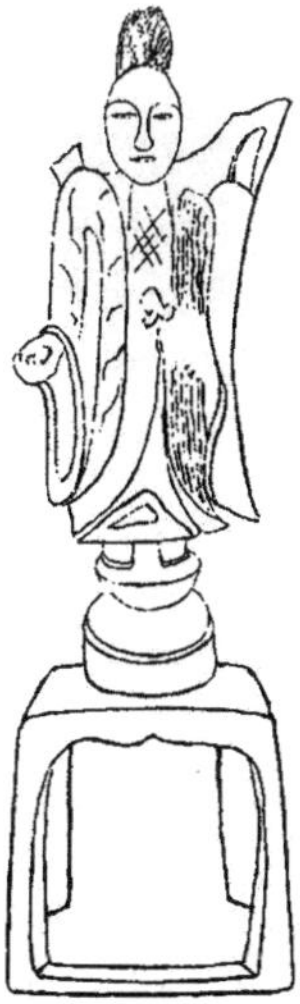

唐呼仁感造像碑原形

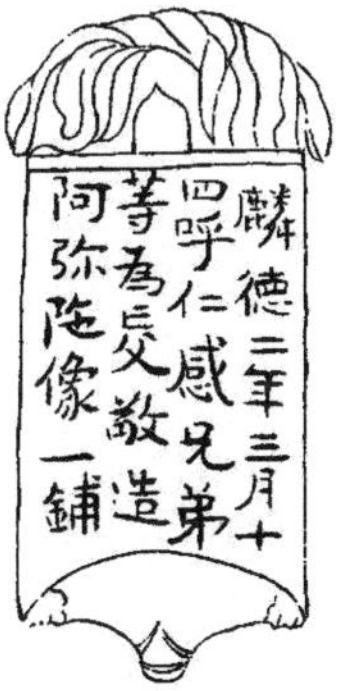
麟德二年三月十
四呼仁感兄弟
等為亡父敬造
阿弥陀像一鋪

唐徐慶妻臧九娘造像碑

原形

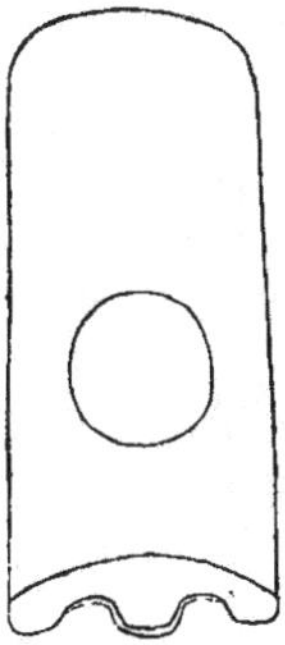

唐薛奉則造像碑原形

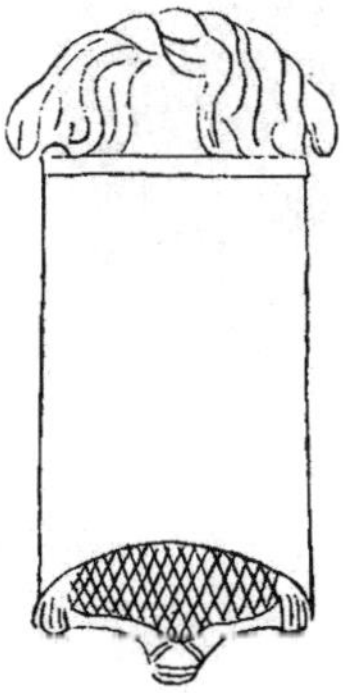

唐趙光壽造像碑 原形

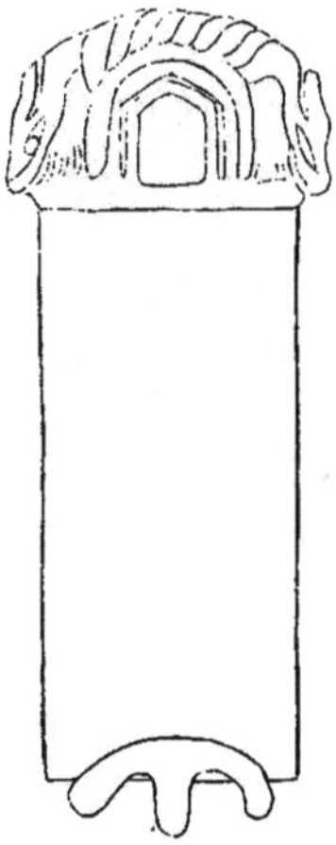

開元廿五年五月廿四日

清末民初文獻叢刊

陶齋吉金録

（上册）

［清］端方 輯

朝華出版社
BLOSSOM PRESS

圖書在版編目（CIP）數據

陶齋吉金録 : 全2册 / (清) 端方輯. -- 北京 : 朝華出版社, 2018.9

（清末民初文獻叢刊）

ISBN 978-7-5054-4325-9

Ⅰ. ①陶… Ⅱ. ①端… Ⅲ. ①文物－中國－圖集 Ⅳ. ①K870.2

中國版本圖書館CIP數據核字(2018)第173943號

陶齋吉金録（全二册）

作　　者 ［清］端　方

選題策劃 楊麗麗　尚論聰
責任編輯 劉小磊
特約編輯 孫　開　王春蕾
責任印制 張文東　陸競贏
封面設計 劉敬偉

出版發行 朝華出版社
社　　址 北京市西城區百萬莊大街24號　**郵政編碼** 100037
訂購電話 （010）68996618　68996050
傳　　真 （010）88415258（發行部）
聯系版權 j-yn@163.com
網　　址 http://zhcb.cipg.org.cn
印　　刷 藝堂印刷（天津）有限公司
經　　銷 全國新華書店
開　　本 880mm×1230mm　1/32　**字　　數** 95千字
印　　張 28.75
版　　次 2018年9月第1版　2018年9月第1次印刷
裝　　別 精
書　　號 ISBN 978-7-5054-4325-9
定　　價 185.00元（全二册）

出版前言

中國自一八四〇年鴉片戰爭以來，傳統的農業文明在西方的堅船利炮轟擊之下徹底被顛覆，有擔當的知識分子苦苦追尋，思索社會改革的途徑。從最初的『師夷長技以制夷』到『民主制度，天下之公理』（梁啓超語），他們發現要『强國富民』，首先要『開啓民智』，祇有民衆擁有了獨立思想和批判精神，國家纔能實現真正的强大。在此後一百年的時間裏（一八四〇——一九四九），思想者們從社會變革深入到國民性的改造，用每一部作品見證着中國近代化的遞變歷程。這是一個極其重要的時代，《清末民初文獻叢刊》正是收録了這一時期的作品，大部分書籍都是早期版本，有着極高的文獻研究價值。

清末的中國經歷了『三千年來未有之大變局』（李鴻章語），大清王朝面對西方列强的艦炮，表現得驚慌失措。尤其是鴉片戰爭，使『天朝帝國萬世長存的迷信受到了致命的打擊，野蠻的、閉關自守的、與文明世界隔絶的狀態被打破了』（《馬克思恩格斯選集》）。一批士大夫知識分子，尤其是在歐美諸國擔任使臣或者游歷的知識分子最先覺醒，着眼于對西方國家的考察，進而反省本國政治制度的劣勢，可以視作『啓蒙』的端倪。如曾擔任駐英公使（兼任駐法公使）的郭嵩燾在《使西紀程》中以日記的形式記録了自己對歐西諸國的觀感，他在考察了英國的政治制度之後，發現英國政府官員收入超過三百磅者與普通老百姓一樣同等納税，他説：『此法誠善，然非民主之國，則勢有所不行。西洋所以享國長久，君民兼主國政故也。』他明確提出了『民主』，在國家的管理問題上，人民也有參與的權利。他在該書中所披露的西方政治、經濟、文化等領域優于大清帝國這一事實觸動了保守派的神經，立刻遭到保守派群起而攻之，進士何金壽彈劾他『有二心于英國，欲中國臣事之』，他家鄉湖南的民衆對他更是痛加詆毀，以至于滿城揭帖，誣蔑他『溝通洋人』，在這種群情洶洶的情況下，朝廷最後下旨將《使西紀程》毀版，從而使該書成了禁書。然而，書雖被毀版，却不能堵死民衆的傳播與閱讀的途徑，上海的《萬國公報》依舊連載該書，張佩綸曾説：『朝廷禁其書，而新聞紙接續刊刻，中外傳播如故也。』從某種意義上來説，啓蒙是時代的需要，盡管清政府發諭旨禁了該書，民衆乃至一些朝廷大員却依舊在私下閲讀，以便瞭解外部的世界。進步的社會是開放性的，任何企圖『閉關鎖國』的努力都意味着歷史的倒退，祇有開放，與整個世界文明保持同等的步伐，纔能實現真正的强國之夢。當大批知識分子走出閉鎖的國門，親歷了文明的洗禮之後，也就把啓蒙的智識帶回了中華大地。容閎的《西學東漸記》，梁啓超的《新大陸游記》，崔國因的《出使美日秘日記》等一大批作品介紹了海外諸國的政治、經濟、軍事、外交、文化。雖然這些作品在認識上仍然帶有時代的局限性，然而却是那時最爲珍貴的聲音。

另一方面，在學術上，中國文化母體内『經世致用』思想與資産階級思想相結合，也唤起了變革，以康有爲、梁啓超爲首的改良派試圖通過自上而下的革新以實現變革。康有爲的《新學僞經考》《孔子改制考》就是借經學之表論資産階級學説之裏的著作，康有爲的弟子梁啓超更是通過《新民説》一書提出國民性改造。與早期啓蒙者『師夷長技』的器物文明引進不同，梁啓超上升到形而上的精神領域，從文化心理上更加徹底地進行變革。梁氏是清朝末年到民國初年一個橋梁式的人物，被譽爲『輿論之驕子，天縱之文豪』，其影響力不但在學術領域，同時還在文學領域，他所倡導的『詩界革命』得到了譚嗣同、黄遵憲、丘逢甲等人的響應，黄遵憲的《日本雜事詩》，丘逢甲的《嶺雲海日樓詩鈔》都體現了這種主張。這一主張要求反映新的時代和新的思想，用『我手寫我口』（黄遵憲語）的方式直抒胸臆，對長期占詩壇主流的擬古主義、形式主義産生了巨大的衝擊，解放了寫作者的心靈和頭腦。

與社會變革同步的是早期對西方思想著作的翻譯，這裏面影響最大的是嚴復，他翻譯的《天演論》《社會通詮》等書直接孕育了民國一代的知識階層。魯迅、胡適等人在文章中都曾提到《天演論》對他們思想所産生的震撼。與嚴復略有不同的另一位翻譯家是林紓，他的譯作雖然參差不齊，但却在更細膩的心靈層次對讀者産生影響，許壽裳曾回憶，他和魯迅都熱衷于林譯的小説，如《巴黎茶花女遺事》《黑奴籲天録》《迦茵小傳》等作品。

辛亥革命之後，進步社會思潮成爲主流，比之清末思想啓蒙者『求存』的追求，民國以來的知識階層深入到了更加細微的肌理，一方面呼喚社會變革，另一方面進行點滴的建設，革命并不能使所有的一切一蹴而就，在更加深廣的領域，事物的改變是由微觀而宏觀。通俗地説，比之于革命，建設的意義更大。如《中國商業史》《中國教育史》《中國倫理學史》《中國哲學史大綱》《中國小説史略》等一大批作品都是進行系統的梳理與建設的理論作品。其中，以胡適和魯迅二人的影響最大，他們的作品一紙風靡，從而成爲新文化運動的主力人物。

《清末民初文獻叢刊》收録的文獻大致上可以分爲三個階段，其中龔自珍、張之洞、魏源、郭嵩燾、薛福成等人的作品可視爲『早期啓蒙』，康有爲、梁啓超、黃遵憲、嚴復、林紓等人的作品可視爲『中期啓蒙』，胡適、魯迅、蔡元培等人的作品可視爲『晚期啓蒙』。當然，這種劃分并非嚴格意義上的，大部分啓蒙思想者隨着時代的變化，其思想在不斷進步。縱觀整個近現代史，可以發現，要求變革不是在某一個領域，由某一類人發起和完成的，而是全社會的要求。

變革，已經成爲全社會的共識。

從清末民初的文獻中，我們能够發現一種豐富性。這些作品涉及政治、經濟、軍事、教育、外交、宗教、心理、情感等方方面面，從内而外地净化着中國兩千年以來的封建積習。它不祇是對社會的改造，更是對人心靈的重塑；它首重國家社會之建設，同時亦重靈魂心智之喚醒；它是宏大的，也是微觀的；它是嚴肅莊重的，也是活潑靈動的；這些作品結構精巧，思想內容深刻，擁有濃厚的人文主義色彩，對推動社會主義建設，實現中國夢有重大意義，是近現代中國一百年來最宏富的智識與情感的寶藏。因此，整理這些文獻作品，無論是出于資料保存的目的，還是爲圖書館提供資料副本，都有不可估量的意義。

特定時代下的文獻，當它一旦形成（既指草擬，創作的完成，也指其成爲一個載體），就不可再複製了，也就意味着它將面對消亡。對于文獻資料而言，越接近歷史事件發生的時代記録，越具有研究價值。文獻本身具有不可再生性，它衹會消亡，而不會增多。盡管文獻本身的文字可以保留下來，并進行傳播，却失去了當時的時代氣息。當時的作品可能在技巧上，文字的成熟度上不及當代，但它所負載的信息，創作者的情感都反映了當時的歷史，也就是説，它具有不可替代的歷史意義。

影印的版本有三個特點，第一是擁有文獻的『原始性』；第二個特點是『未經改動的』；第三個特點是『歷史的原貌』。所謂『原始性』，也就是説，它是第一手資料，而非轉述的，回憶形成的；『未經改動的』，是指未被篡改、删節、挖補的；『歷史的原貌』是指在影印製作過程中，完全依照文獻的原來模樣……這樣製作出版的作品，無异延續了文獻的壽命。

近現代思想史上的一個最重大的思潮就是『開放』，從林則徐的『開眼看世界』到蔡元培的『兼容并包』，都是在倡導一種開放式的胸襟。而《清末民初文獻叢刊》最有魅力的部分就是『開放』這一主題，衹有融入到世界文明發展的進程中，中華文明纔能歷久彌新。

《清末民初文獻叢刊》編委會

二〇一七年四月十四日

凡例

一、《清末民初文獻叢刊》（以下簡稱『叢刊』）爲影印本，舉凡所用之底本，均爲該書之早期版本。有清末刊本，亦有民國印本。

二、《叢刊》均依底本影印，未予删改，僅代表作者個人觀點，不代表官方立場；原刊本有誤，不予校改，以保留文獻之原貌。

三、《叢刊》所用之底本，因時日久遠存在漫漶的情况，均進行了修復；底本闕文、印刷不清，均保留原貌。

四、爲讀者閲讀之便，《叢刊》中之舊底本目録未標記頁碼者，編了目次；原底本有頁碼和目録，未予重複編目。

五、爲保持文獻的原始風貌，影印本保留了原書書影（原書爲多册，則保留第一册書影）、扉頁等信息。所用底本無相應信息者，則不予妄添，以免錯訛。

目録

上册

陶齋吉金録（清光緒三十四年刊本）書影 一
原刊本扉頁 三
陶齋吉金録叙 五
陶齋吉金録總目 一五
陶齋吉金録卷一 一九
陶齋吉金録卷二 一三一
陶齋吉金録卷三 二六一
陶齋吉金録卷四 三七一

下册

陶齋吉金録卷五 四八三
陶齋吉金録卷六 五七三
陶齋吉金録卷七 七一五
陶齋吉金録卷八 八三七

陶齋吉金錄

陶齋吉金錄

光緒戊申
輯于金陵

陶齋吉金錄敘

古無著錄吉金專書有之自兩宋始皇祐始命太常摹歷代器款為圖三館之士不能盡識呂大臨攷古圖十卷成於元祐壬申李公麟善畫者古取生平所得及聞睹者作為圖狀名攷古圖及大觀初迺倣之作宣和殿博古圖三十卷紹

興中薛尚功為款識二十卷又續
攷古圖五卷亦成於紹興季年作
者佚其姓氏乾道中王順伯輯鐘
鼎款識僅五十九器而箋識絶精
薛王之書第句橅文字攷古博古
圖則兼繪器形者也本朝乾隆中
命儒臣編西清古鑑西清續鑑寧
壽古鑑三書

詔曰邃古法物歷世悠遠穆乎可見三代以上規模氣象我朝家法不尚玩好而內府儲藏未嘗不富以游藝之餘功寄鑒古之遠思其書閣衍博大奚啻駕宋人諸圖而上之自時厥後名臣耆獻緣流嚮風鑒別攷證日益精覈其尤著者阮文達之積古齋鐘鼎彝器款識

吳荷屋之筠清館金文吳子苾之攈古錄吳退樓之兩罍軒彝器圖釋潘文勤之攀古樓彝器款識宗室伯熙之鬱華閣金文皆以根據典禮流傳古文裨益經訓為宗旨專精之學各足名家兩罍攀古最後出器必有圖足資攷鏡文勤之言曰鐘鼎彝器之學萌芽於漢昌

於宋極盛於我
朝蓋攷據之學至
國朝而益精而三代文字不盡傳
於後世惟金文僅有存者其有功
於經義至鉅非兼文字形式而目
治之則攷證為無據世或疑為玩
物喪志是未窺昔賢樸學之門徑
也余叅歲官京朝簿領之暇輒事

搜討稍稍有得繼之官秦中古帝王之都多重寶奇器往往朝出墟壟夕登几席西北土燥故字蹟花紋完整者多摩挲屢眷心賞殊愜洎移節鄂湘東下三吳或新發於土或得之舊家物聚所好時復增益昔許叔重謂郡國往往於山川得鼎彝其銘即前代之古文王文

敏嘗為余言金文字多者可敵真古文尚書百篇之一治今古文尚書非得此無以為同時佐證綜觀古今碩儒之論知金文之為用汲古之所先也而圖象與銘識並重者易曰形而上者謂之道形而下者謂之器備物以致用而古人之制作存焉禮曰物勒工名以考其

誠其琱文刻鏤精審緻密者皆良工之誠意所周流貫徹也至於樸厚渾深之致雖小物莫不皆然而非後世膚巧曲慧者所可同語識者謂鐘鼎款識誼通乎六書制兼乎三禮可見斯詣之尊矣而著錄烏可已也爰彙所藏都為一編最三代器三卷秦漢以下器四卷又

南北朝已來造象一卷通三百五十九事釋誼必信象形必精絜量圜徑尺寸必詳庶幾託微尚袪目論爲夫古器物之存於世蓋寡矣兩宋私家著述或未必皆已物逮樓文勤皆已物又爲數不逾數十余所儲蓄視二公稍過之書成之後不復從事訪求期於傳古匪今

多也是書之作高訂體例者義州李葆恂即墨黄君復丹徒陳慶年繪圖者丹徒管琳歙縣黄廷榮整理輯錄則三河郝萬亮致力最勤例得附名以傳光緒三十有四年歲次戊申十月溧陽端方

陶齋吉金錄總目

卷一

柉禁全圖　分圖　鐘　鼎

尊　彝

卷二

敦　卣　簠　簋　鬲　甗

卷三

壺　提壺　鐎壺　罍　爵

觚 觶 斝 盉 匜 鑑
戈 戟 劍 矛頭 斧
句
卷四
詔版 權 量
卷五
罍 盉 刄 鼎 劍 戈
卷六

鍾 鈁 銷 壺 棓 洗
鐙 鐎斗 符

卷七

銅鼓 銗鏤 鉤 句 柄
環刀 矢鏃 彈丸 朱提
尚方銅器 弩機 鏡 鈴
鐸 盤 香鑪 釜 銀鋌
犁 鍑 犁笵 銅甑 鋺

卷八 附

銅造象　銅造象碑

陶齋吉金錄卷一目錄

柉禁全圖 分圖列下

柉禁
鼎卣一
鼎卣二 銅勺坿
鼎尊
父乙盉
妣乙觚

子掃帚斝

父乙尊

犧形爵

祖癸角

父甲觶

雷紋觶

邾公劍鐘

邾公牼鐘

楚公家鐘
鬲形鼎
舉鼎
山形父乙鼎
乙舉鼎
舉父丁鼎
祖甲方鼎
窻鼎

豐鼎

祖乙鼎

陵対鼎

父康鼎

鄧伯氏鼎

中義父鼎

寶鼎

寶鼎

克鼎一

克鼎二

克鼎三

鬲攸从鼎

父乙尊

父丁尊

作寶尊

文父辛尊

父丁彝

析子孫父丁彝

頪彝

伯歸彝

歸女彝

雝嫛彝

作彝

漢建初尺式

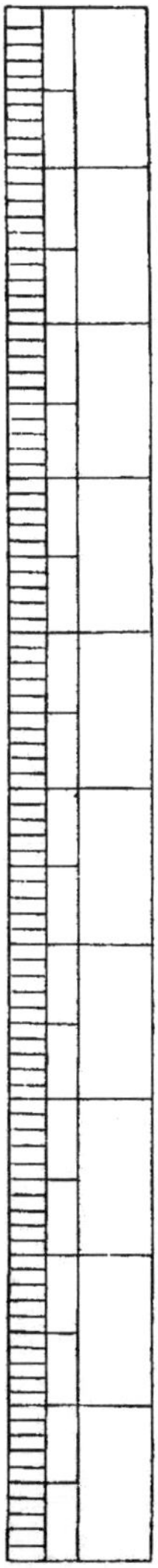

陸寳言全鈔

柉禁全圖

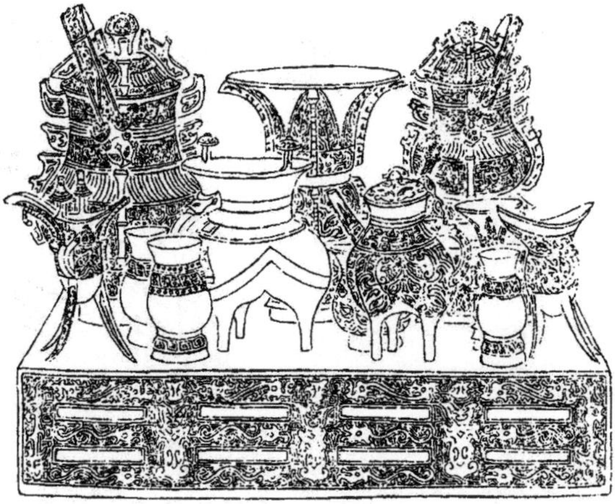

右器於光緒辛丑秋陝西
鳳翔府寶雞縣三十里鬭
雞臺出土

棜禁

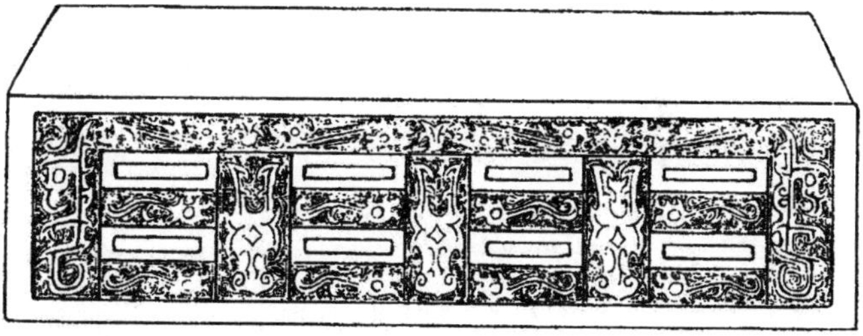

右高八寸長三尺八寸五分廣
二尺

鼎卣一

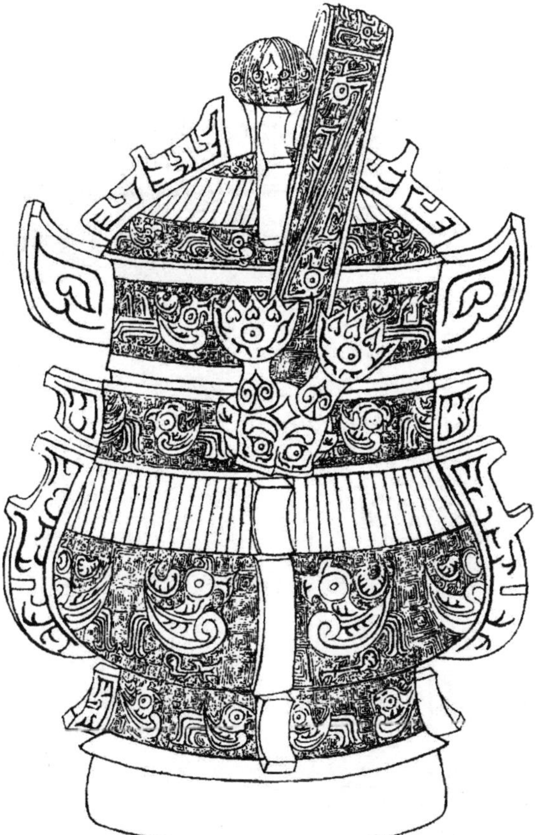

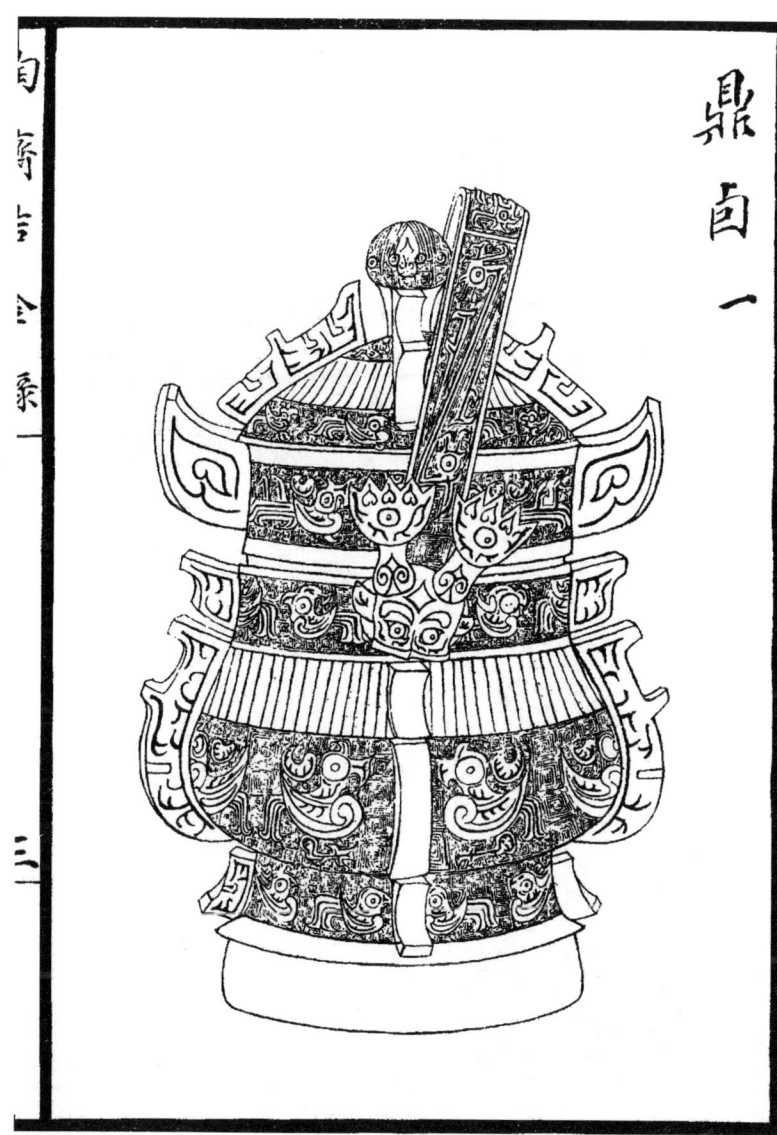

蓋

器

右通蓋高一尺九寸一分深一尺
一寸口徑長五寸四分強濶四寸
一分腹徑長一尺一寸七分濶四寸八分

鼎卣二 銅勺附

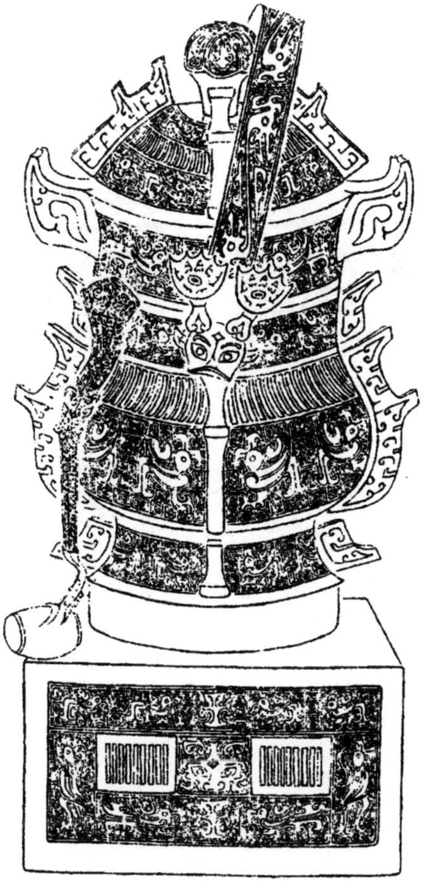

蓋

器

右連基通高一尺九寸四分口徑長五寸五分濶三寸八分腹徑長八寸二分濶六寸九分基高四寸徑九寸二分銅句出土時即在此卣之内故附錄卣後

隋前書金石　　　　三六　　王

鼎尊

旬尊与今系

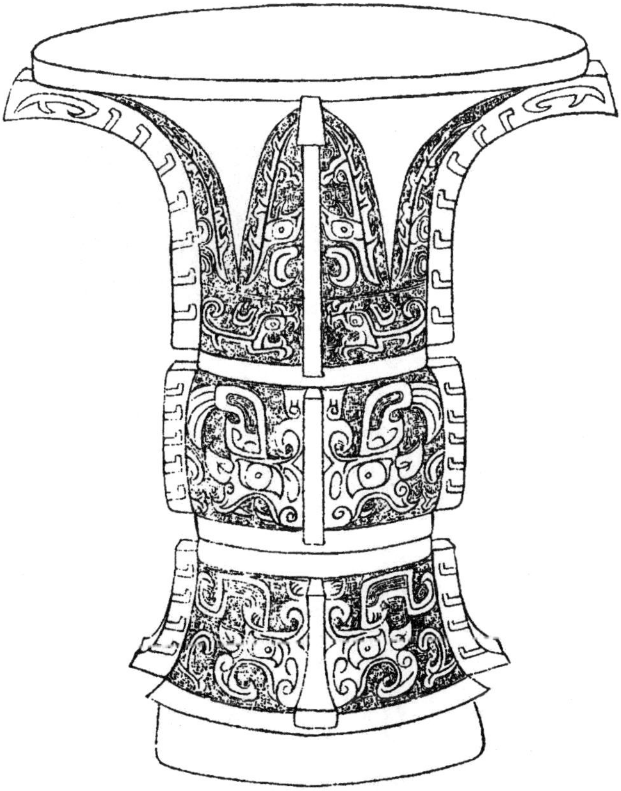

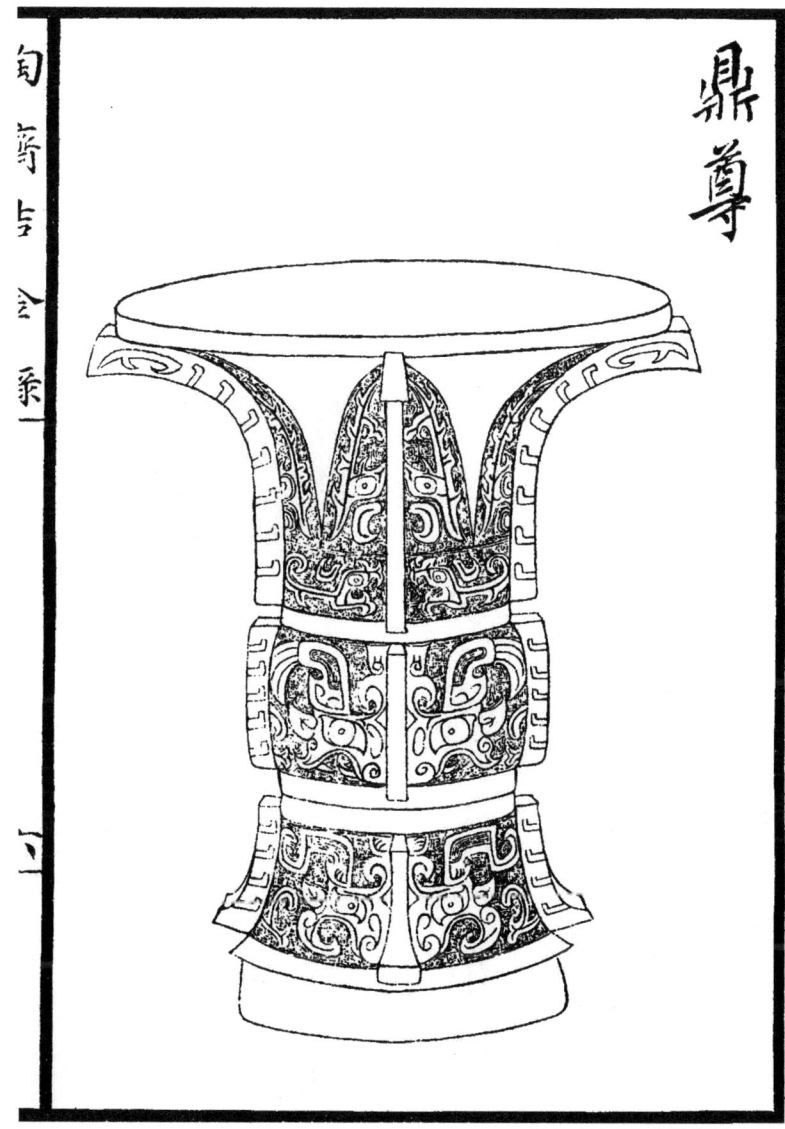

右高一尺四寸一分深一尺四分口徑一尺一寸六分腹徑五寸二分

父乙盉

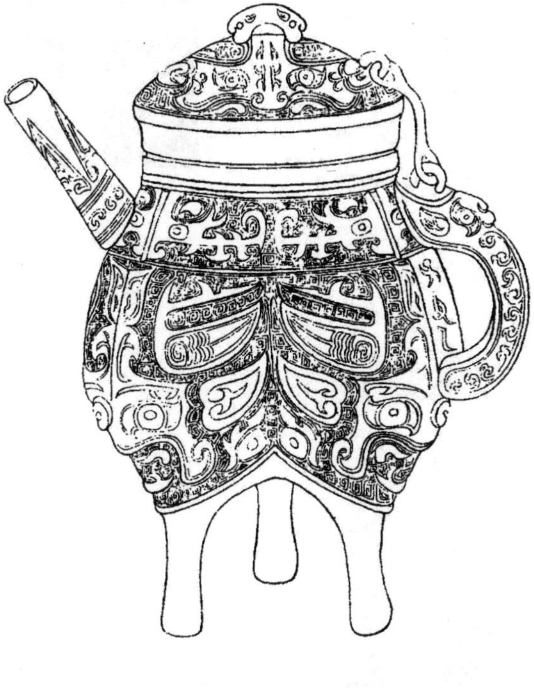

蓋

器

右通蓋高一尺一寸七分深六寸五分口徑三寸三分腹徑四寸五分有流有鋬

妣己觚

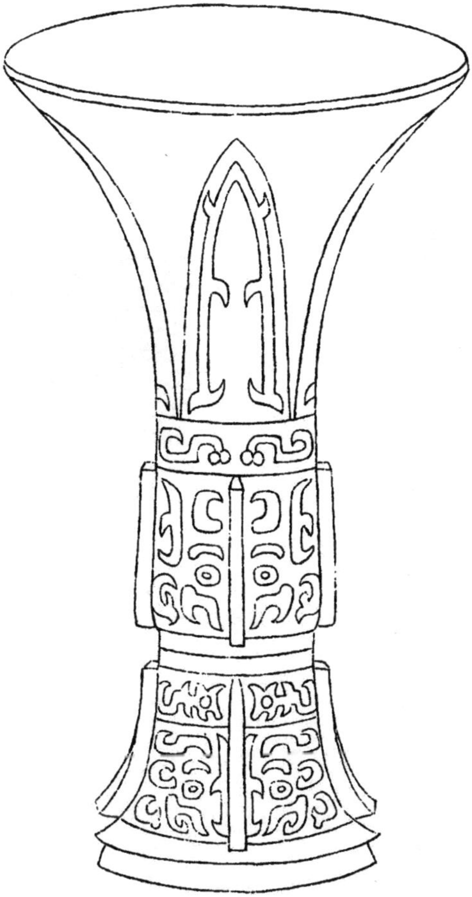

右高八寸八分強深六寸一分
口徑五寸六分

子掃帚爵

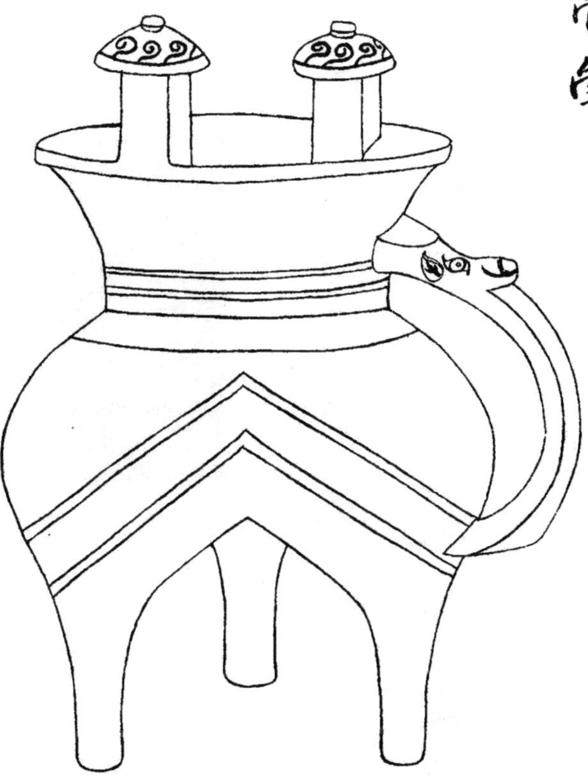

右高一尺一寸三分深七寸五分強口徑七寸二分弱腹徑七寸五分

父乙尊 原形

犧形爵

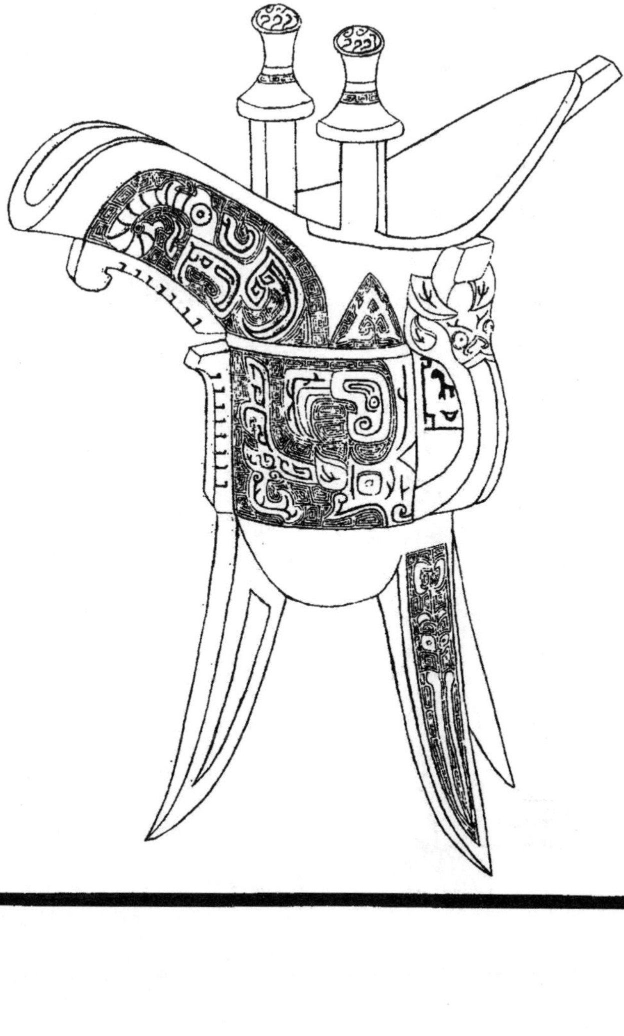

右高八寸三分深四寸四分強口徑長八寸七分闊四寸一分強有流有鋬

祖癸角原形

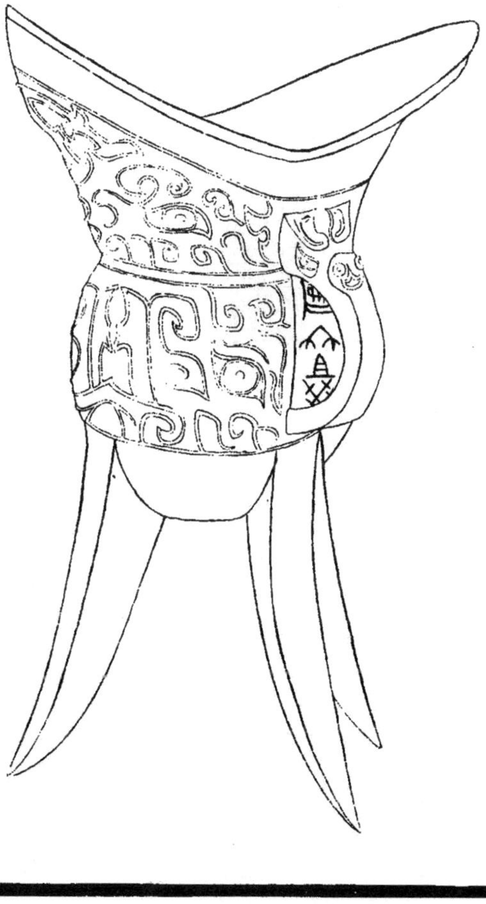

父甲觶原形

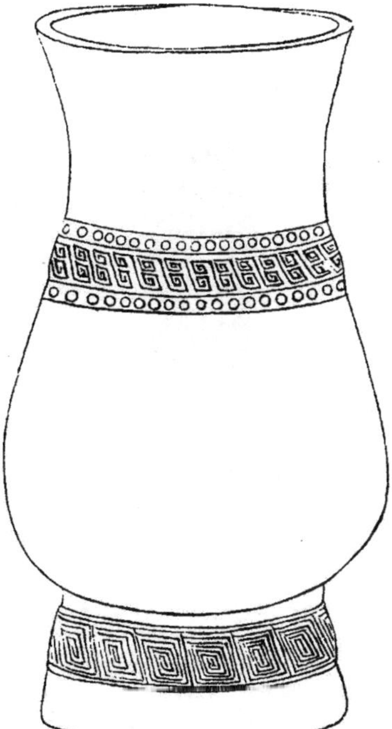

雷紋觶 原形

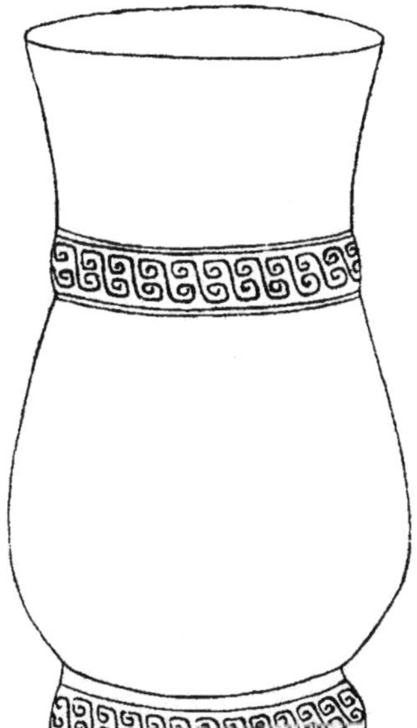

邾公釗鐘

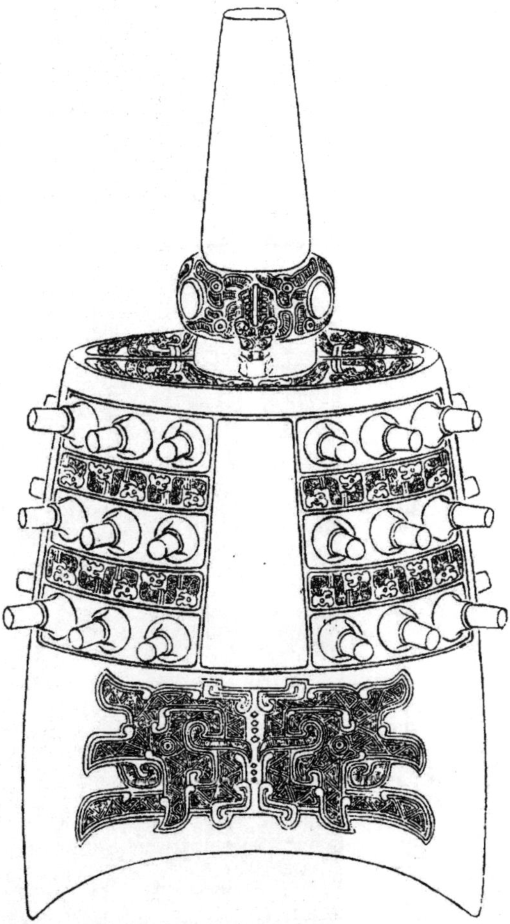

右高一尺二寸八分甬高八寸徑三寸三分兩舞相距九寸一分横八寸三分兩銑相距一尺一分横九寸二分

邾公牼鐘

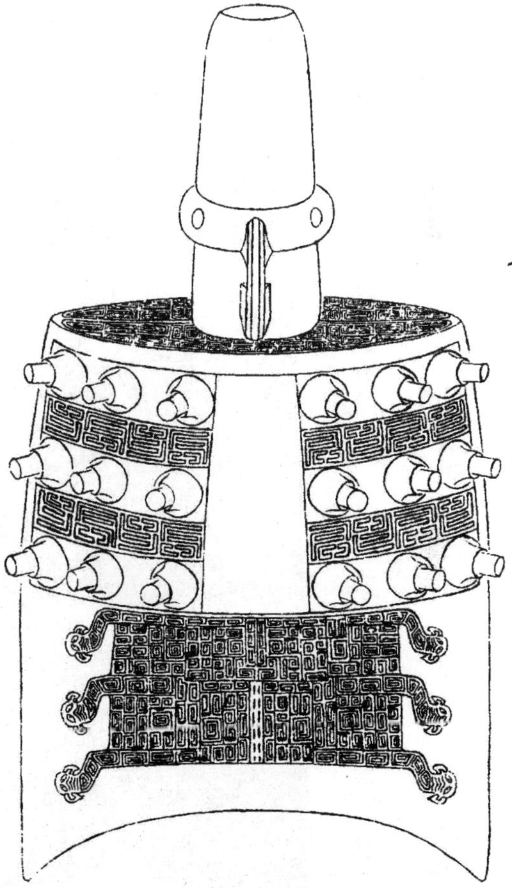

右高一尺八分甬高六寸二分徑二寸二分兩舞相距九寸横六寸二分兩銑相距一尺一分横七寸一分

楚公家鐘

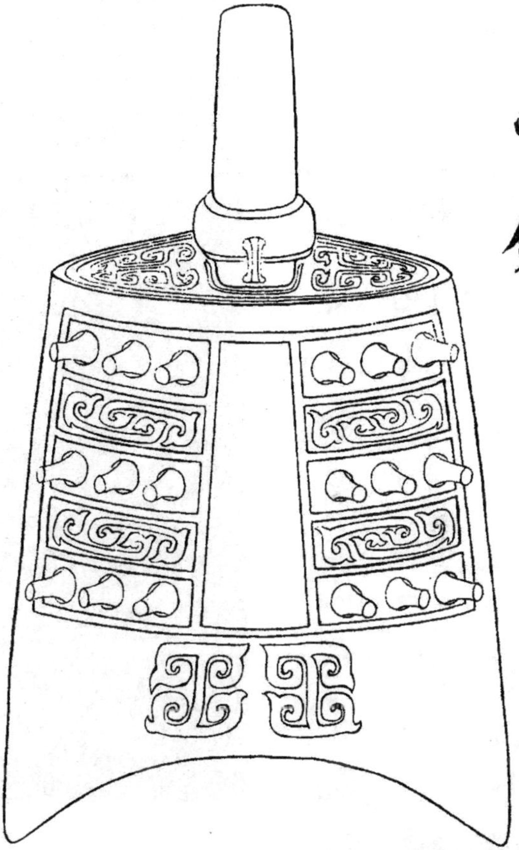

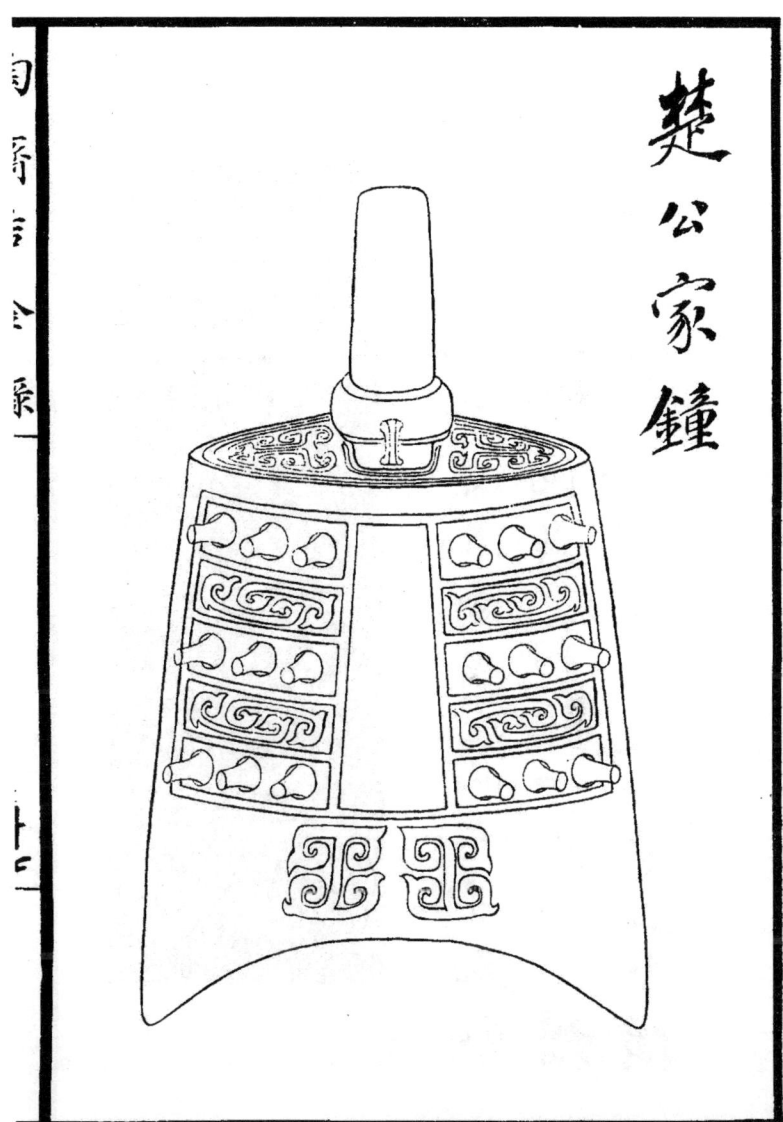

右高一尺三寸九分甬高六寸五分
徑二寸六分兩舞相距一尺四分橫
七寸一分兩銑相距一尺一寸二分橫
八寸二分

禹形鼎

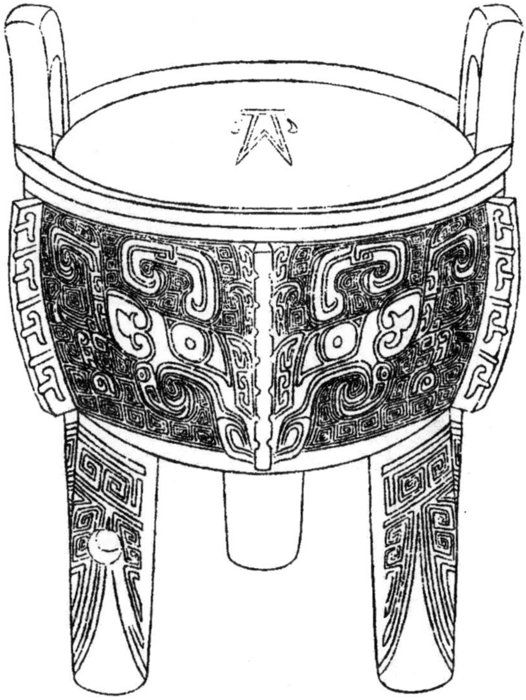

右高一尺五分深五寸口徑八
寸腹徑八寸三分耳高二寸三
分濶二寸一分

舉鼎

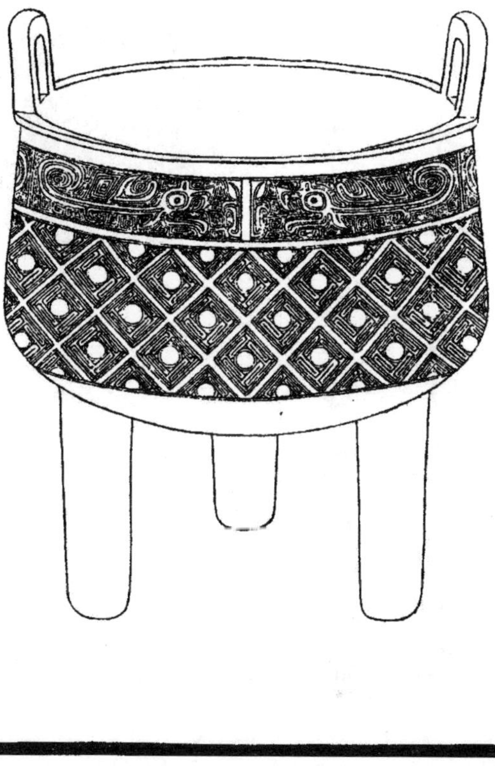

右高九寸深五寸五分口徑八寸
九分腹徑九寸一分耳高一寸
八分闊二寸二分

山形父乙鼎 原形

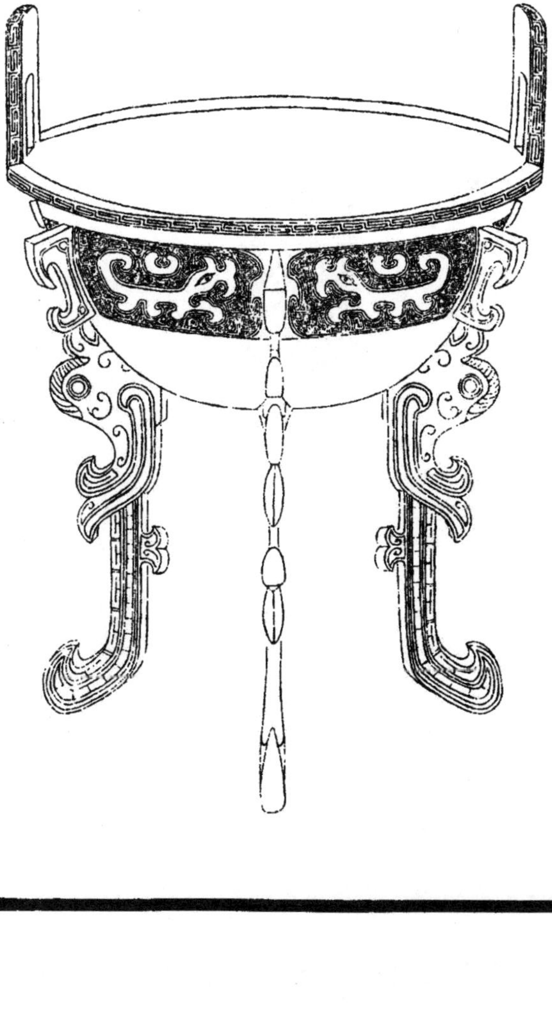

乙舉鼎

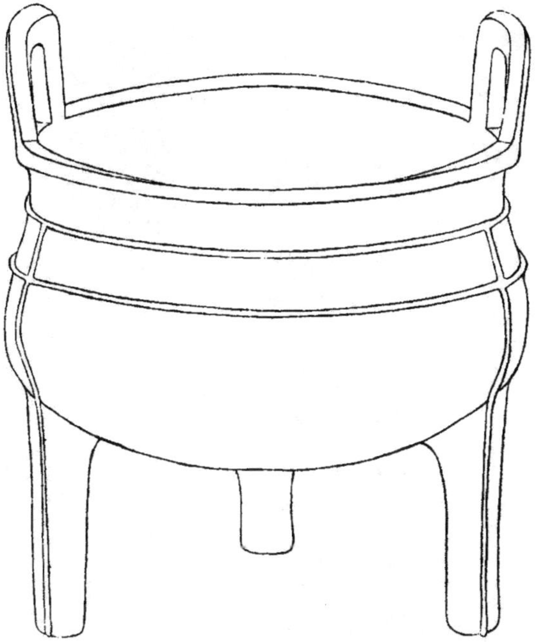

右高六寸五分深三寸八分口徑六寸三分腹徑六寸五分耳高一寸四分濶二寸

舉父丁鼎

右高七寸六分深四寸口徑七寸二分腹徑七寸五分耳高一寸五分濶一寸二分

祖甲方鼎

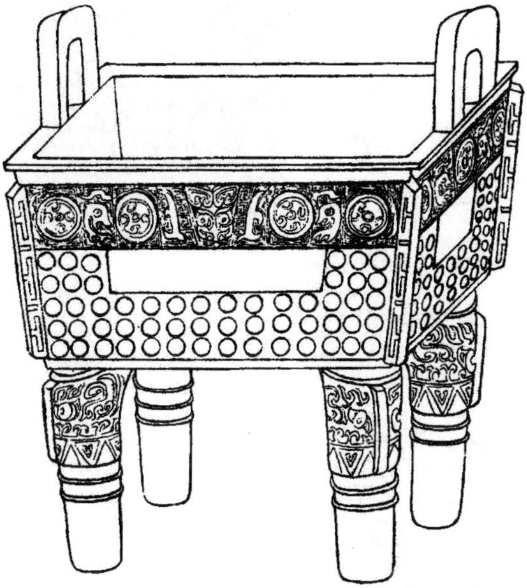

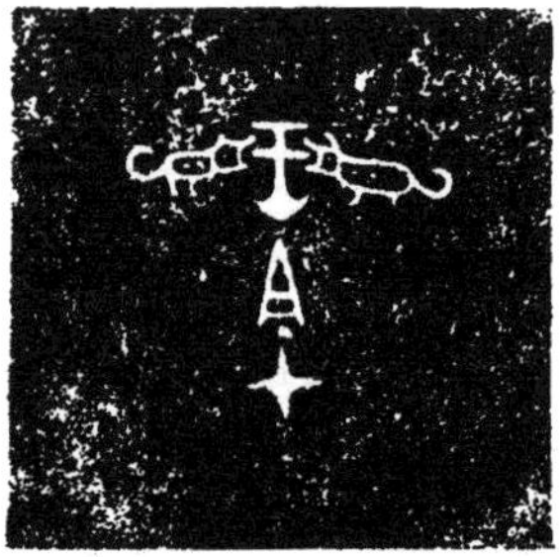

右高八寸一分深四寸一分口經長八寸濶六寸三分耳高一寸七分濶一寸九分

宓鼎

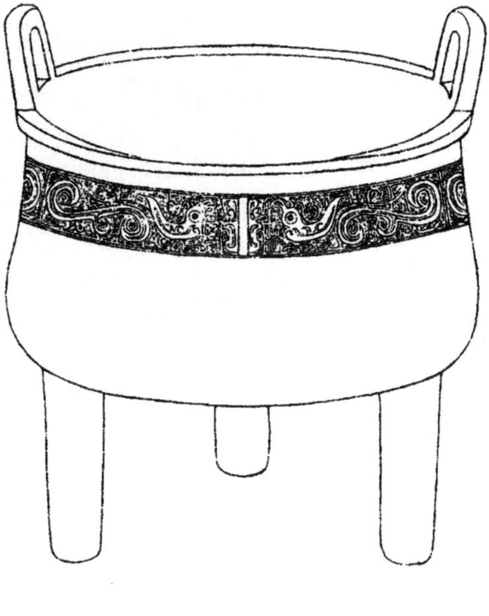

右高八寸二分深五寸三分口徑八寸六分腹徑八寸七分強耳高一寸七分闊一寸五分

豐鼎

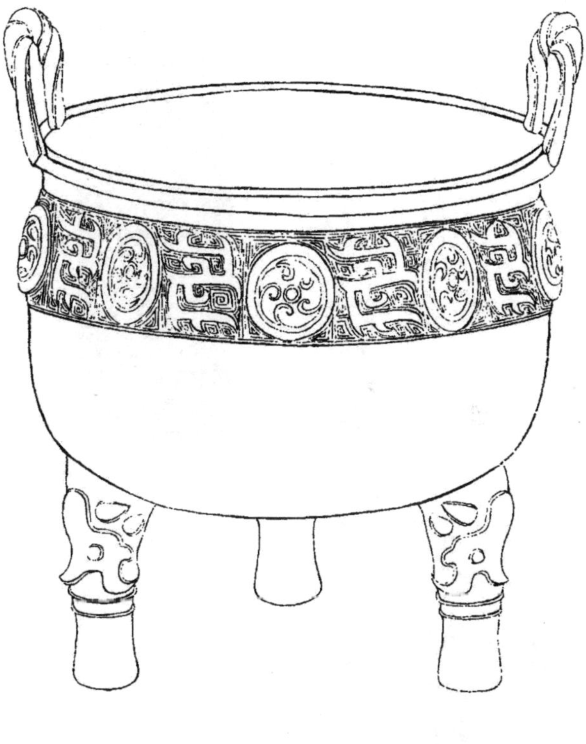

右高六寸五分深四寸二分口
徑六寸三分腹徑六寸五分耳
高一寸二分濶一寸二分強

祖乙鼎

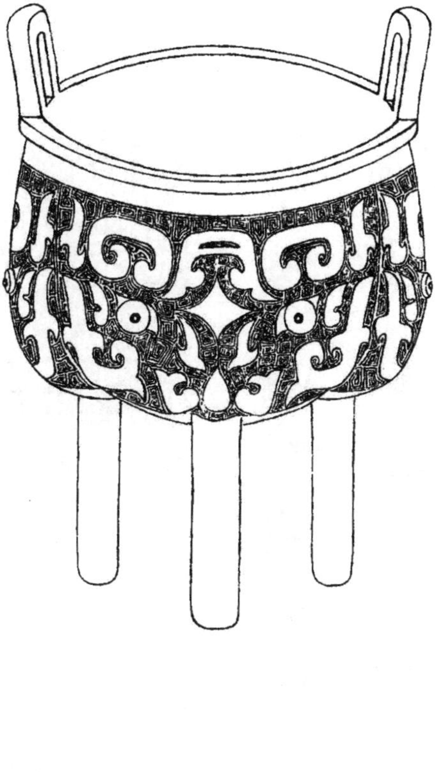

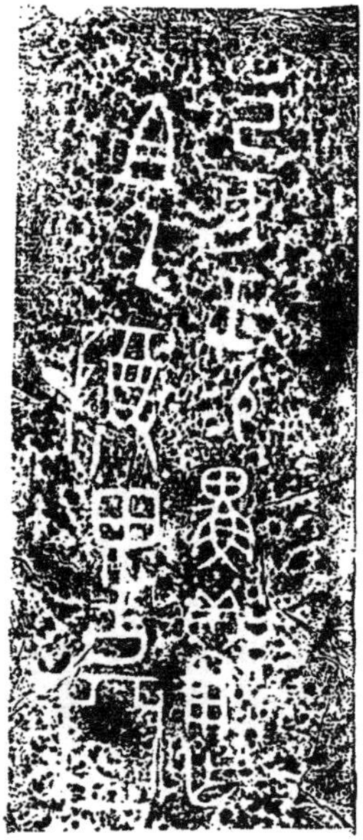

右高八寸五分深四寸二分口徑七寸八分腹徑八寸耳高一寸九分濶二寸二分

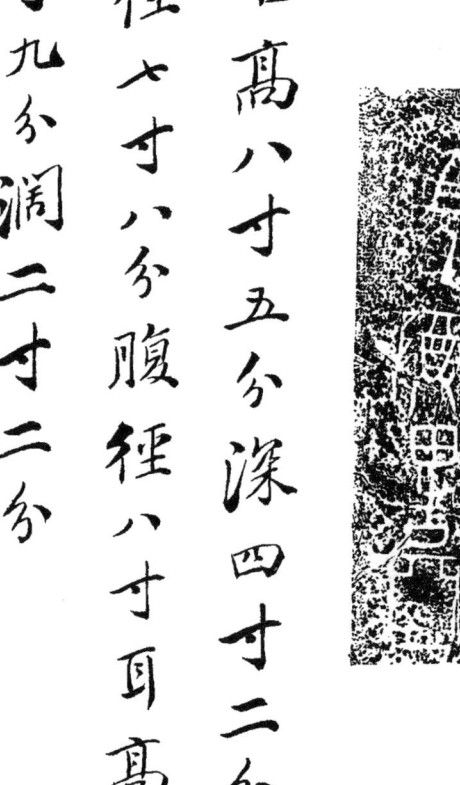

陵財鼎

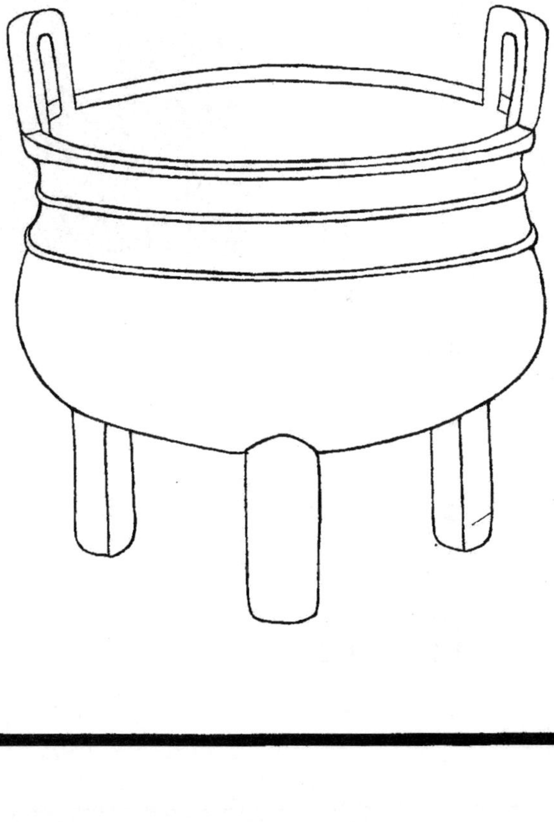

右高七寸五分深四寸九分口

徑七寸九分腹徑八寸三分耳

高一寸八分濶一寸九分

父康鼎

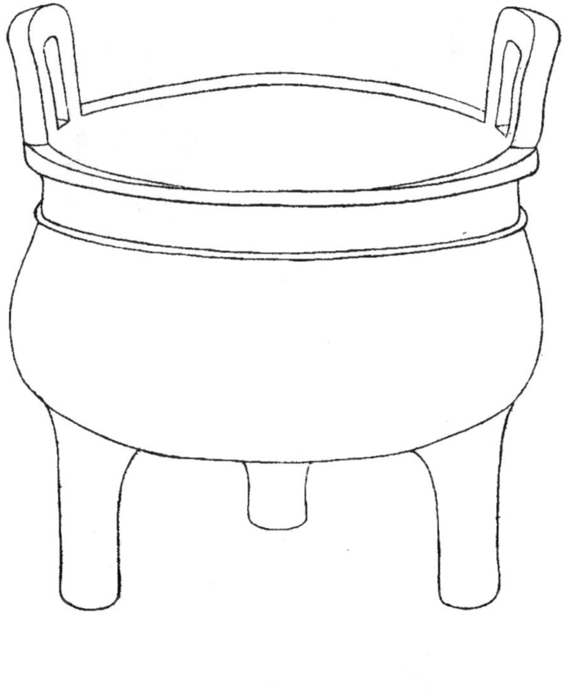

右高六寸六分深四寸一分口徑六寸九分腹徑七寸一分耳高一寸四分濶一寸五分

鄧伯氏鼎

右高一尺六分深六寸八分口徑
一尺三寸八分耳高二寸七分闊
二寸六分

中義父鼎

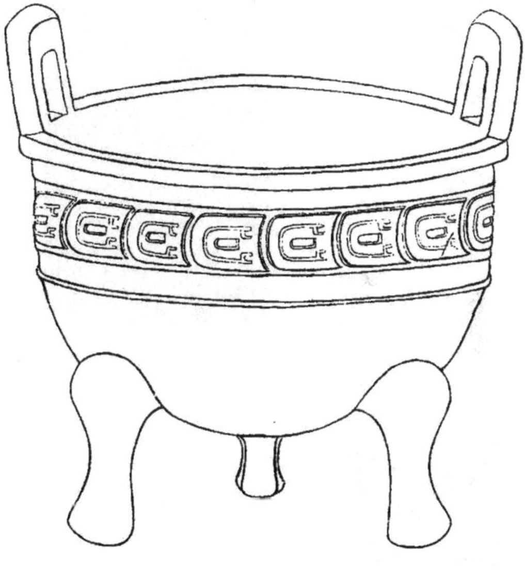

右高一尺一寸一分深七寸六分
口徑一尺四寸四分耳高二寸
六分闊三寸

寶鼎

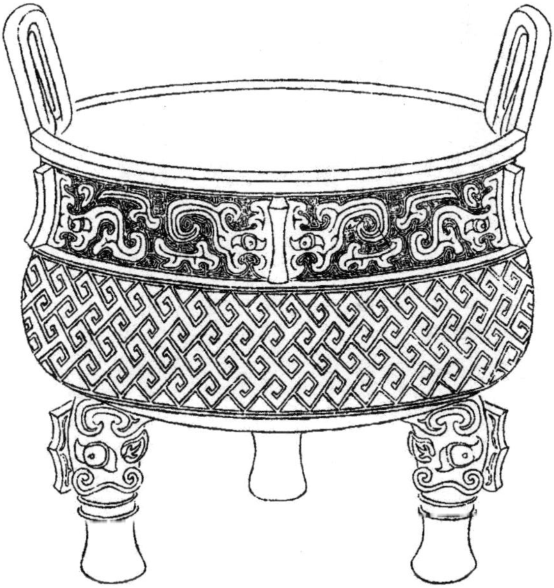

陷齊吉金金二

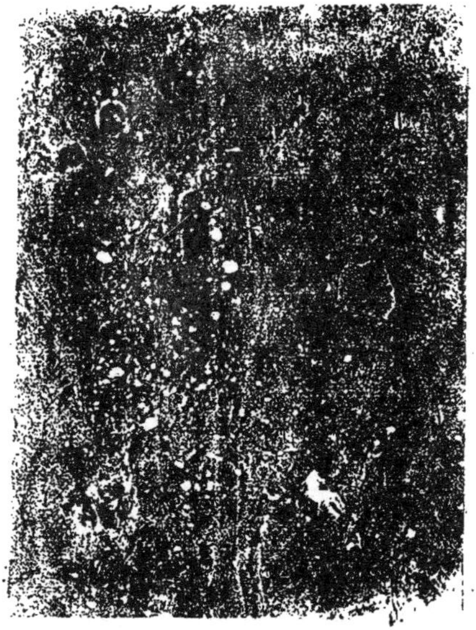

右高二尺五分深一尺三寸二分口徑二尺六寸耳高五寸八分闊六寸六分

隋前書金石

寶鼎

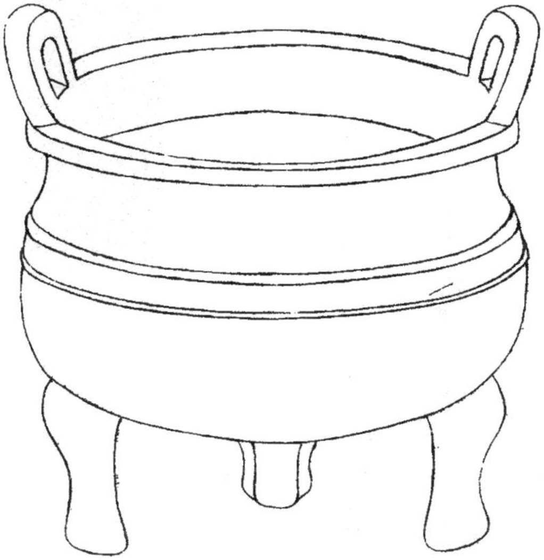

右高五寸六分深三寸五分口徑六寸腹徑六寸二分耳高一寸一分濶一寸三分

克鼎一

隹十又三年八月初吉戊寅王才宗周令善夫豦曰緐嗣成周里人眾者侯大亞訊訟罰取徵五守豦用旨作朕文考寶簋豦其萬年子子孫孫永寶用

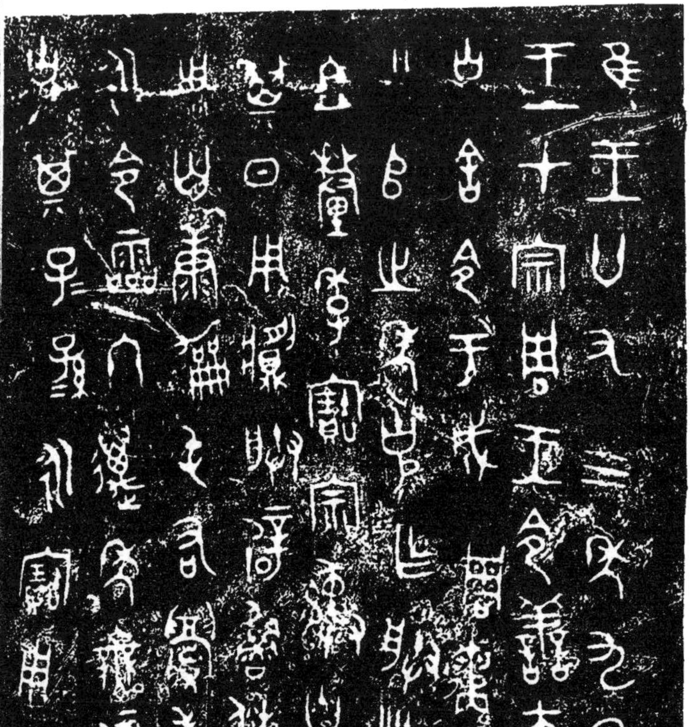

右高九寸九分深五寸六分強
口徑一尺二寸八分耳高二寸
六分濶三寸

陶斋吉金录　三十五

克鼎二

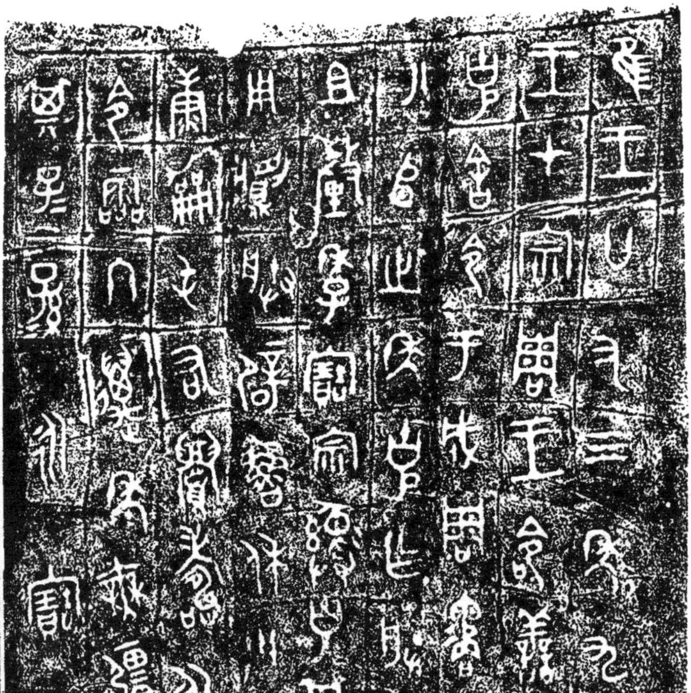

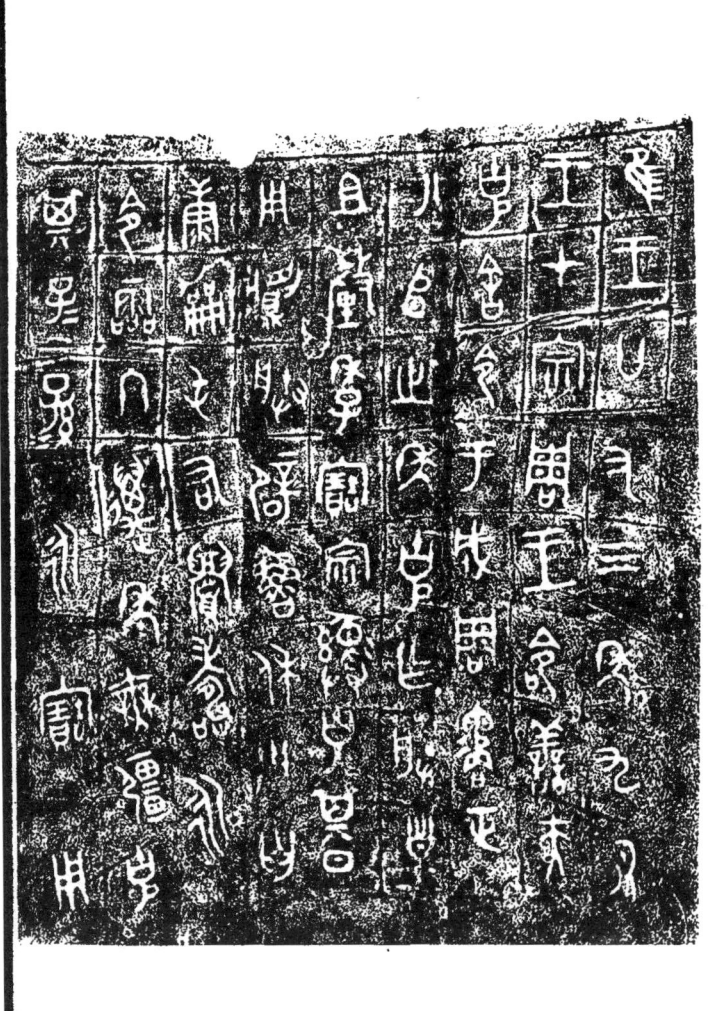

右高一尺二分深五寸八分口徑一尺二寸八分耳高二寸六分闊二寸八分

克鼎三

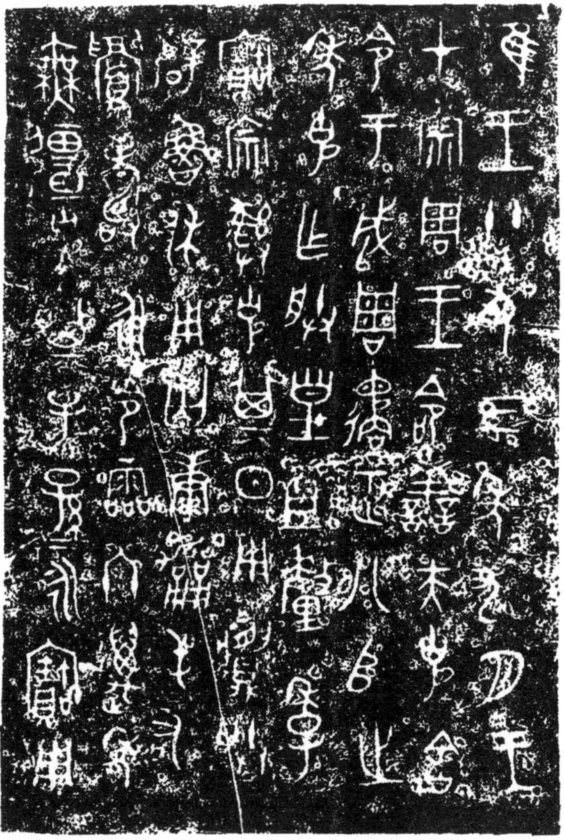

右高一尺五分深六寸口徑一尺二寸九分耳高二寸六分闊二寸八分

鬲攸从鼎

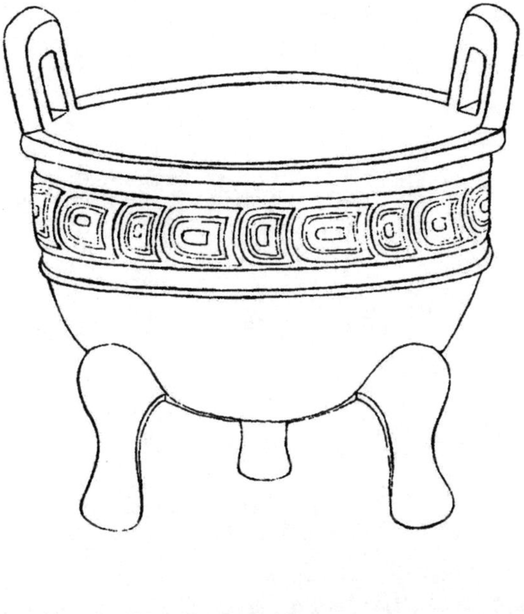

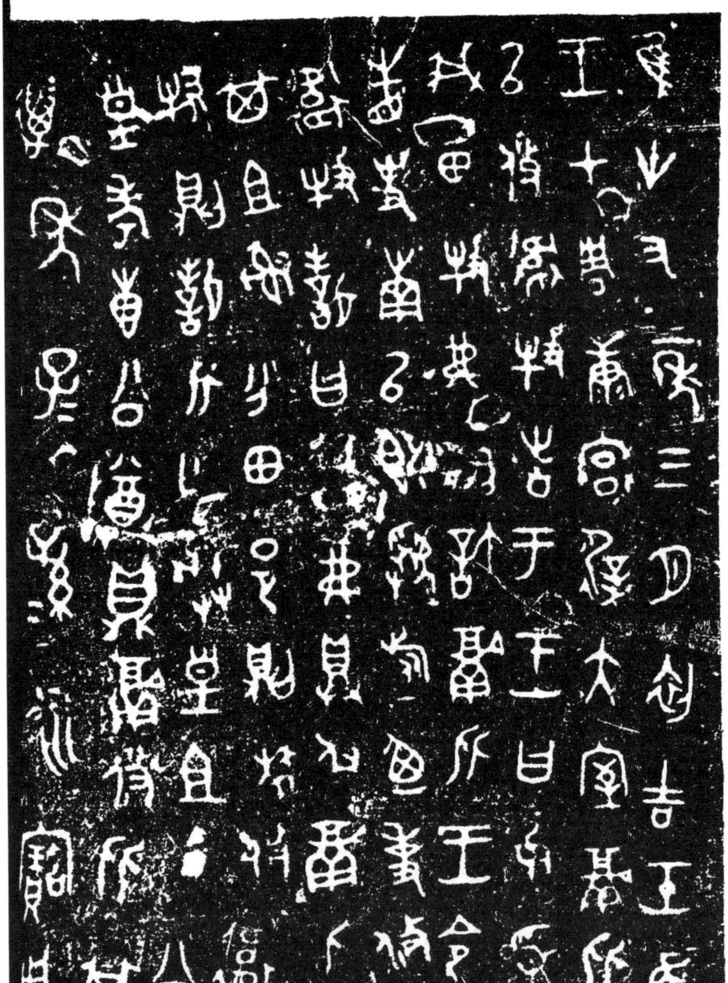

右高一尺五寸八分口徑一尺七寸五分腹徑一尺五寸六分耳高四寸四分闊四寸八分

父乙尊

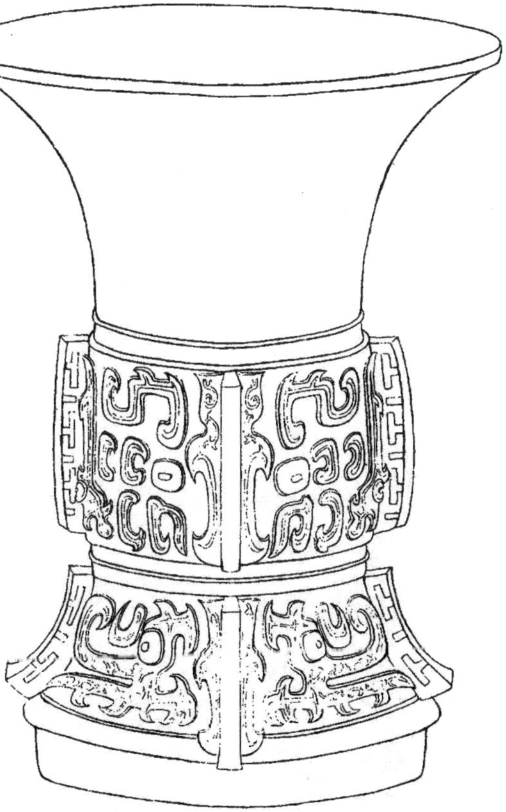

右高一尺二寸五分深九寸二分
口徑七寸八分腹徑四寸八分

父丁尊

右高八寸二分深七寸三分口徑
七寸七分腹徑五寸八分

乍寶尊

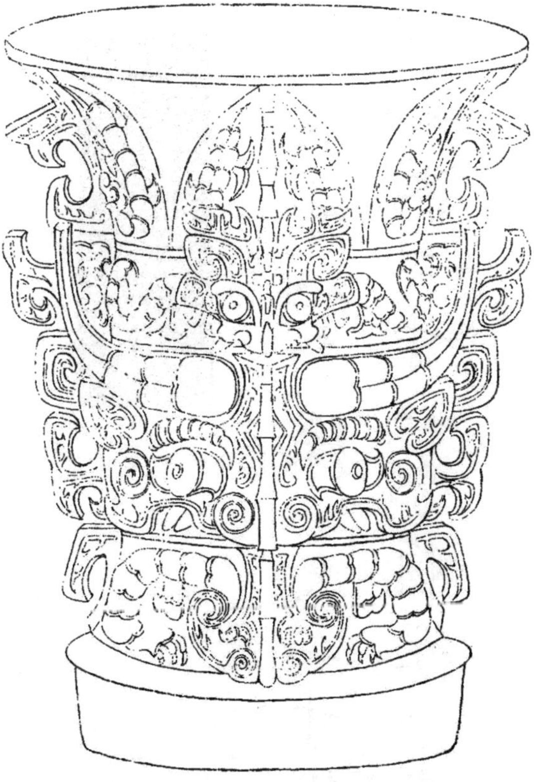

右高一尺六寸八分深一尺一寸九分口徑一尺二寸一分腹徑七寸

文父辛尊

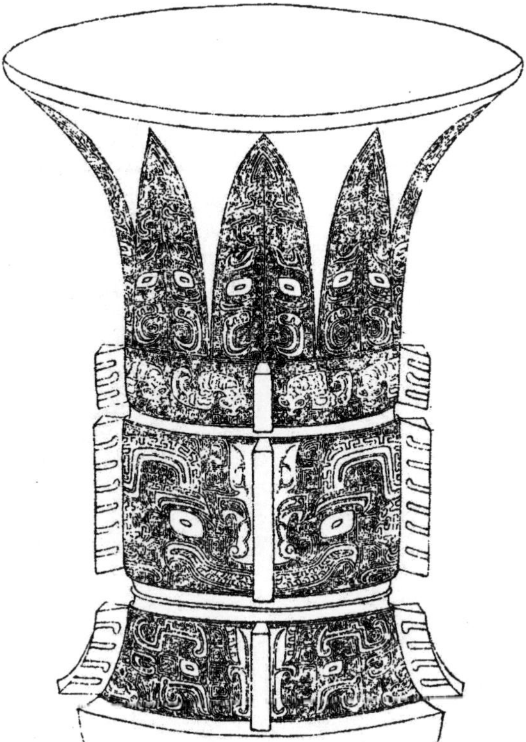

右高一尺二寸八分強深一尺七分口徑九寸九分腹徑五寸二分

父丁彝

右高七寸四分深五寸五分口
徑一尺八分耳長六寸二分闊
二寸二分

析子孫父丁彝

右高六寸三分深五寸二分口徑八寸五分耳徑長二寸九分闊一寸八分

頵彝

右高六寸五分深五寸二分口徑八寸三分耳長四寸八分闊一寸七分

伯歸彝

右高五寸九分深四寸五分口徑七寸三分腹徑七寸一分強耳長四寸二分闊一寸四分

肄女彝

右高五寸九分深四寸五分口徑七寸五分腹徑七寸六分耳長四寸五分闊一寸六分

雝娶彝

右高六寸二分深五寸一分口徑九寸五分腹徑八寸七分耳長二寸八分濶一寸八分基高三寸八分濶八寸

乍彝

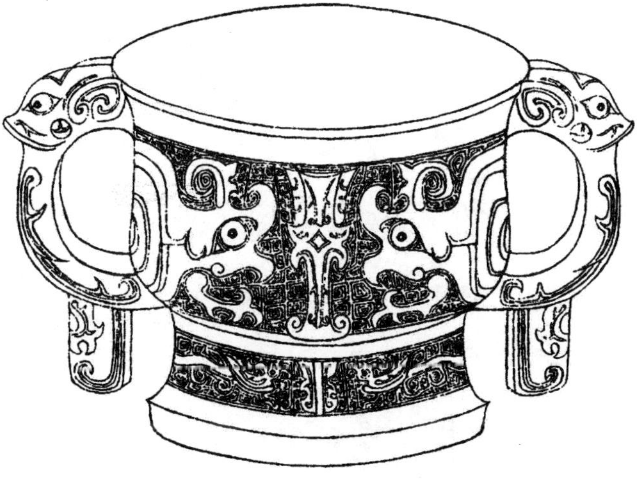

右高六寸三分強深四寸六分口
徑八寸一分耳長四寸七分強闊
一寸七分

陶齋吉金錄卷二目錄

伯田父敦

宗婦敦

周將敦

中幾父敦

沃伯寺敦

頌敦

諫敦

師寰敦

師酉敦

畨生敦蓋

鄧公敦蓋

郘伯敦蓋

韓姬敦蓋

滔嫼敦蓋一

滔嫼敦蓋二

淊嫼敦蓋三

立戈卣

立旂祖乙卣

日卣

子壬卣

子立父丁卣

遙作父丁卣

功卣

綸伯卣

母辛卣一

母辛卣二

婦闟卣一

婦闟卣二

中卣

戎卣

祖丁卣蓋

朋卣蓋

繼卣蓋

楚子簠一

楚子簠二

商邱叔簠一

商邱叔簠三

師麻簠

伯太師簠

中師父簋

伯鄭父鬲

[illegible]母鬲

[illegible]莘父鬲

伯家父鬲

伯姜鬲

姬茻母鬲

中姞鬲

同姜鬲

西弗生甗

立戈甗

伯田父敦

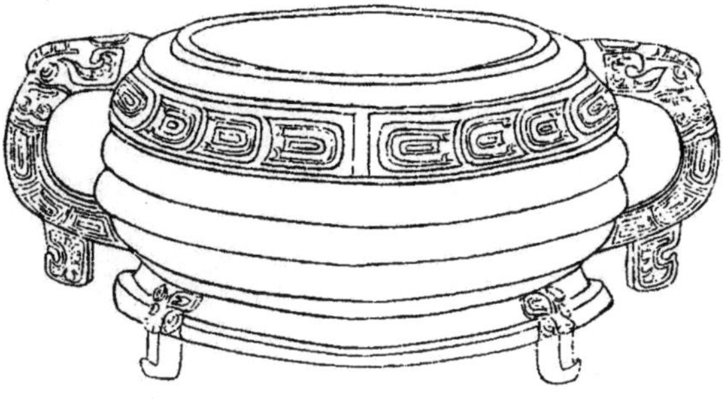

右高六寸五分深四寸五分口徑七寸三分腹徑一尺六分耳徑長五寸六分闊二寸二分

宗婦敦

右高六寸九分深四寸五分口徑七寸三分腹徑九寸九分

周射敦

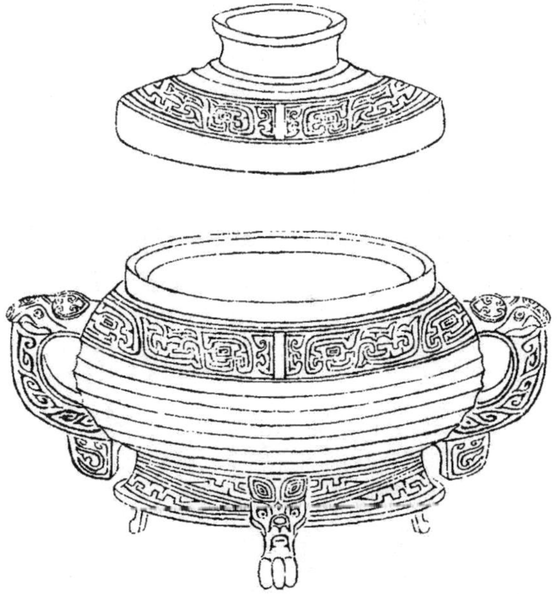

蓋

器

右高七寸五分深五寸一分口徑七寸六分腹徑九寸六分耳徑四寸一分闊一寸五分

中𢦏父敦

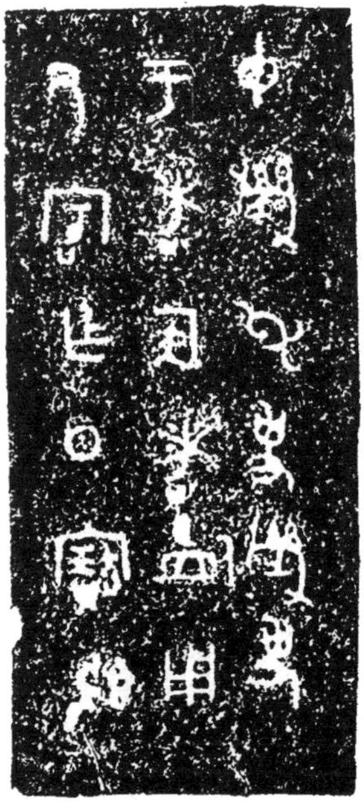

右高四寸四分深三寸三分口
徑五寸五分腹徑六寸四分

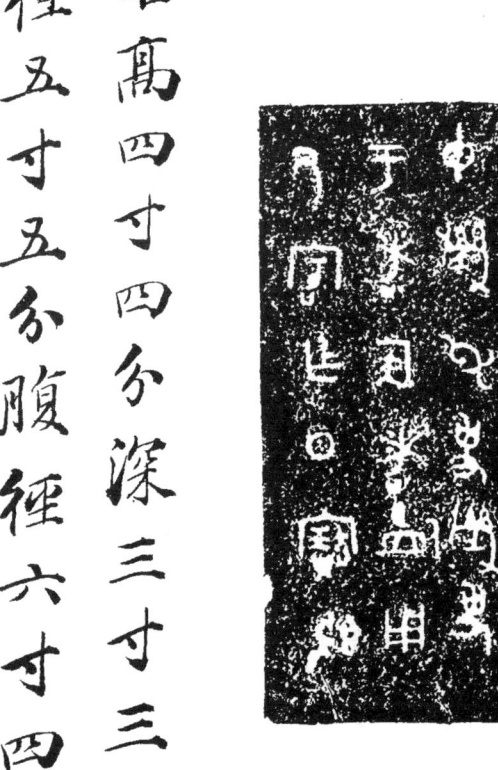

沃伯寺敦

右高七寸五分深五寸一分口徑
八寸五分腹徑一尺六分強

頌敦

蓋

隹三月初吉丁
亥王才周各大
室即立宰引右
頌入門立中廷
尹氏受王令書
王乎史虢生冊
令頌王曰頌令
女官司成周賣
廿家監司新寤
賈用宮御錫女

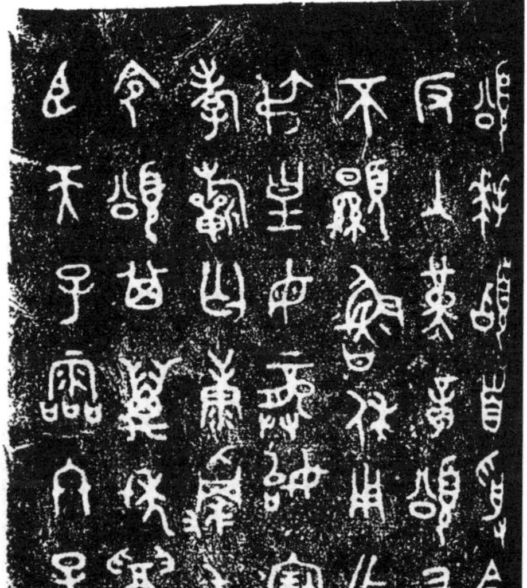

器

右通蓋高一尺三寸二分深六寸六分口徑一尺四分腹徑一尺一寸七分

諫敦

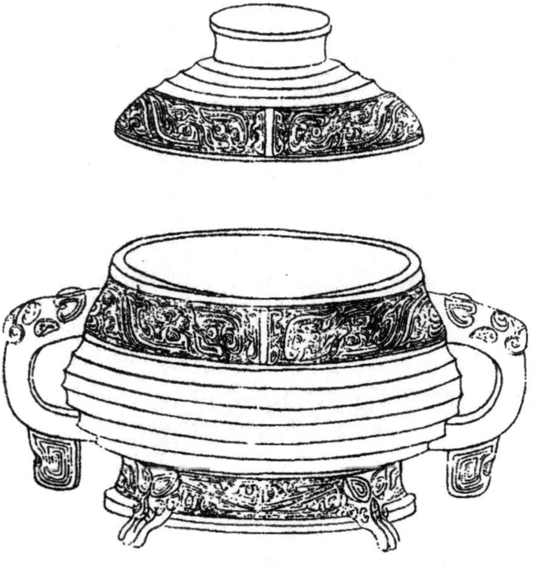

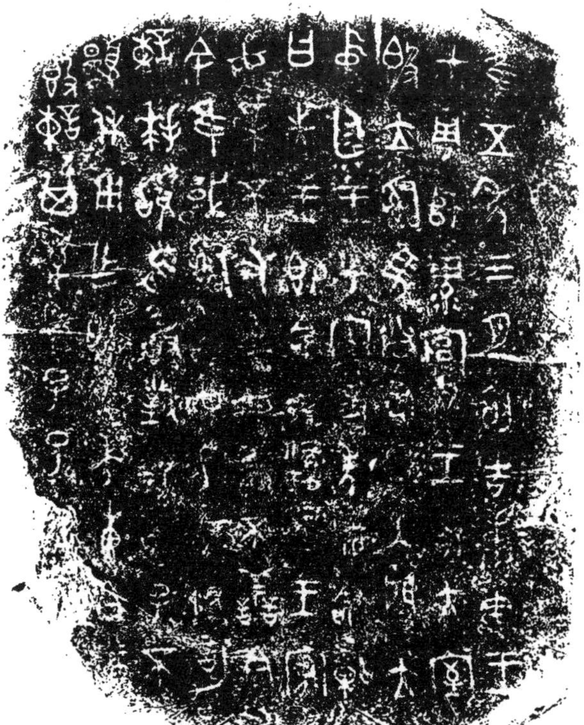

蓋

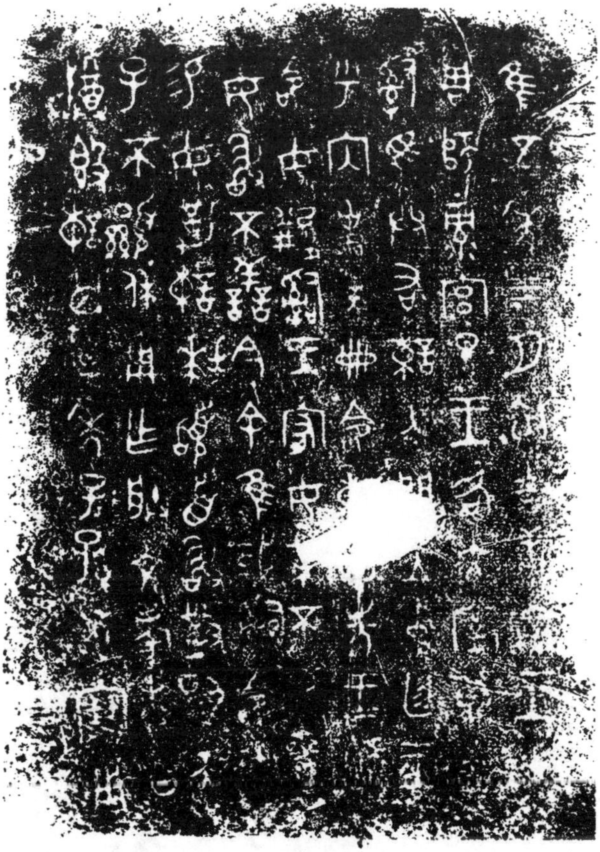

器

右通蓋高九寸八分深五寸六分
口徑七寸八分腹徑九寸九分耳
徑長四寸六分闊一寸四分

師寰敦

右高八寸四分深五寸四分
口徑九寸五分腹徑一尺二
寸二分強耳徑長六寸三分
闊三寸四分

師酉敦

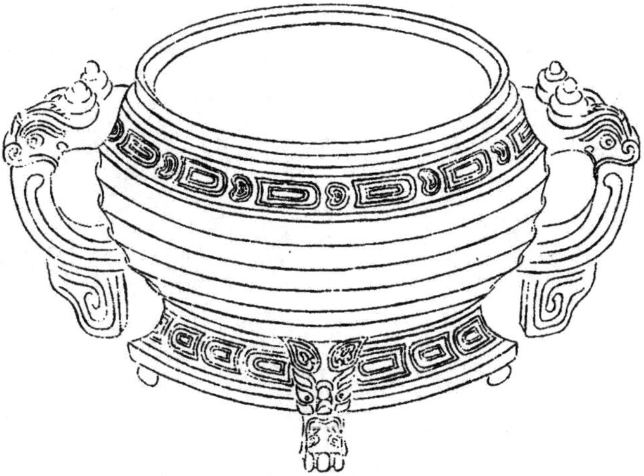

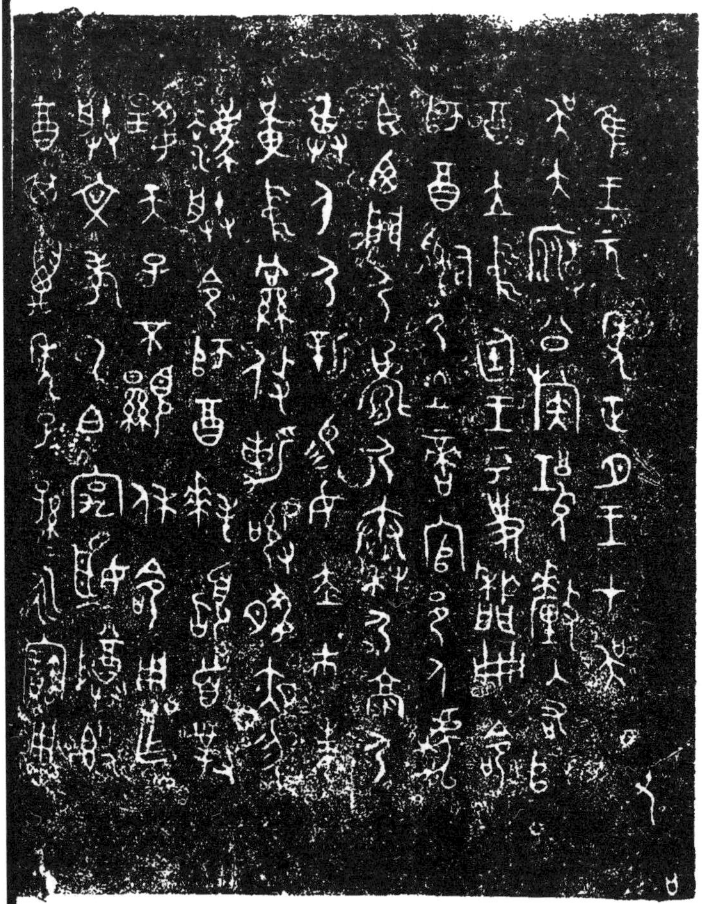

右高七寸一分深五寸五分口徑
八寸六分腹徑一尺三分耳徑長
五寸八分濶二寸二分

番生敦蓋

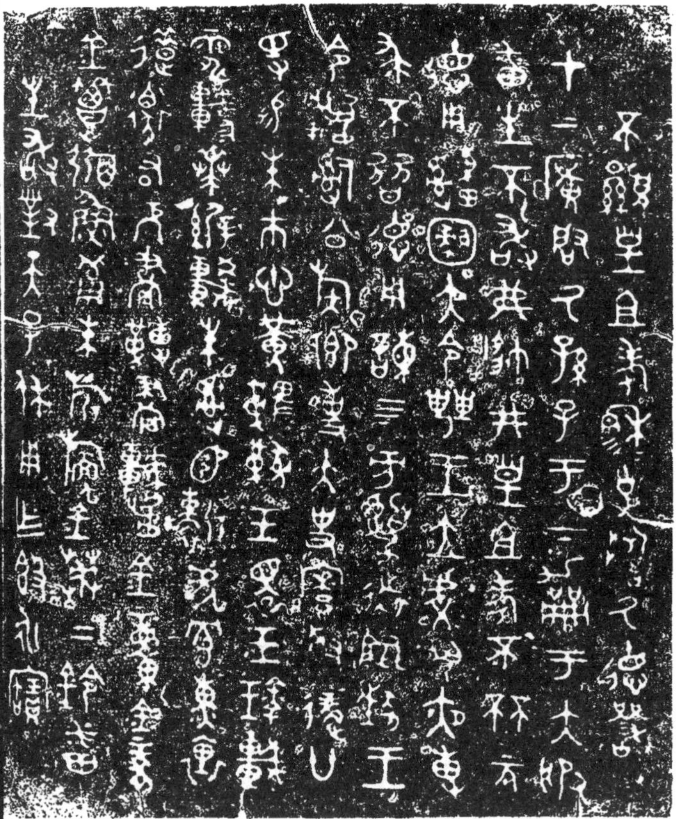

右高三寸三分徑一尺二分

隋書□金□　十七

鄧公敦蓋

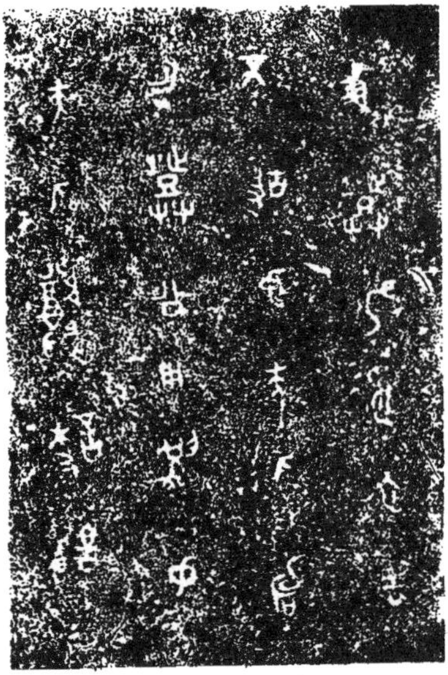

右高三寸四分口徑九寸五分
頂徑五寸一分

邰伯敦蓋

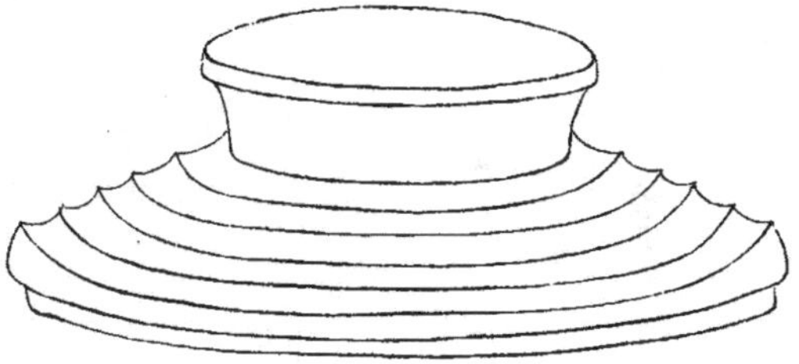

右高二寸六分口徑八寸七分

韓姬敦蓋

右高四寸四分徑一尺八分

滔嫼敦蓋一

右高四寸四分徑一尺八分

滔嫼敦蓋二

右高四寸四分徑一尺八分

滔嫘敦蓋 三

右高四寸四分徑一尺八分

立戈卣

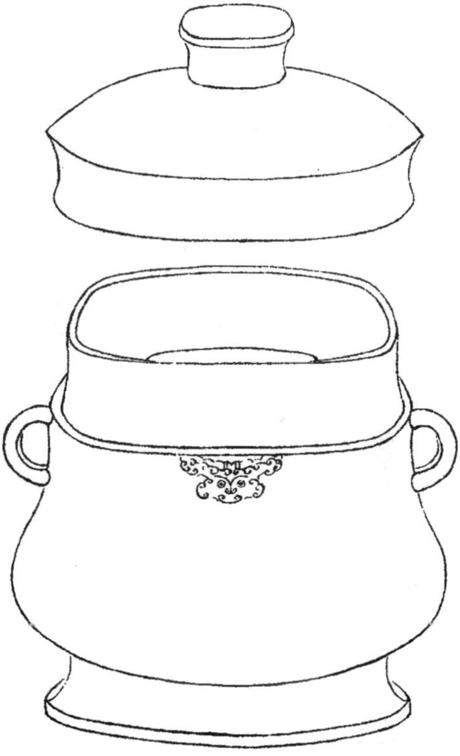

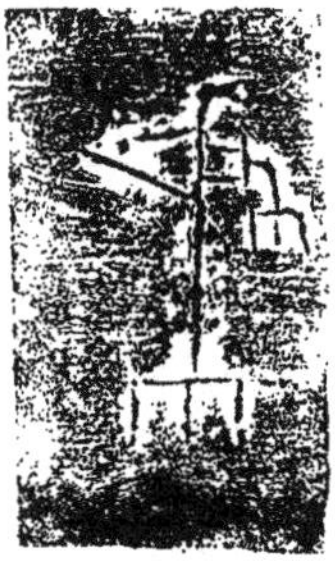

蓋

器

右逌蓋高七寸七分強深五寸三分口徑長五寸六分闊三寸六分

亞旂祖乙卣

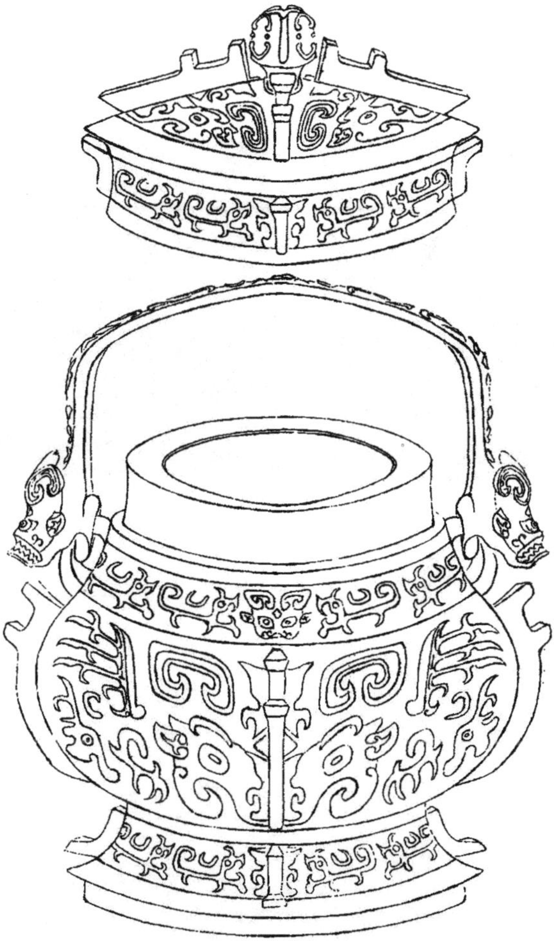

右通蓋高一尺四寸三分深八寸八分口徑長七寸濶四寸五分腹徑長一尺一寸濶七寸二分

目卣

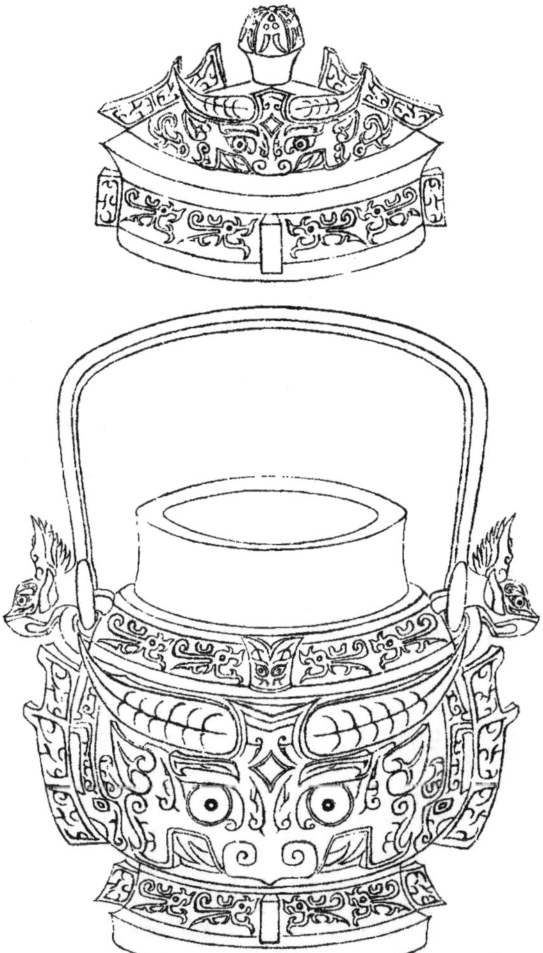

蓋

器

右通蓋高九寸八分深六寸九分口徑長四寸八分闊三寸八分

子壬卣

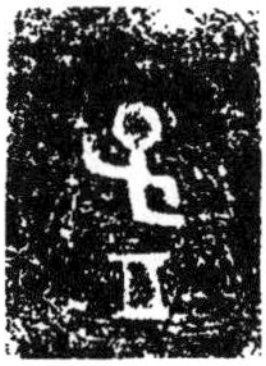

蓋

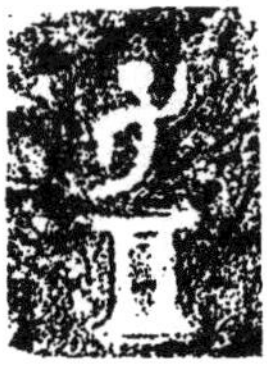

器

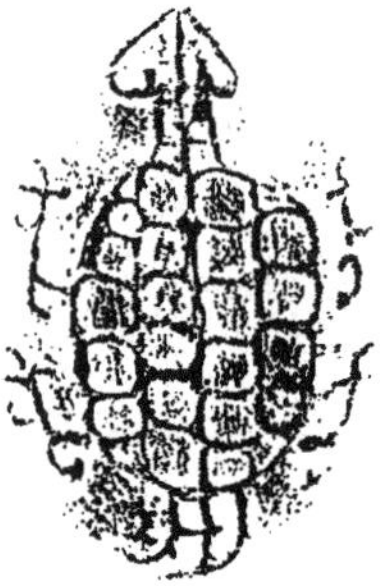

底

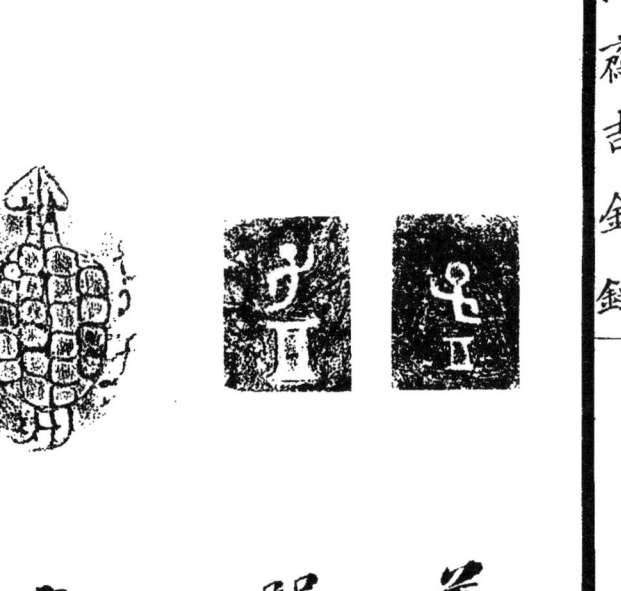

右通蓋高一尺二寸五分深
八寸一分口徑長六寸五分
濶五寸一分

子立父丁卣

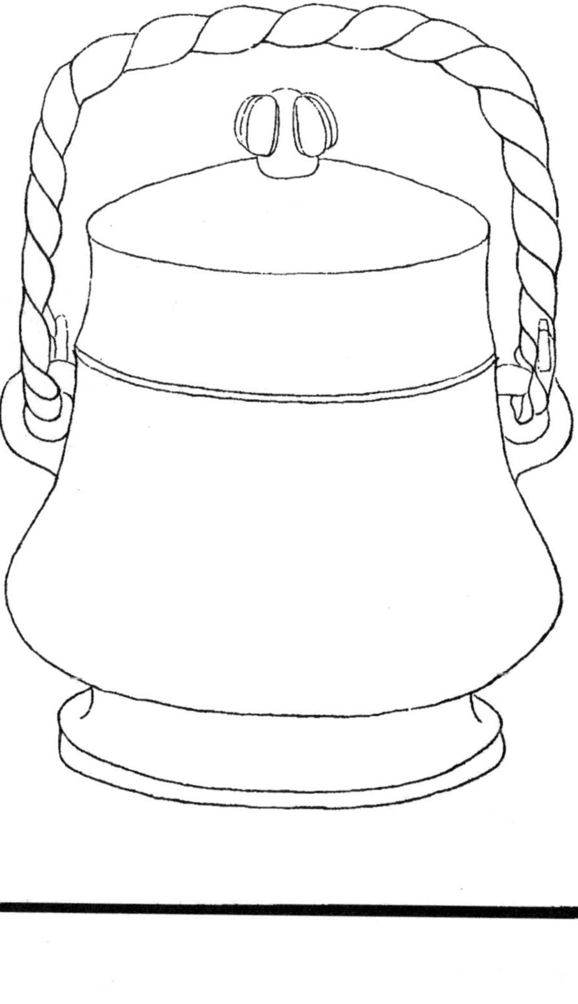

蓋

器

右通蓋高一尺二寸深七寸六分口徑長七寸闊五寸五分腹徑長九寸六分闊八寸五分梁高七寸三分闊一尺三分

遣作父丁卣

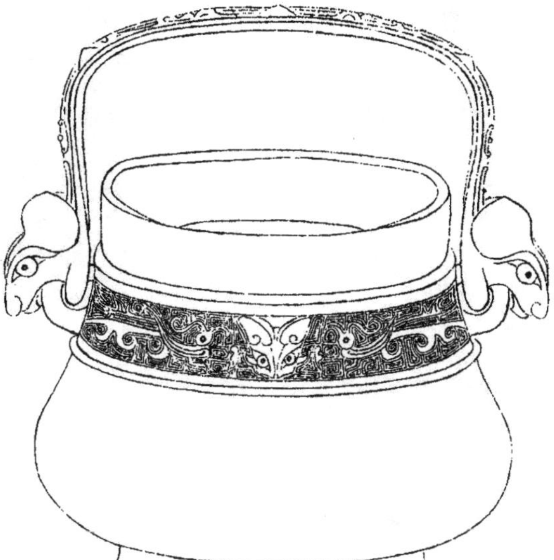

右高八寸八分深五寸一分口
徑長五寸三分濶三寸八分
腹徑長七寸四分濶五寸一分

功卣

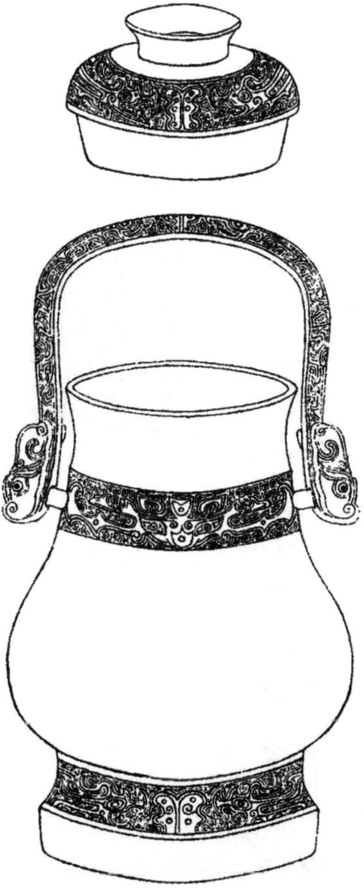

蓋

器

右通蓋高一尺一寸三分深八寸三分口徑四寸二分腹徑六寸五分

䜪伯卣

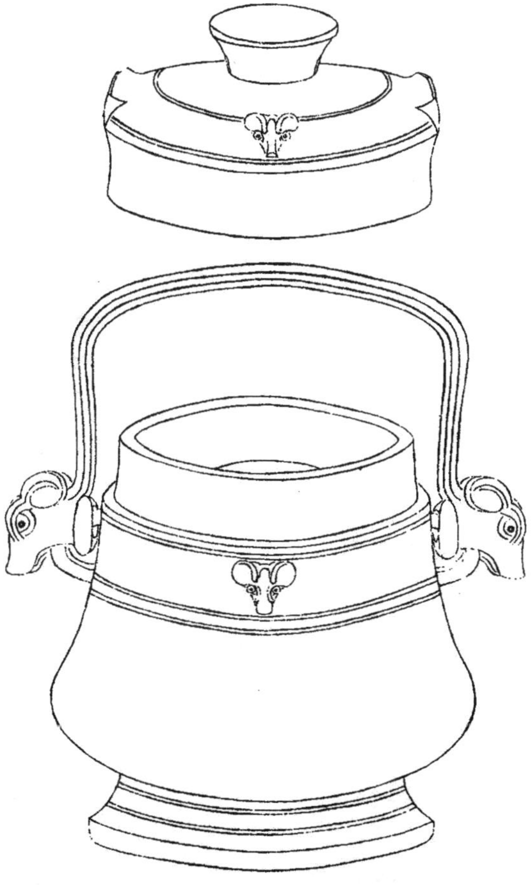

蓋

器

右簠蓋高九寸八分深六寸四分口徑長五寸四分闊四寸二分腹徑長八寸闊六寸四分

母辛卣一

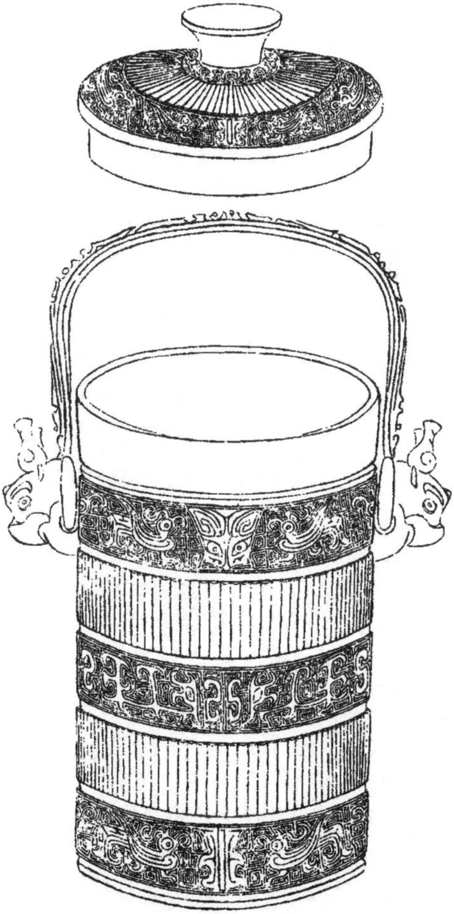

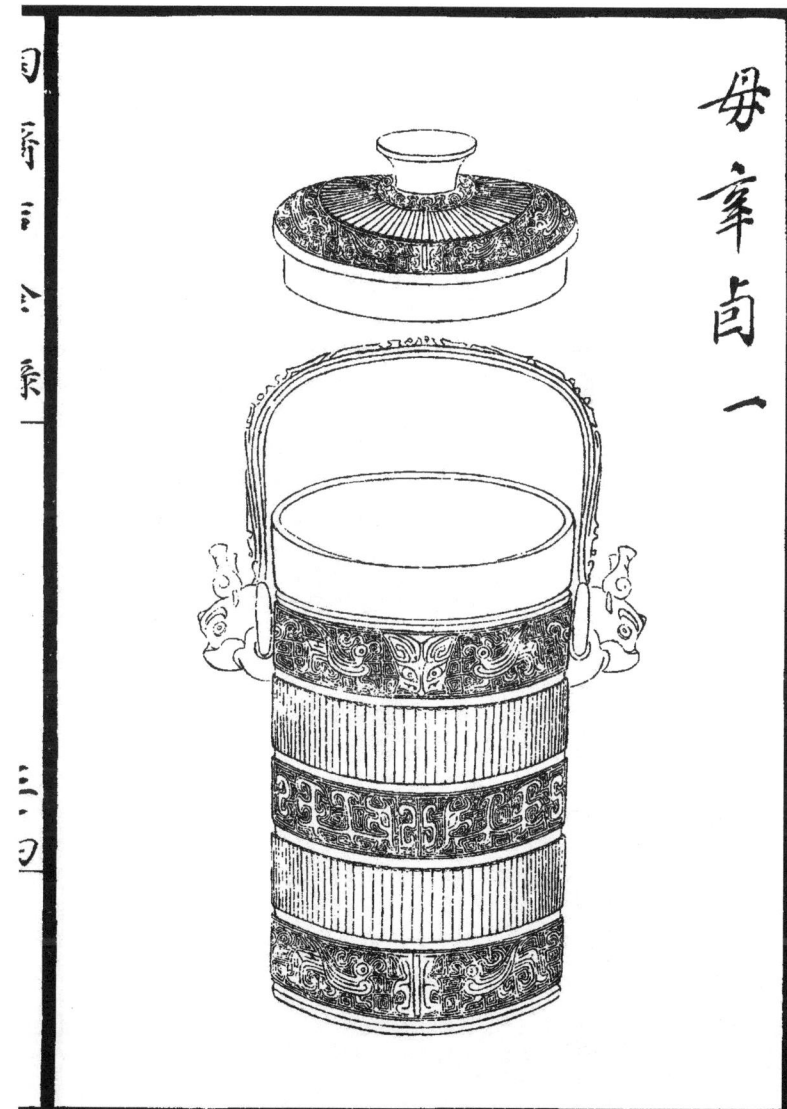

蓋

器

右通蓋高一尺二寸五分深八寸一分口徑五寸六分強

母辛卣二

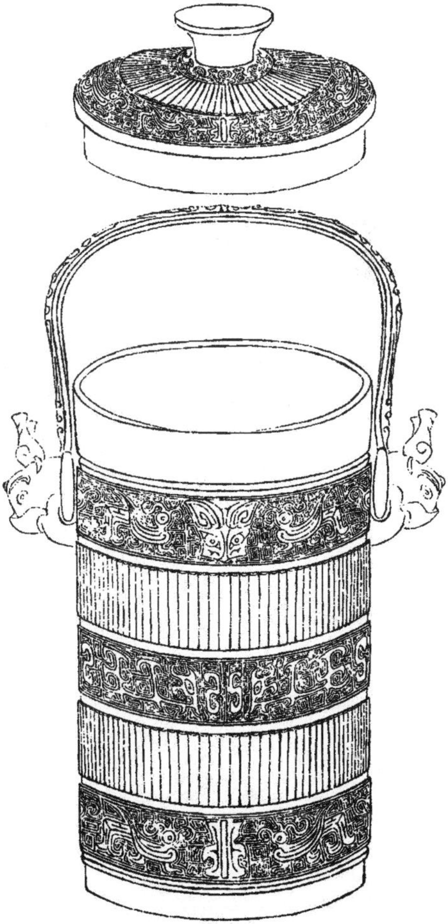

蓋

器

右通蓋高九寸六分深六寸一分
強口徑四寸四分

婦闆卣一

蓋

器

右通蓋高八寸五分深四寸三分口徑長三寸七分闊二寸九分腹徑長六寸二分闊五寸一分

婦闟卣二

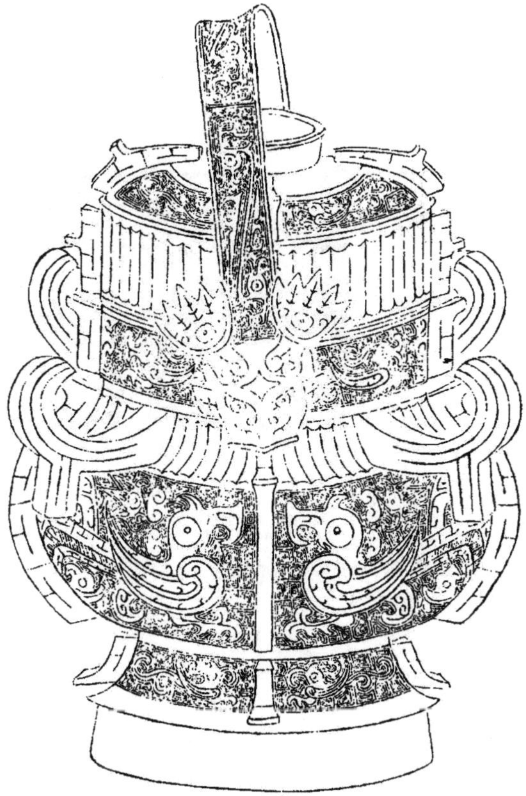

蓋

器

右通蓋高九寸七分深六寸三分口徑長五寸三分闊三寸九分腹徑長七寸八分闊六寸三分

中卣

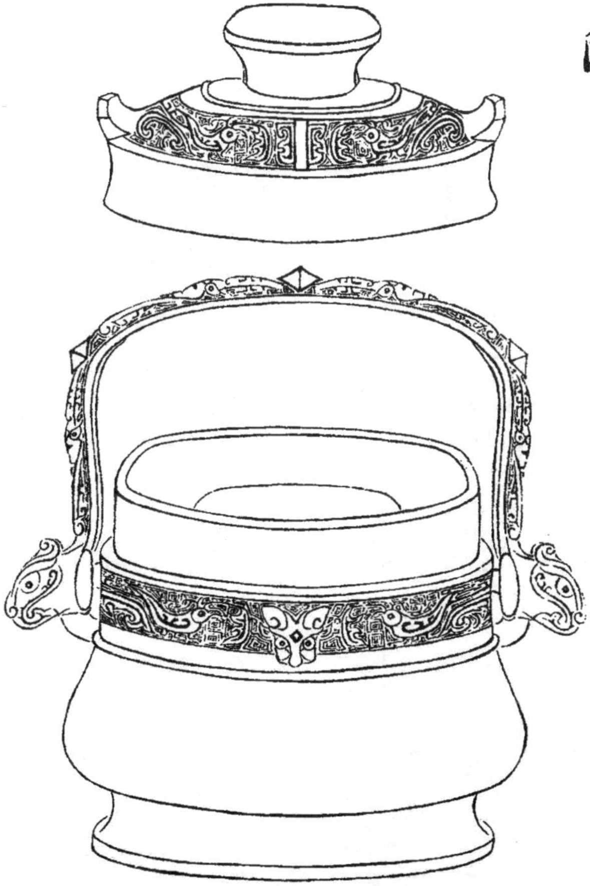

蓋

器

右通蓋高七寸四分深四寸六分口徑長四寸五分闊三寸六分

戎卣

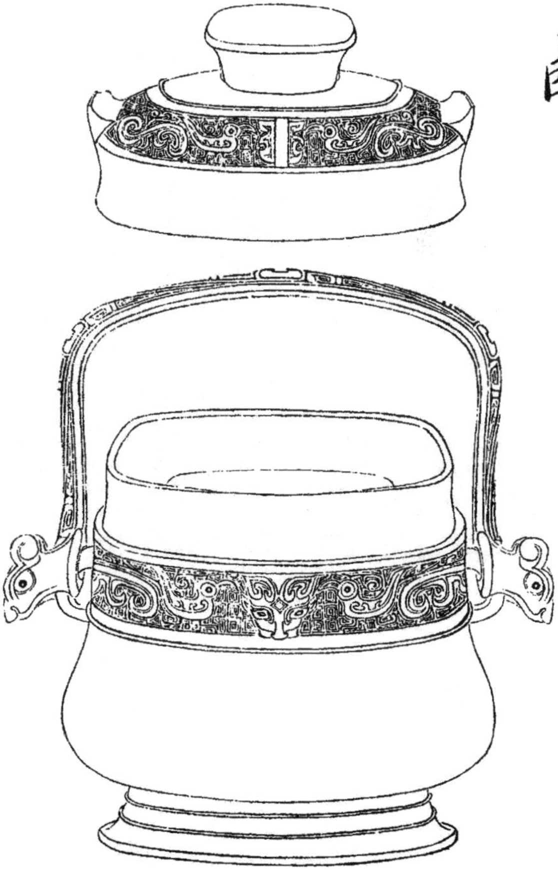

蓋

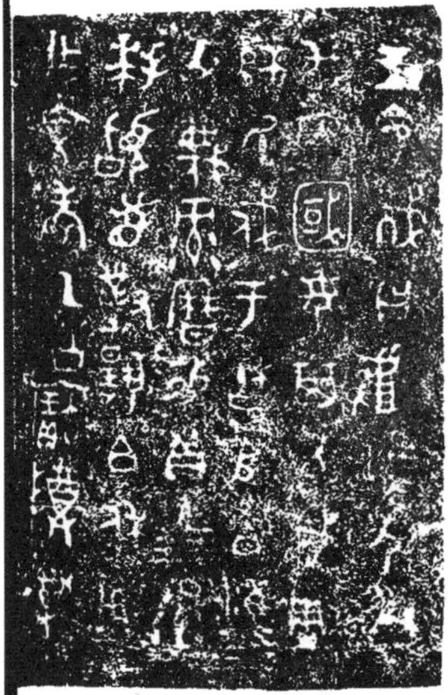

器

右通蓋高八寸七分深四寸二
分口徑長四寸八分闊三寸八分

祖丁卣蓋 原形

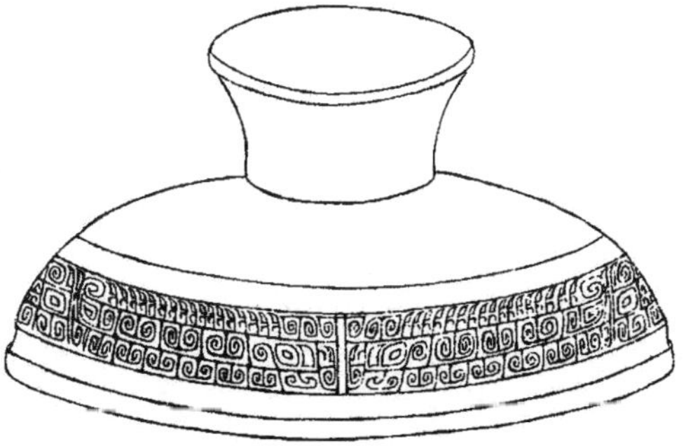

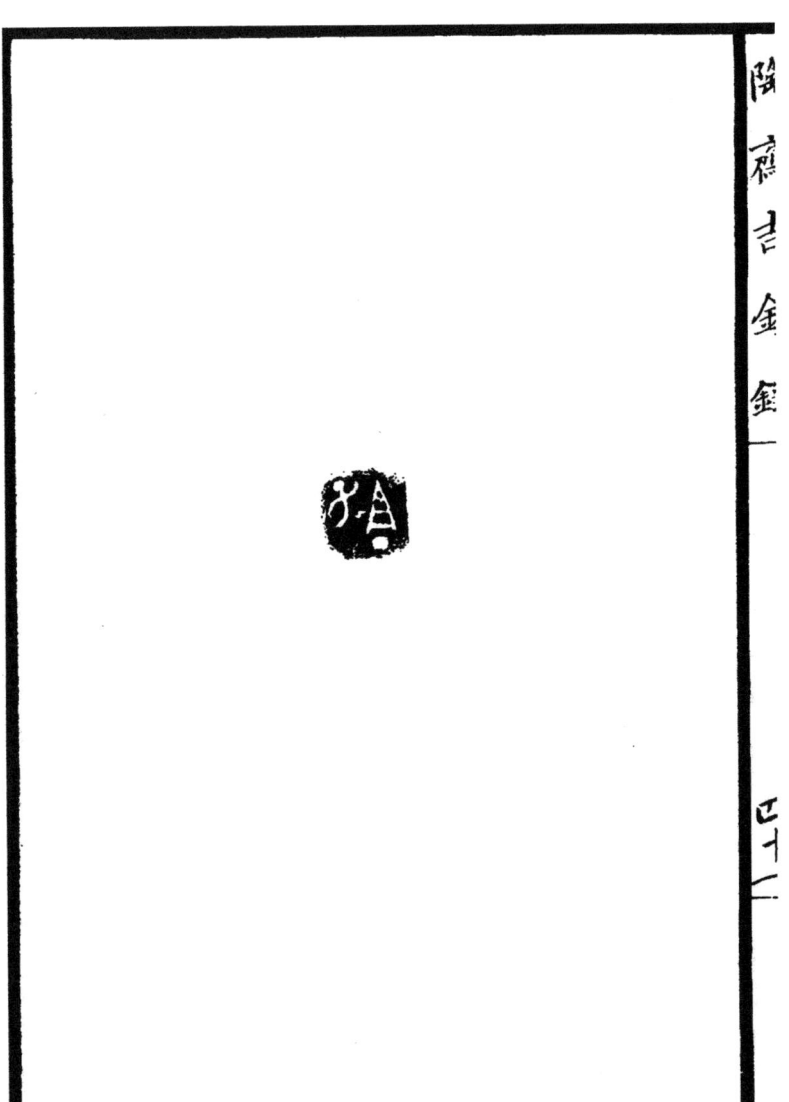

朋卣蓋

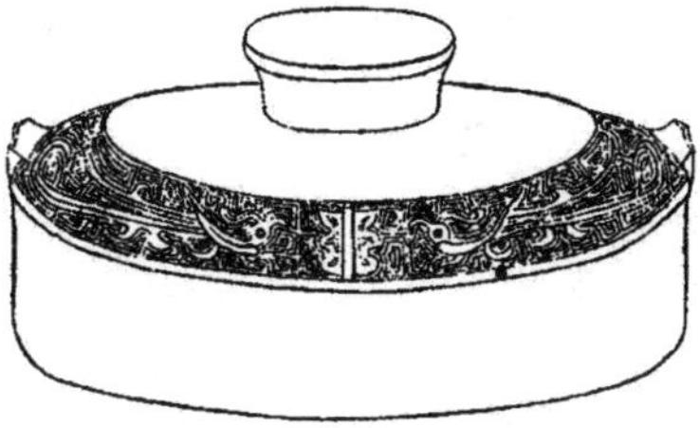

右高二寸四分口徑長五寸三分闊三寸八分

繼卣蓋

右高四寸五分口徑長五寸
闊三寸六分

楚子簠一

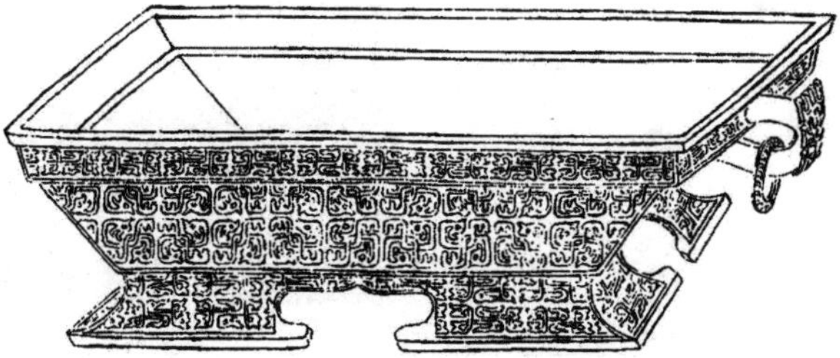

右高四寸四分深二寸七分口徑長
一尺四寸八分潤一尺二分底徑長
一尺二寸三分潤九寸

楚子簠二

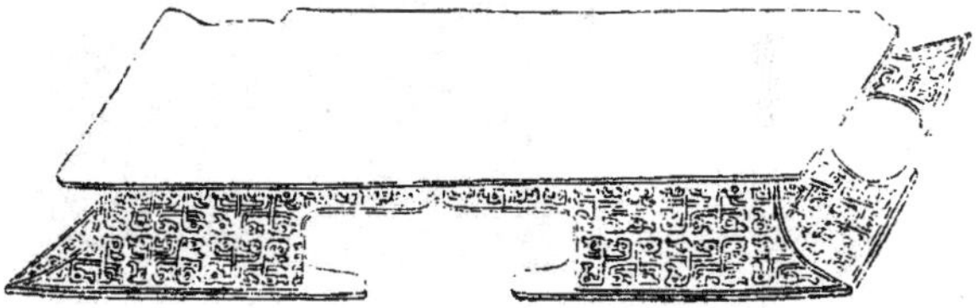

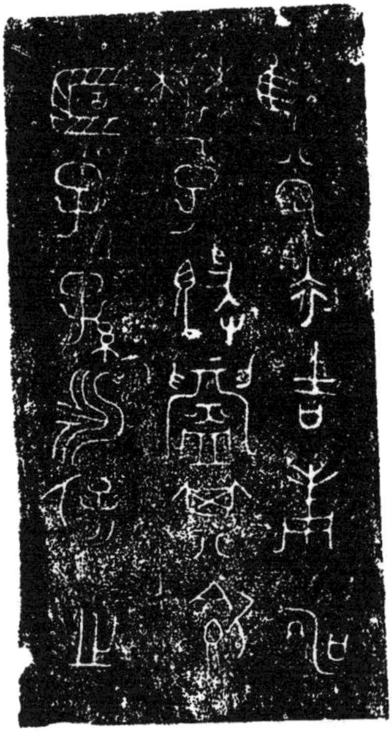

右高一寸五分強底徑長一尺二寸三分闊九寸

商邱豺簠一

右高三寸八分深一寸九分口徑長一尺一寸九分闊徑九寸七分底徑長七寸三分闊五寸一分

商邱射簠 二

右高三寸八分深一寸九分口徑
長一尺一寸九分闊徑九寸七分
底徑長七寸三分闊五寸一分

師麻簠

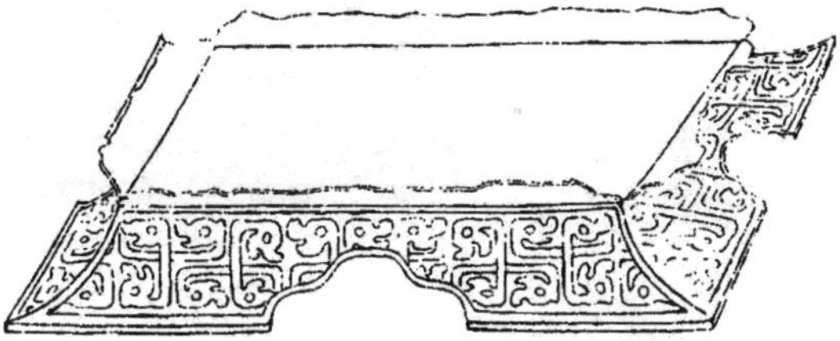

右高一寸五分底長徑六寸一分闊徑四寸六分

伯太師簋

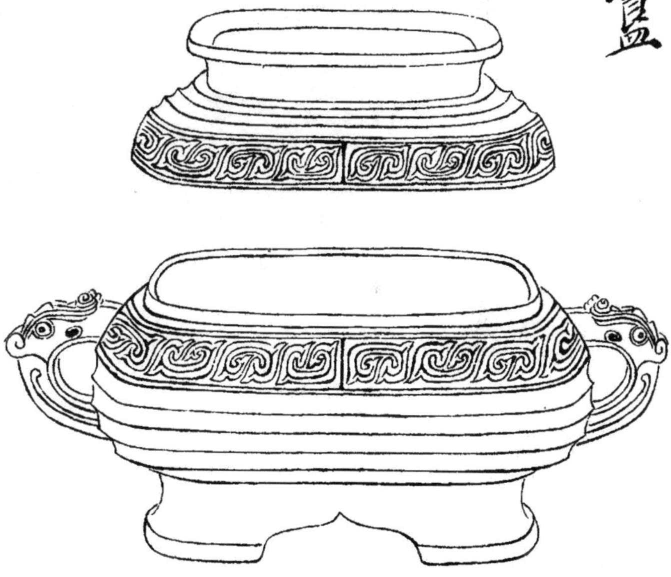

蓋

器

右通蓋高八寸七分深四寸七分
口徑長一尺八分橫八寸耳長二寸
九分濶一寸八分

中師父簋

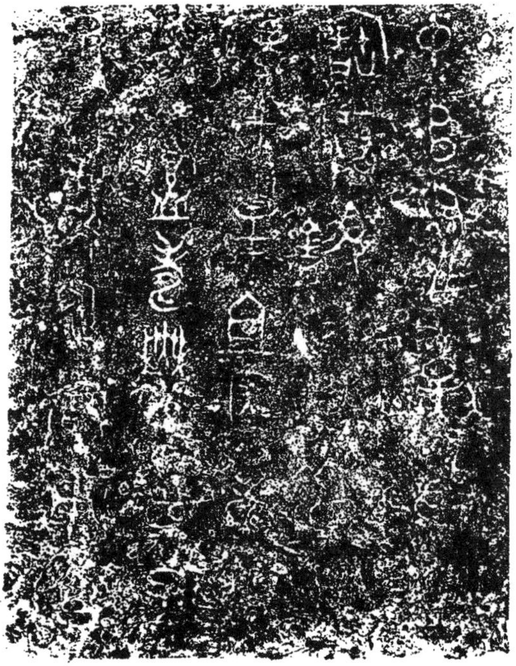

右高五寸一分深三寸九分口徑長九寸二分濶六寸四分腹徑長一尺一寸濶八寸三分耳徑長三寸五分濶二寸一分

伯鄭父鬲

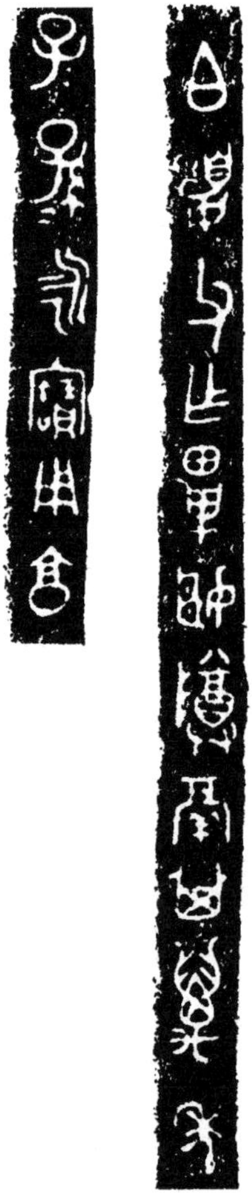

右高四寸九分深二寸八分口徑七寸八分腹徑七寸六分

贙母鬲

右高五寸八分深三寸七分口徑八寸一分腹徑七寸三分

益辛父鬲

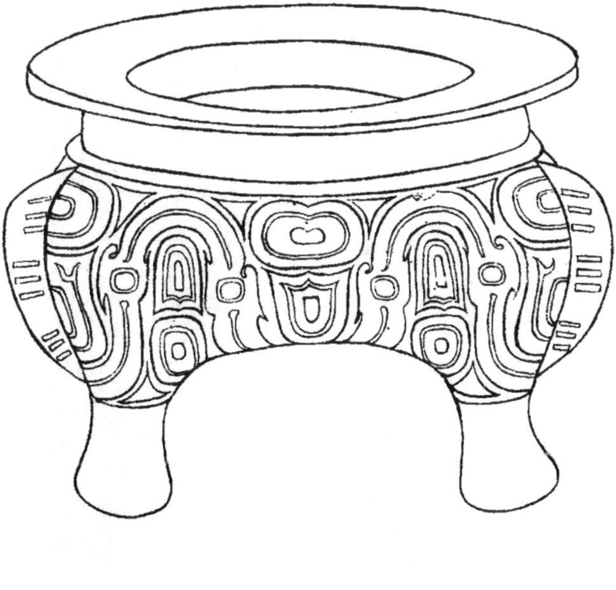

右高五寸五分深三寸五分
口徑五寸六分

伯家父鬲

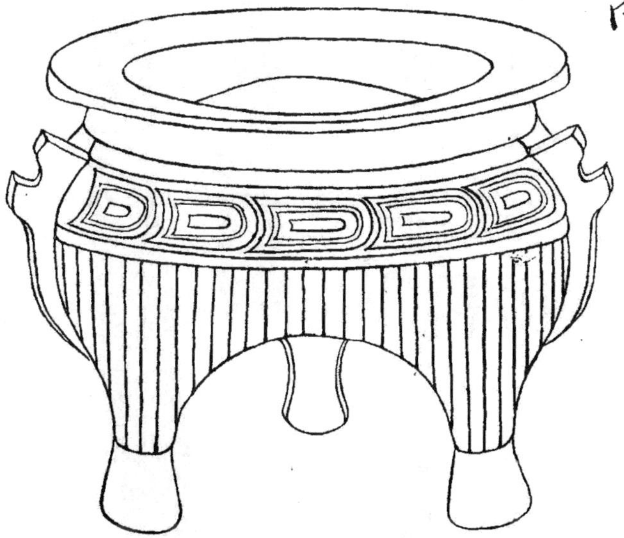

右高五寸四分深三寸二分

口徑五寸八分

伯姜鬲

右高五寸八分深三寸六分口徑七寸六分腹徑七寸七分強

姬茻母鬲

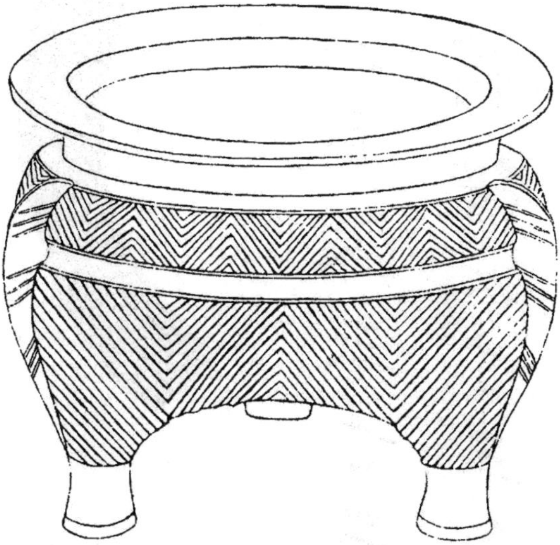

右高四寸七分深三寸二分
口徑六寸腹徑六寸三分

同姜鬲

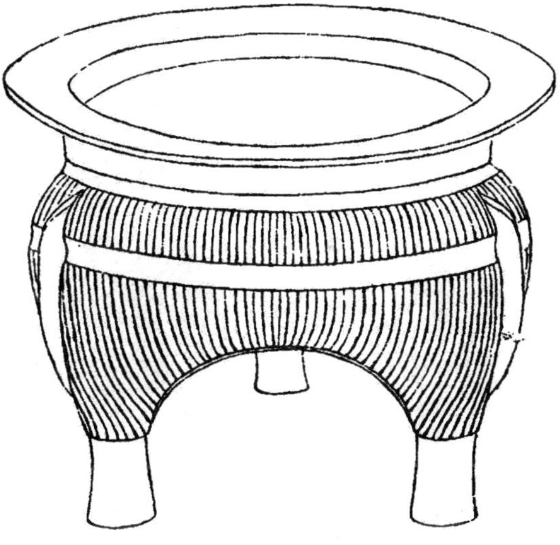

右高六寸八分深四寸二分口徑八寸七分強腹徑八寸

中姑鬲

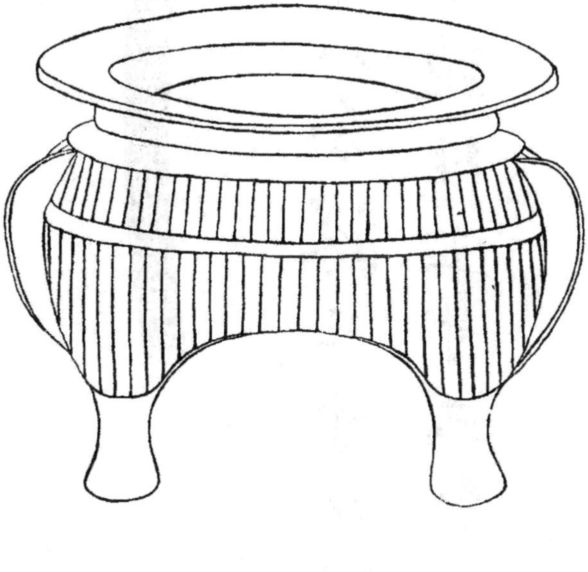

右高四寸八分深三寸口徑四寸九分腹徑五寸三分

西弗生甗

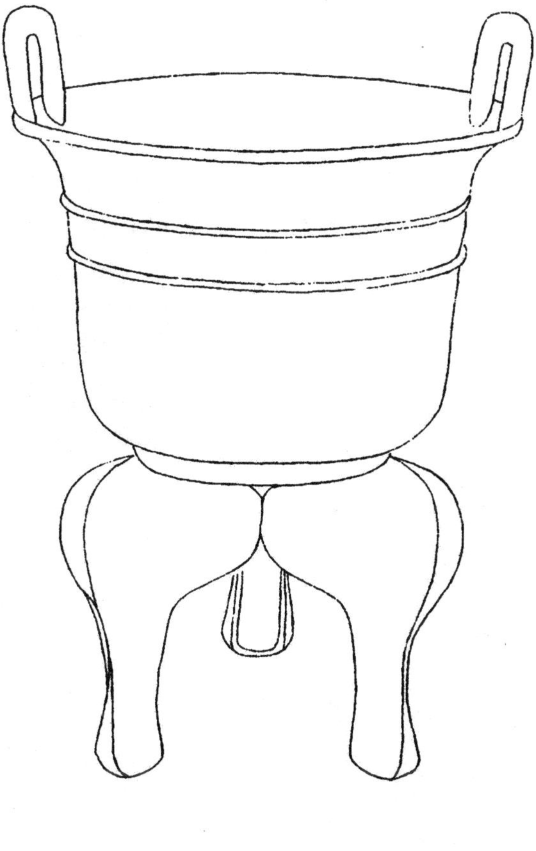

右高一尺三寸五分深六寸二分口徑一尺五分腹徑八寸二分耳高二寸二分闊二寸一分

立戈甗

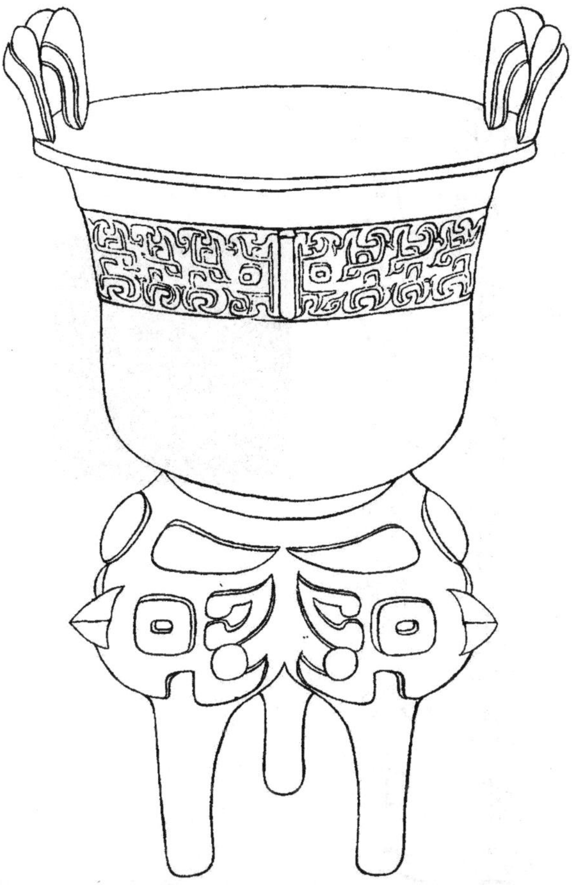

右高一尺二寸八分深六寸二分口徑九寸二分耳高二寸三分闊一寸九分

陶齋吉金錄卷三目錄

芮伯壺

單子壺

鄧孟壺蓋

亞形晏壺足

鹿形授壺

雷紋鐎壺

犲午罍

爵形爵

父戊爵

禺爵

目形父癸爵

父癸爵

亞形乙爵

豆父癸爵

子孫父乙爵

析子孫父乙爵

子孫妣己爵

孫執戊父庚爵

立刀父丁爵

亞父乙爵

子執兵己爵

伯邦爵

鳥形爵

子爵

豆爵

亞形父乙觚

亞形中立刀觚

重屋父乙觶

立旂觶

立戈宰觶

告田觶

母癸觶

鷄形父丁壺

諸女匜

責卿匜

甫人匜

𤆍妊盤

重屋形盤

龜形盤

六丁戈

陳侯戈

陳余戈

高密戈

龍伯戟

陸右左專劍

吳季子劍

矛頭

呂太叔斧

銅勺二同式

銅勺四同式

芮伯壺

蓋

器

右簠蓋高一尺七寸五分深一尺三寸
九分口徑四寸九分腹徑九寸三分

單子壺

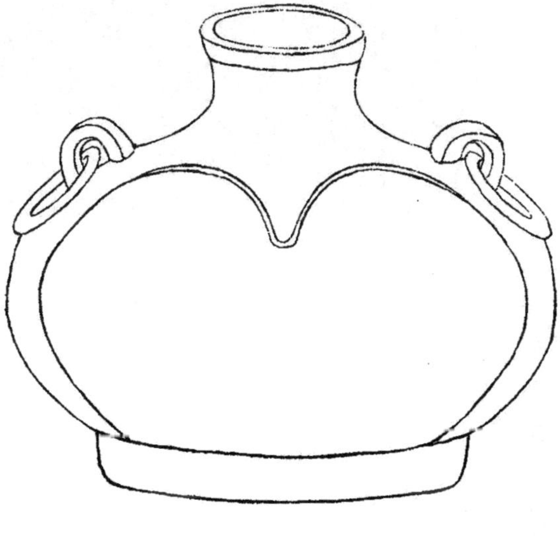

右高一尺七分口徑四寸腹徑長一尺三寸三分濶七寸

鄦盄壺蓋

右高五寸四分頂縱徑七寸二分強
橫徑五寸一分

盘形晏壶足 原形

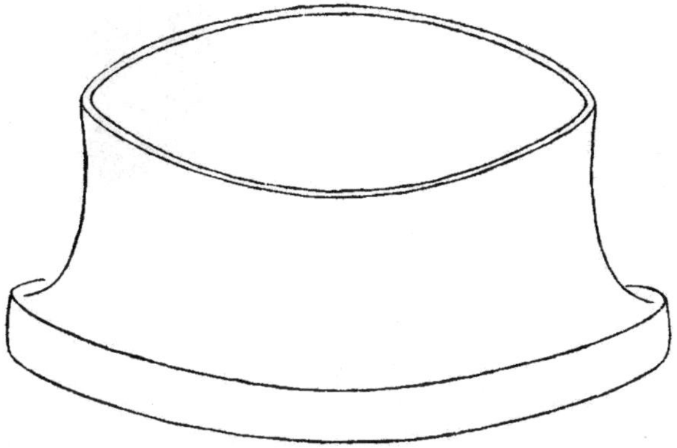

麻形投壺

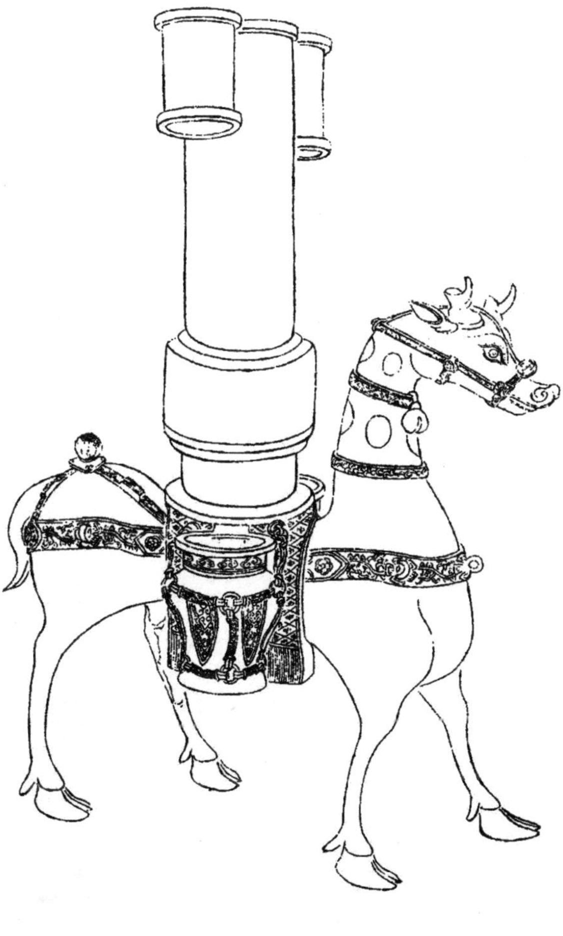

右高二尺六寸三分長一尺
八寸

雷纹鐎壶

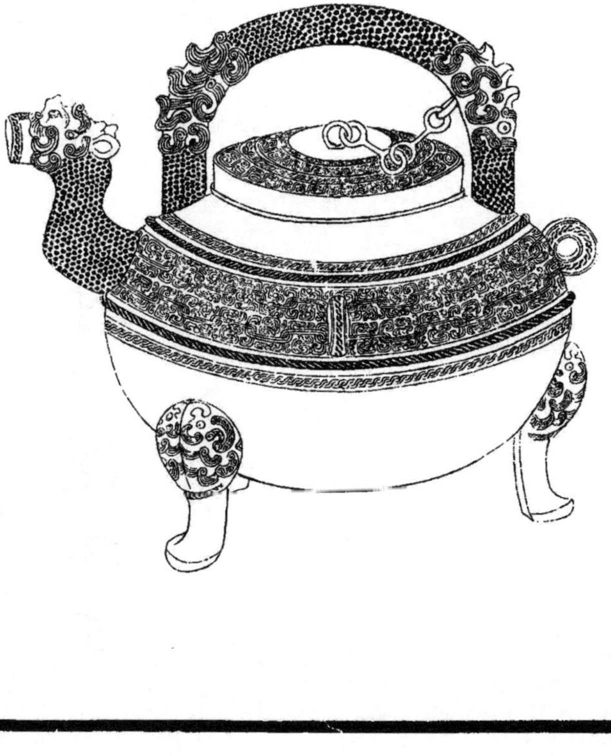

右高一尺深五寸口徑四寸

腹徑九寸

將午罍

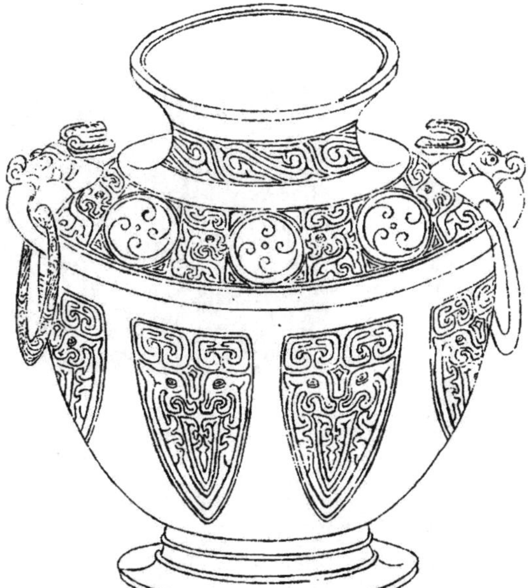

右高一尺四寸六分口徑八寸腹徑一尺四寸足徑八寸九分

爵形爵

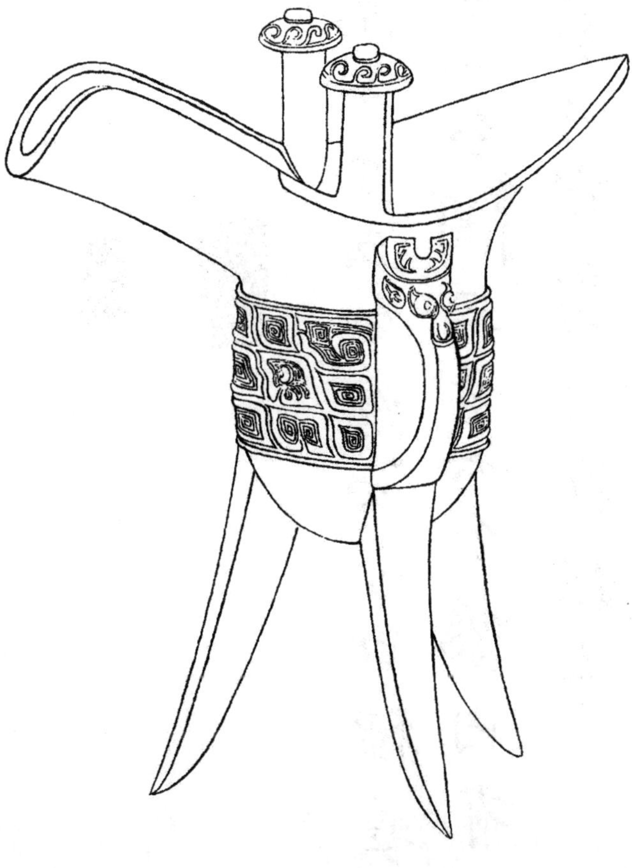

右高七寸五分深四寸口徑長
七寸一分闊三寸六分鋬內有
寶彝二字爵形在柱上

父戊爵

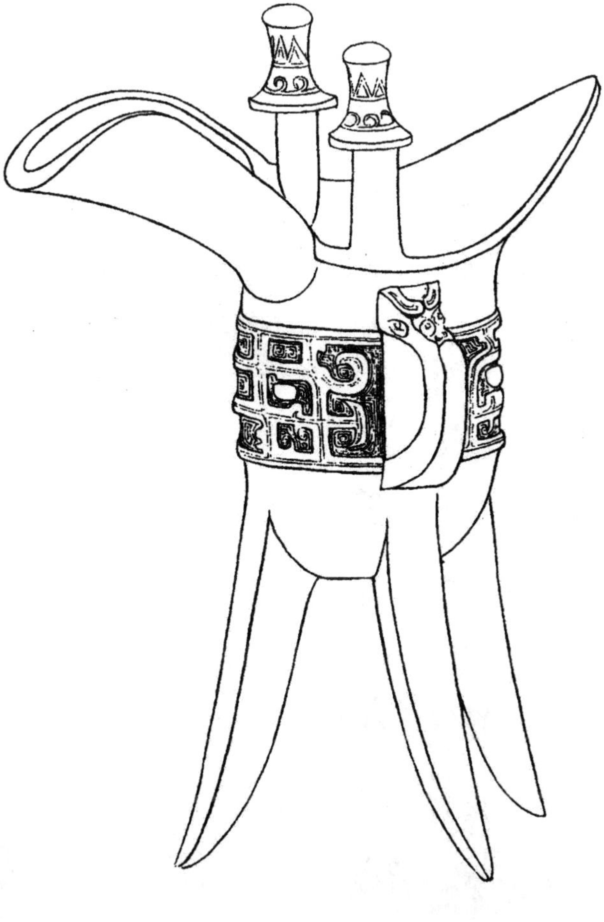

右高七寸六分深三寸八分口徑長七寸三分闊三寸一分強銘在鋬內柱有文

禹爵

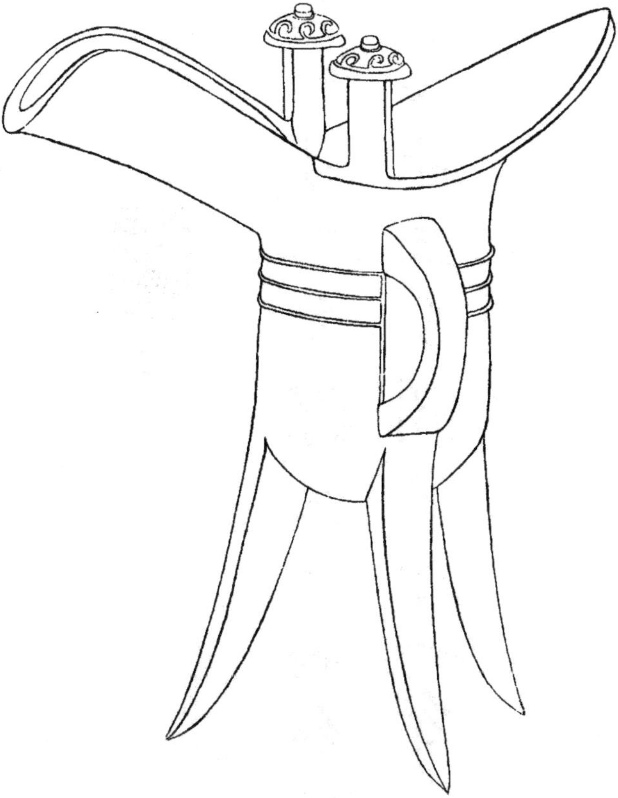

右高六寸三分深三寸六分口
徑長七寸三分闊三寸一分

目形父癸爵

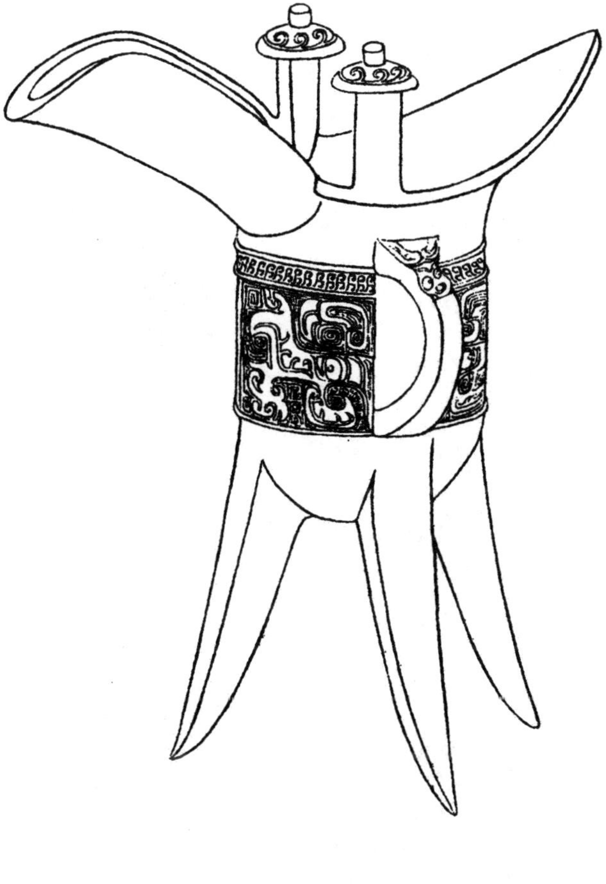

右高六寸八分深三寸九分口
徑長七寸五分濶三寸四分

父癸爵

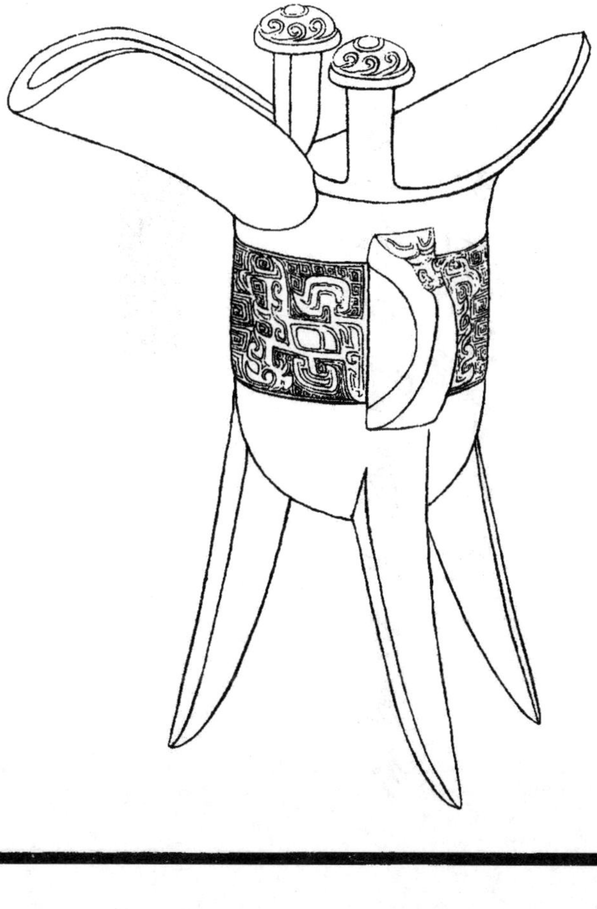

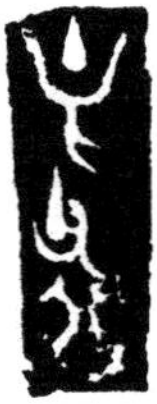

右高七寸一分口徑長七寸五分
深四寸二分闊三寸六分

亞形乙爵

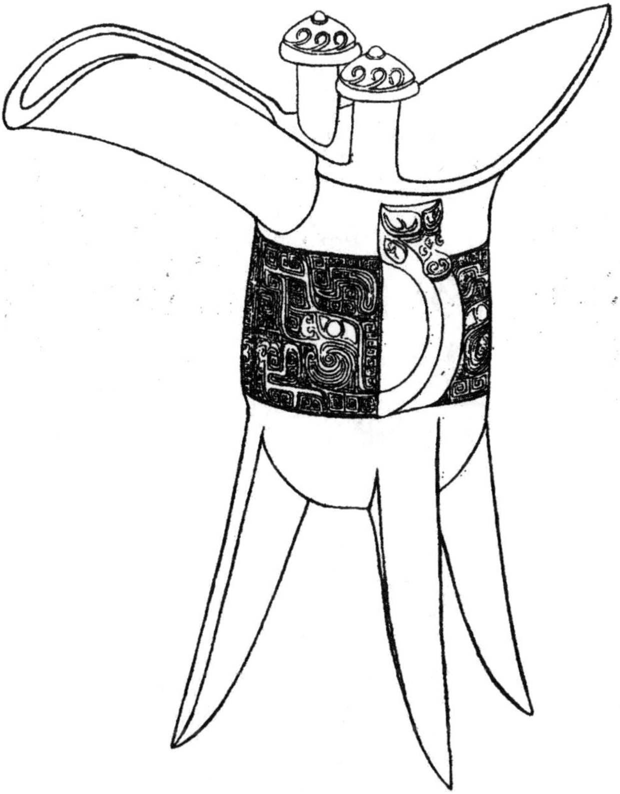

右高七寸四分深三寸九分口徑長七寸三分闊三寸三分

亞父癸爵

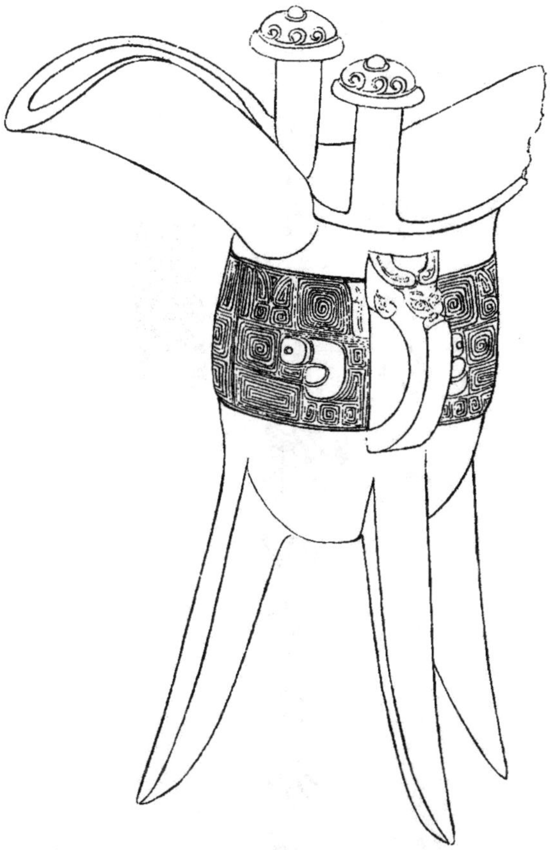

右高七寸六分深四寸二分口
徑闊三寸二分

子孫父乙爵

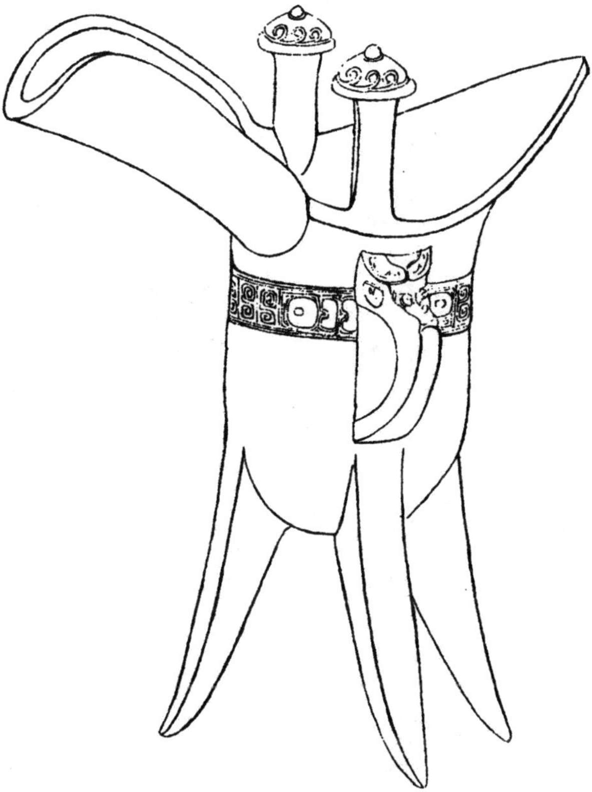

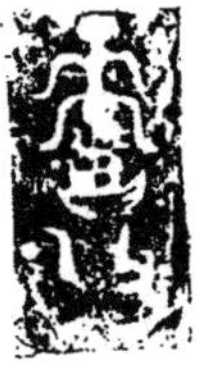

右高六寸九分深四寸口徑長七寸二分闊三寸六分

析子孫父己爵

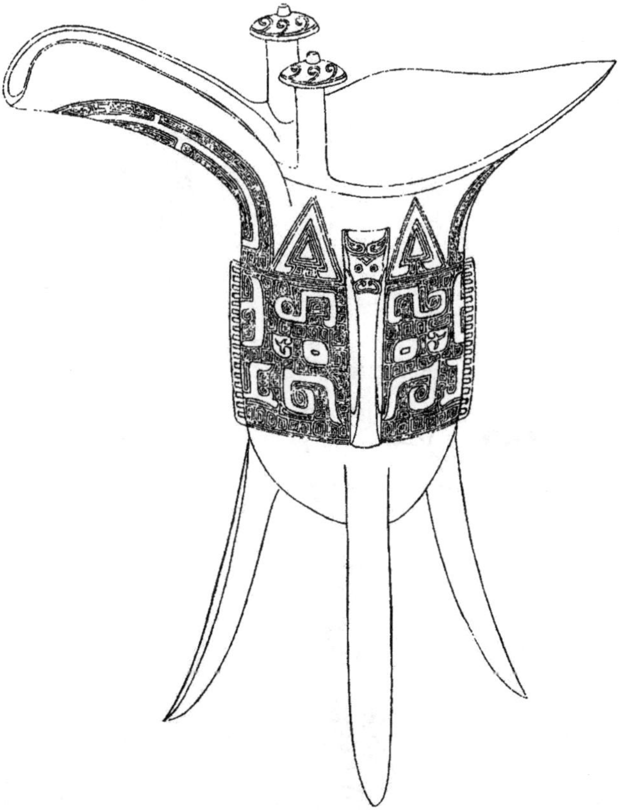

右高六寸九分深四寸口徑長七寸一分闊三寸三分

子孫妣己爵

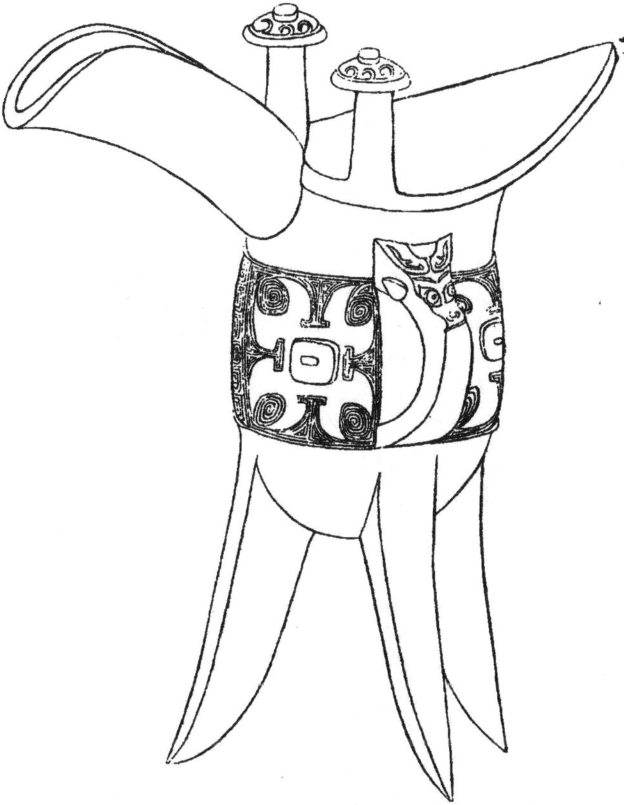

右高七寸七分深四寸口徑長八寸四分闊三寸六分

孫執戊父庚爵

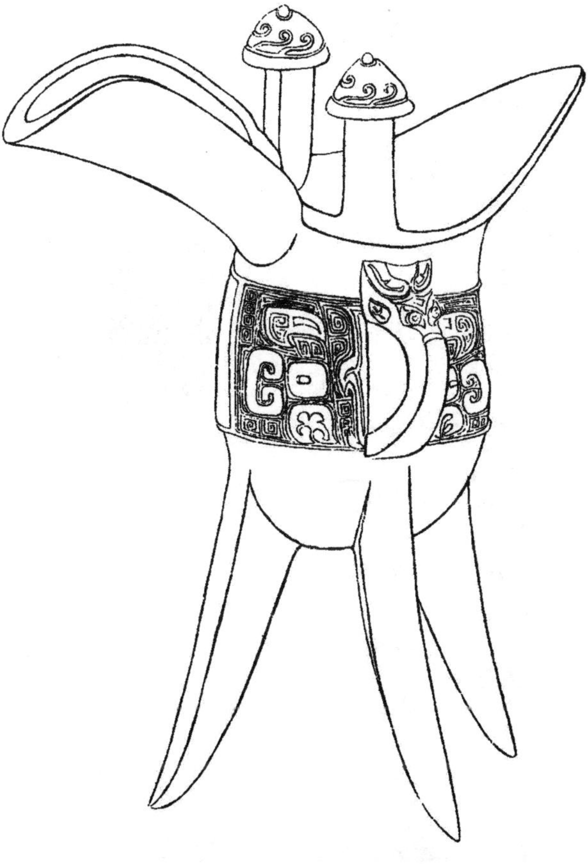

右高七寸一分深四寸一分口徑長七寸五分濶三寸三分

立弓父丁爵

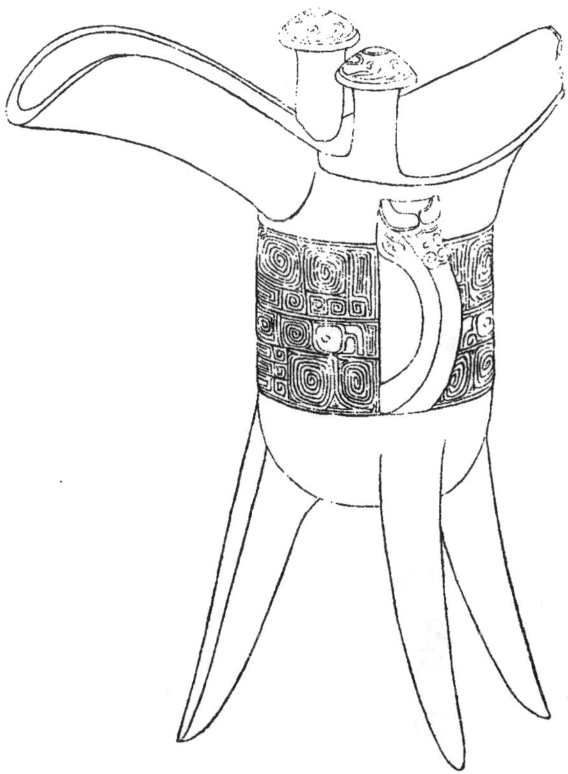

右高七寸一分深三寸六分口
徑濶三寸二分

亞父乙爵

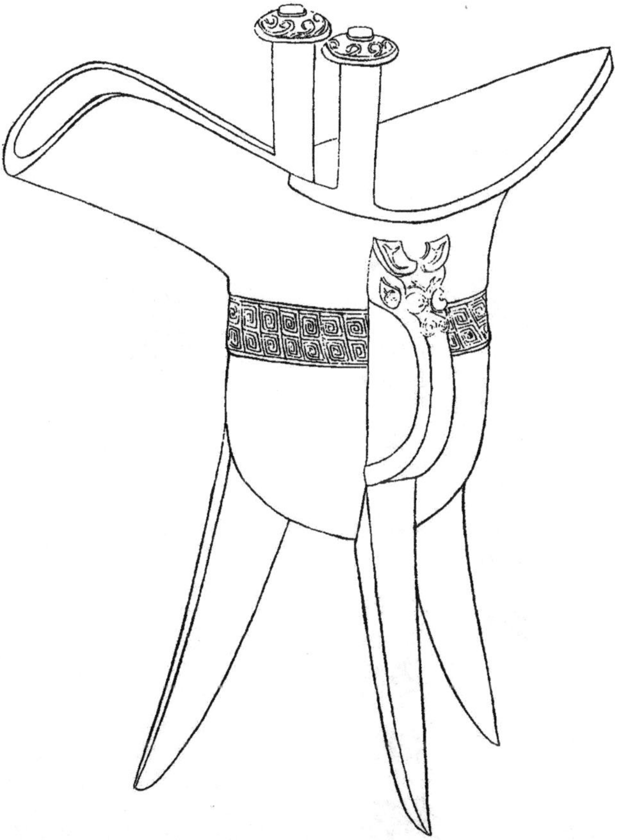

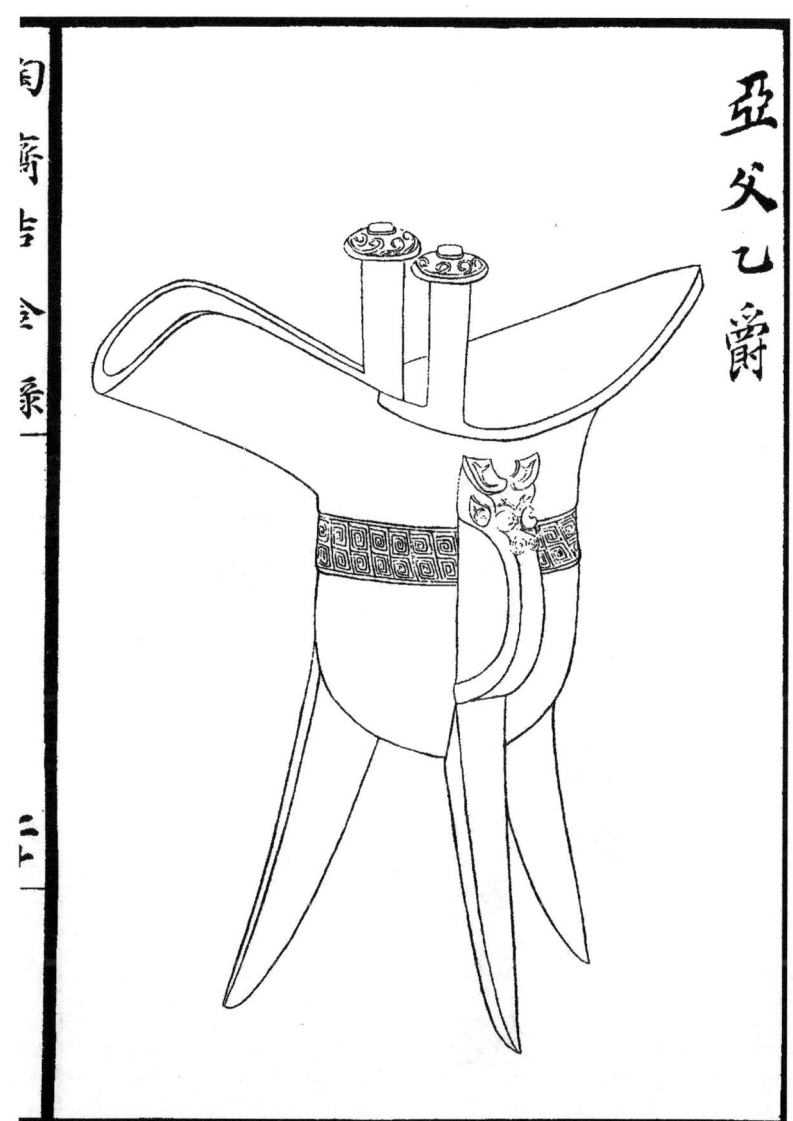

右高七寸一分深三寸八分口徑

長七寸二分濶三寸三分

子執兵乙爵

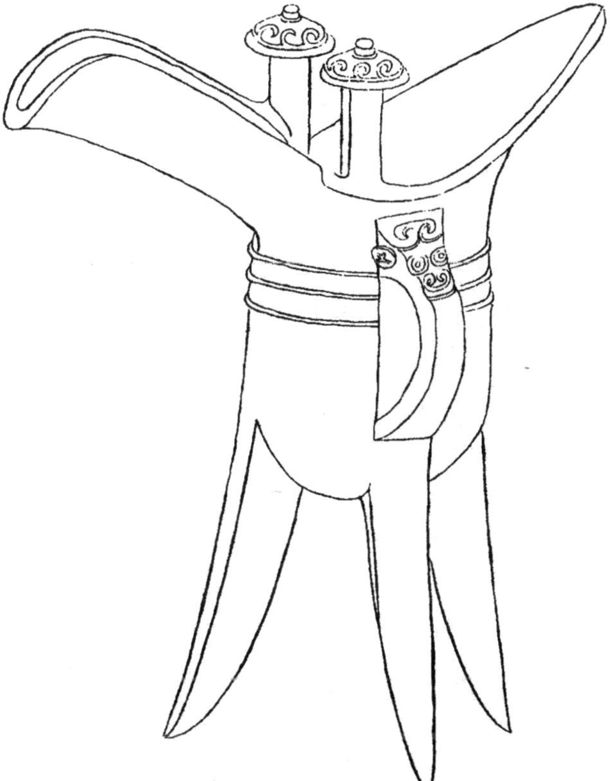

右高七寸一分深三寸九分口
徑長七寸三分濶三寸五分

伯邦爵

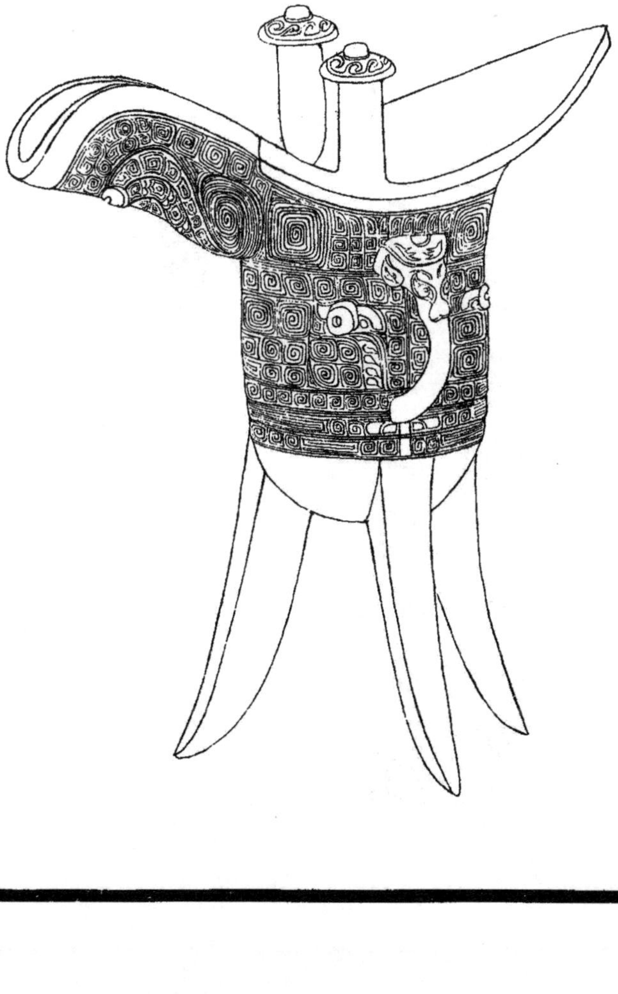

右高七寸二分深三寸六分強

口徑長七寸二分濶二寸一分

鳥形爵

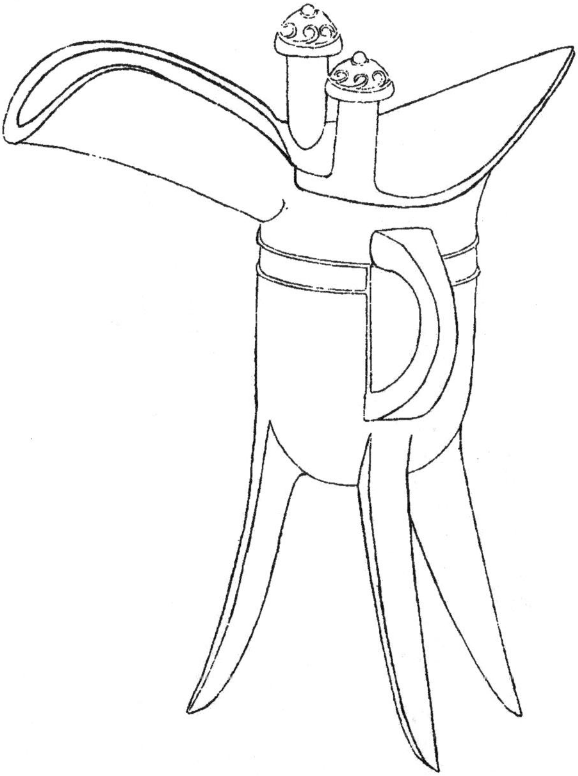

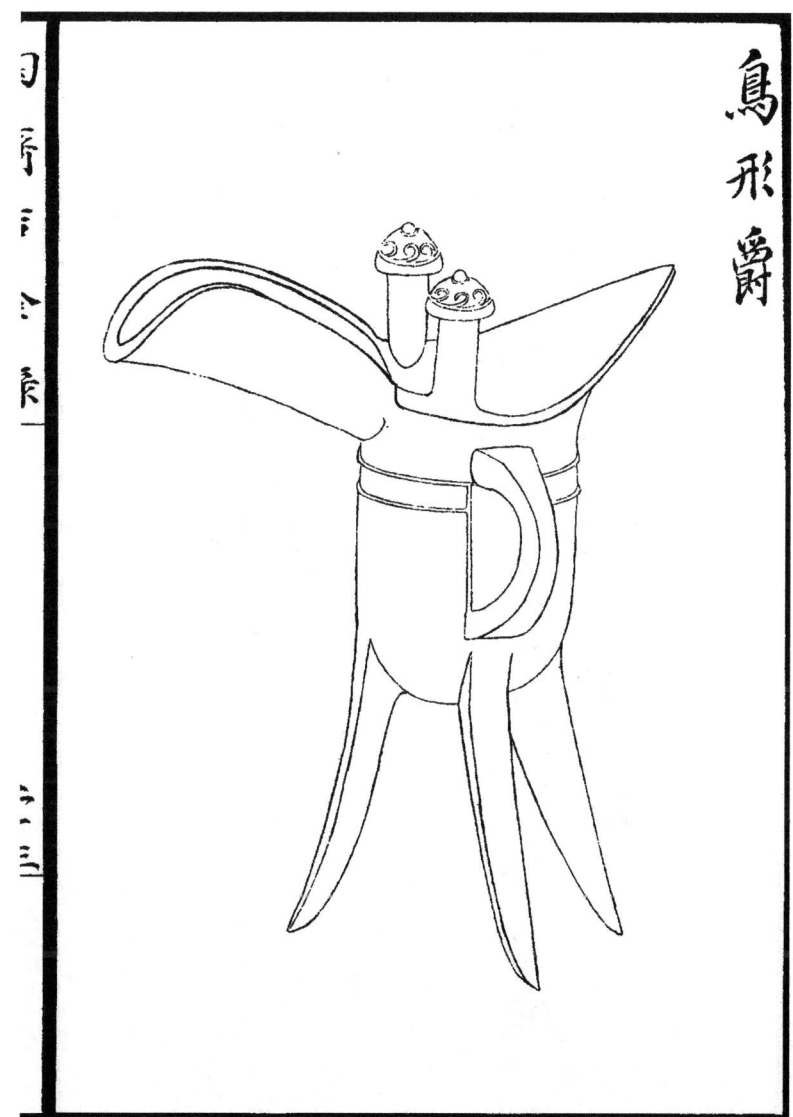

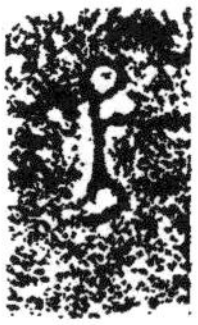

右高六寸五分深三寸四分口徑
長六寸五分濶三寸一分

子爵

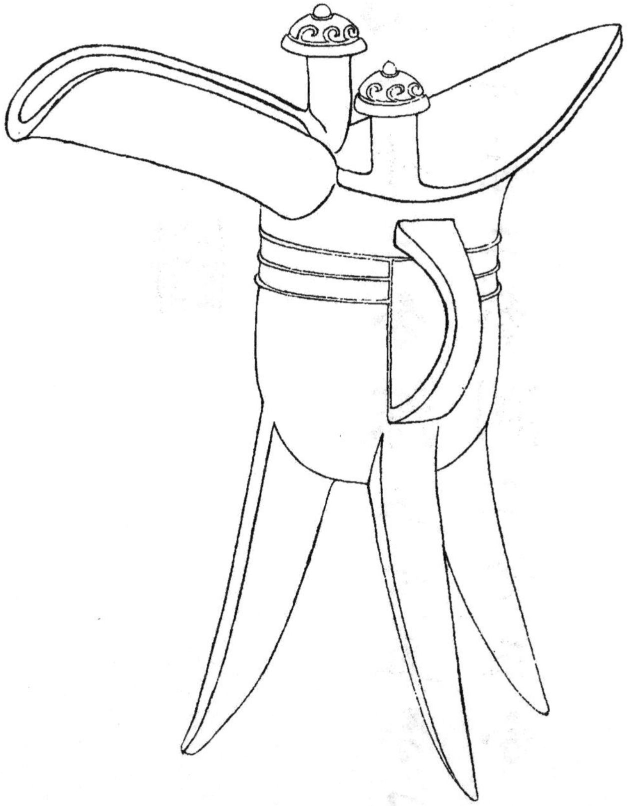

右高七寸三分深三寸五分口
徑長七寸二分濶三寸三分

豆爵

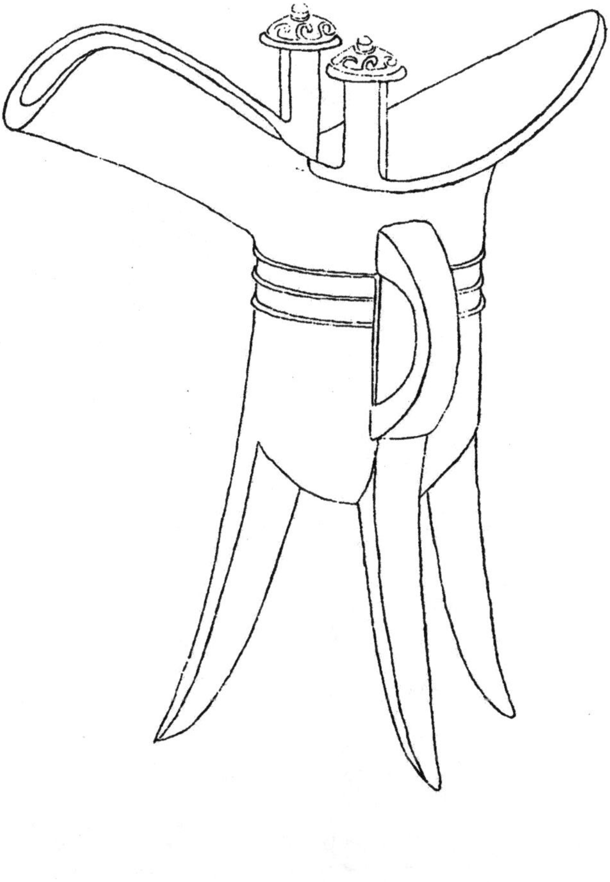

右高七寸三分深三寸六分口

徑長七寸三分濶三寸一分

亞形父乙觚

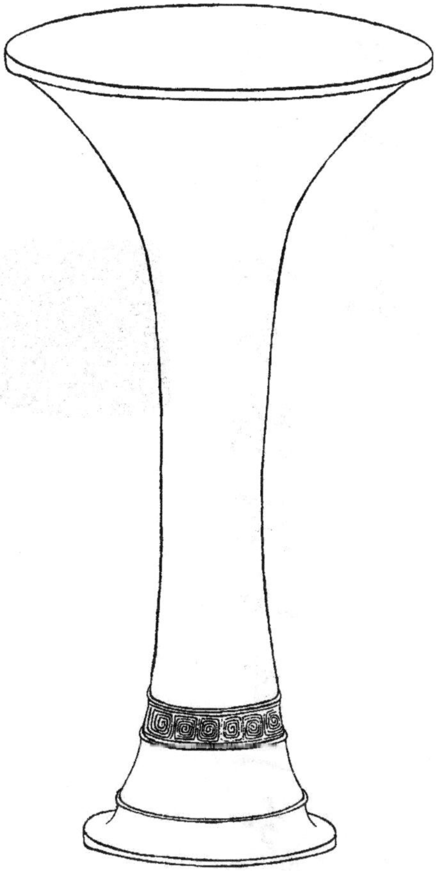

右高八寸六分強深七寸二分口
徑三寸五分

亞形中立刀觚

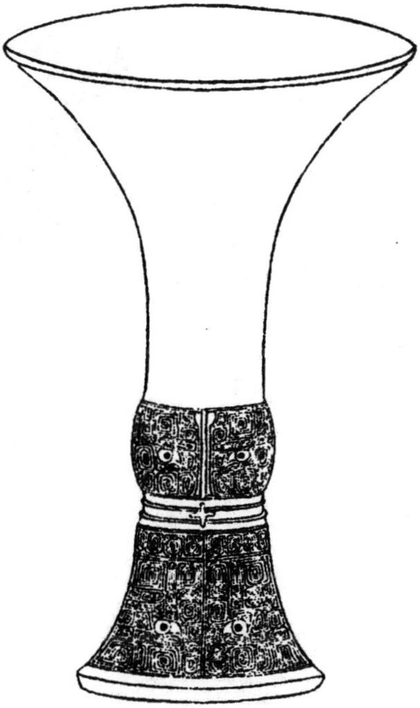

右高一尺二寸深七寸五分口
徑六寸九分

重屋父乙觶

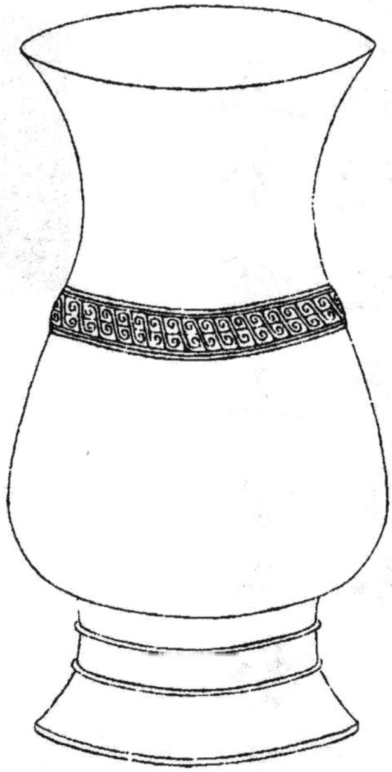

右高六寸五分深五寸二分口徑三寸三分腹徑三寸五分

立旂觶 原形

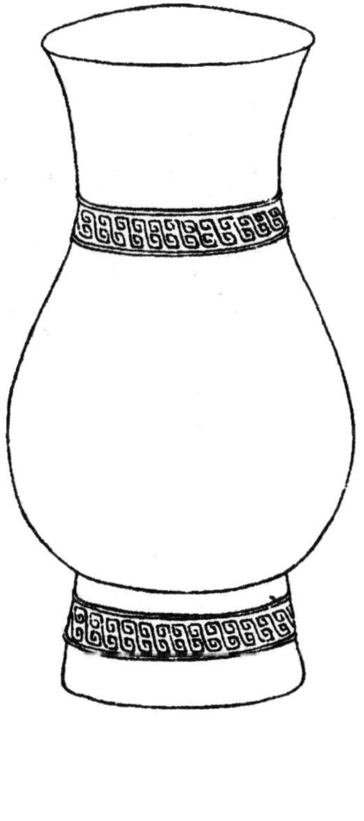

立戈辛觶原形

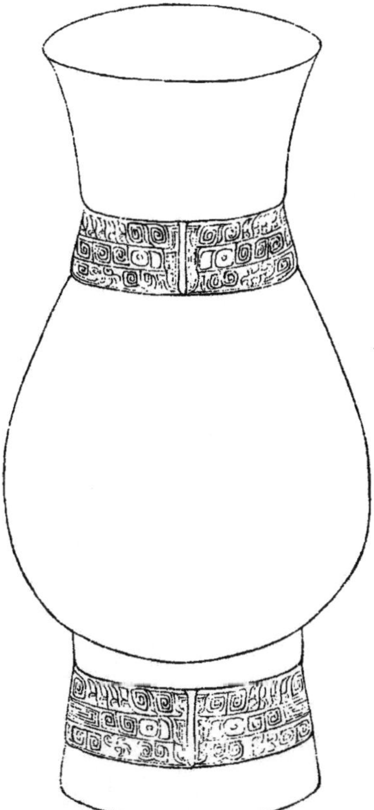

告田觶

原形

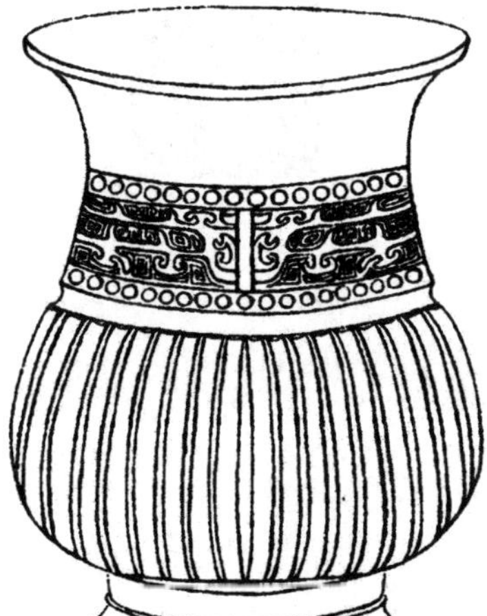

母癸斝

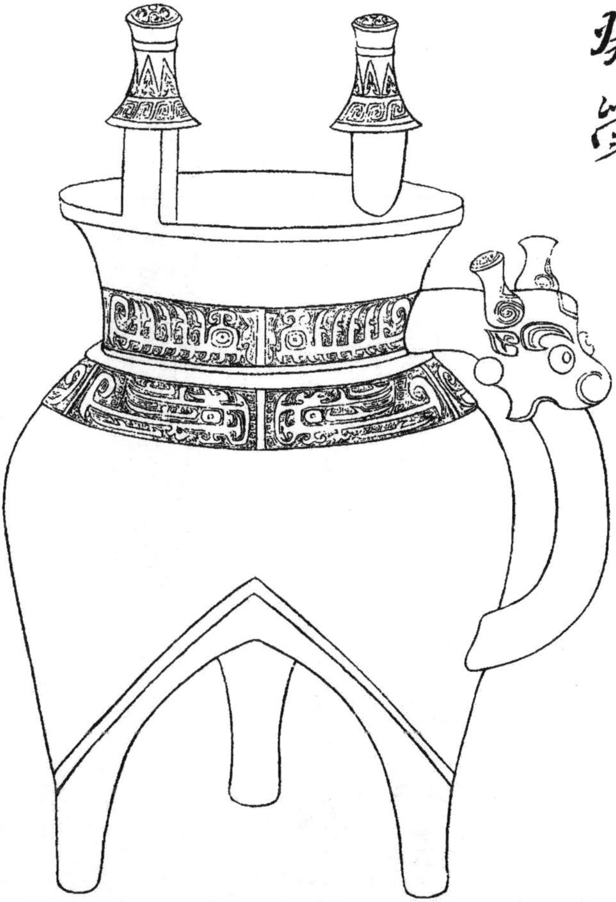

右高一尺五寸一分深九寸三分口徑九寸六分腹徑一尺一寸八分

雞形父丁盉

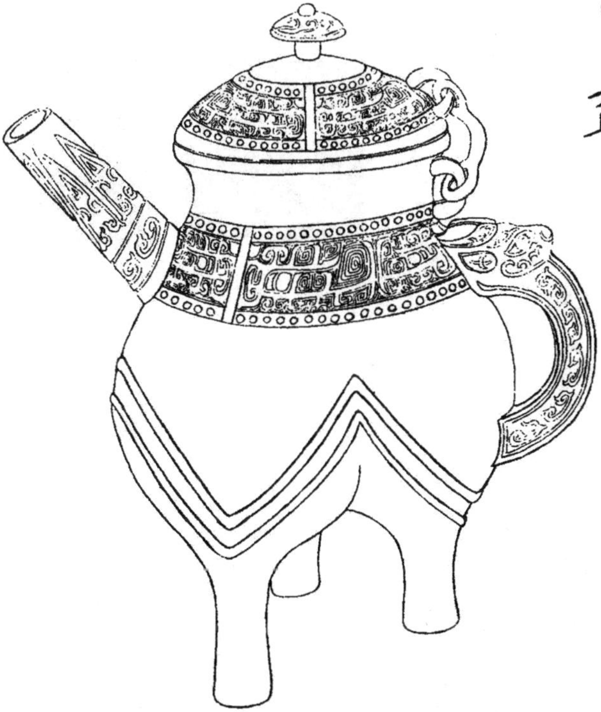

蓋

器

右通蓋高一尺三寸五分深七寸五分口徑五寸四分腹徑七寸七分流三寸七分鋬長四寸八分闊二寸一分

諸女匜

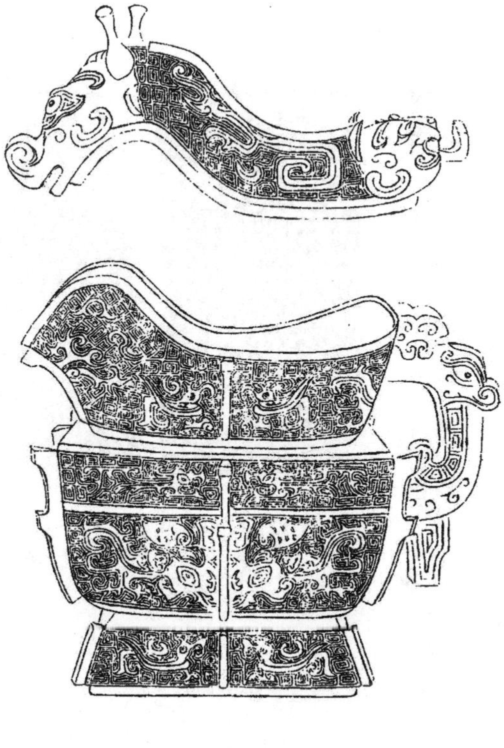

蓋

器

右通蓋高一尺七寸一分深九寸口徑長一尺二寸六分濶六寸四分

賁弔匜

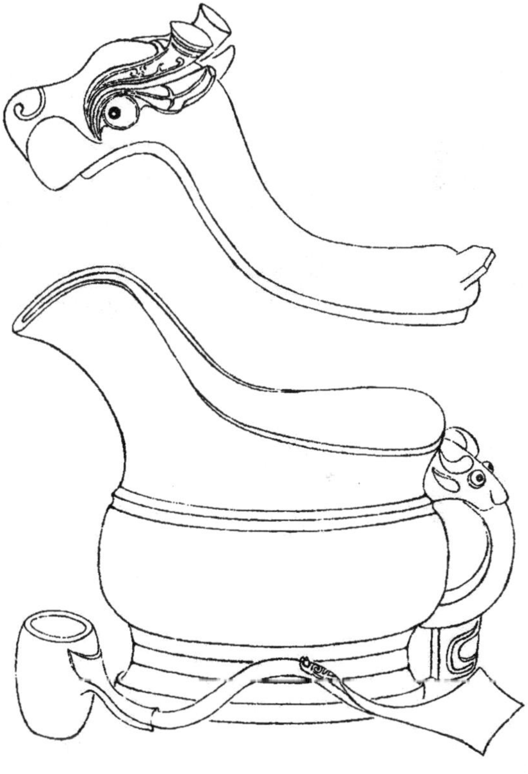

蓋

器

勺

右道蓋高一尺深七寸三分口
徑長八寸五分闊三寸五分勺
柄長六寸六分勺口徑一寸三
分高一寸九分

甫人匜

蓋

器

右通蓋高一尺四寸五分深九寸一分口徑長一尺一寸四分闊四寸五分

射妊盤

右高五寸三分深二寸九分口徑一尺六寸七分耳高三寸一分闊二寸八分

重屋形盤

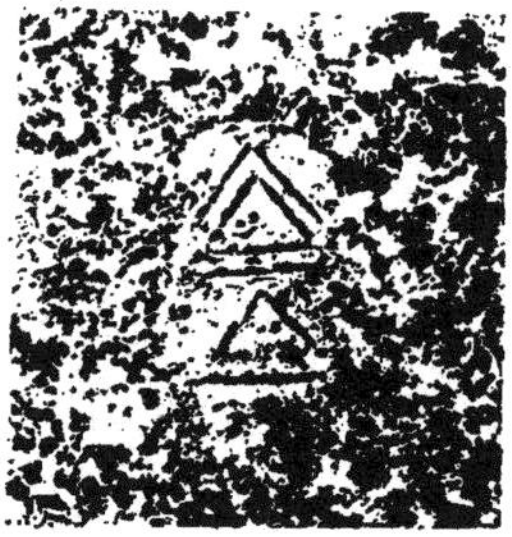

右高四寸二分深一寸九分口徑一尺五寸五分耳高三寸一分濶二寸九分

龜形盤

右高八寸深三寸九分口徑一尺五寸
六分腹徑一尺二寸三分

六丁戈

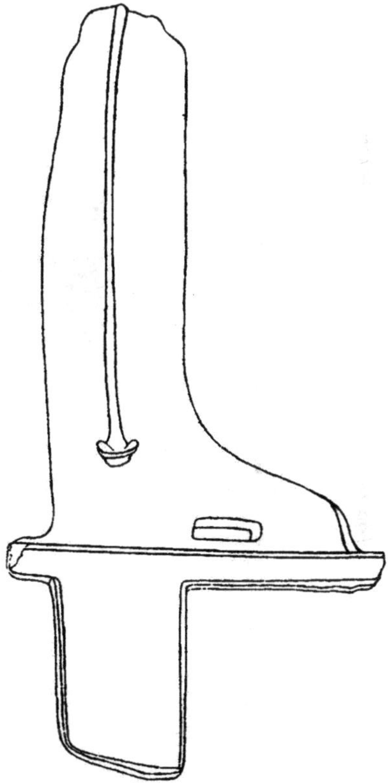

右通長一尺一分濶五寸二分

陳侯戈 原形

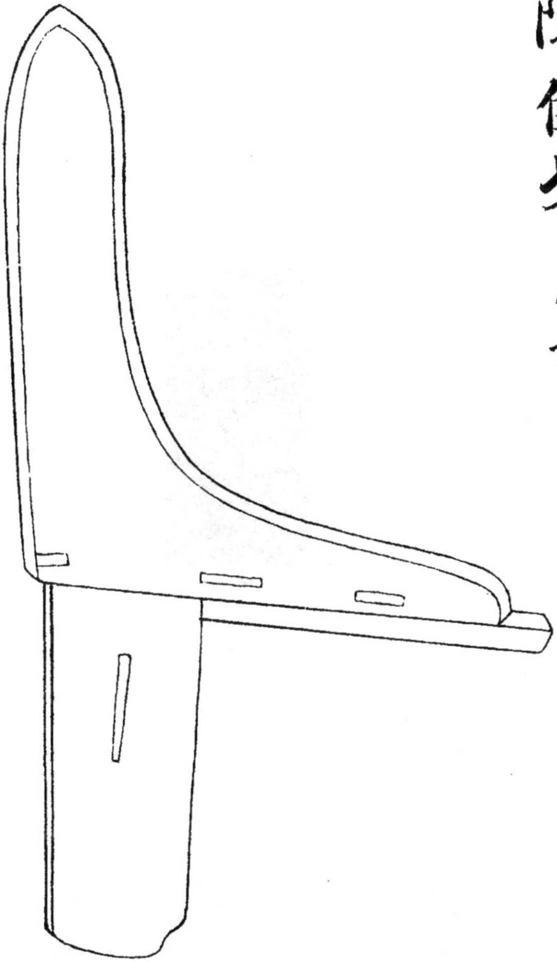

陳余戈 原形

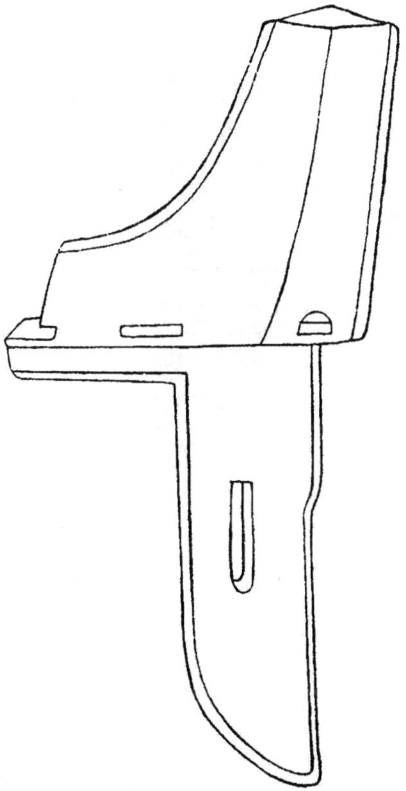

高密戈 原形

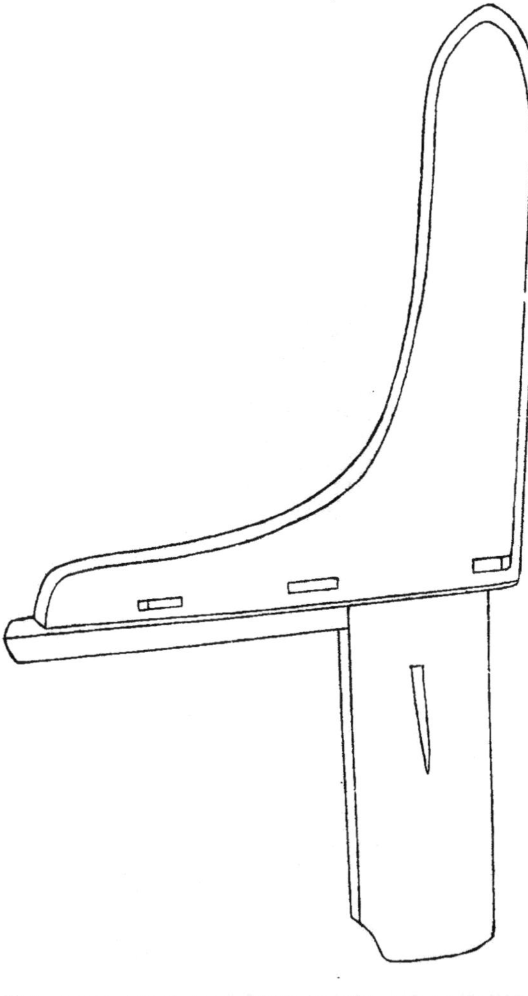

龍伯戟

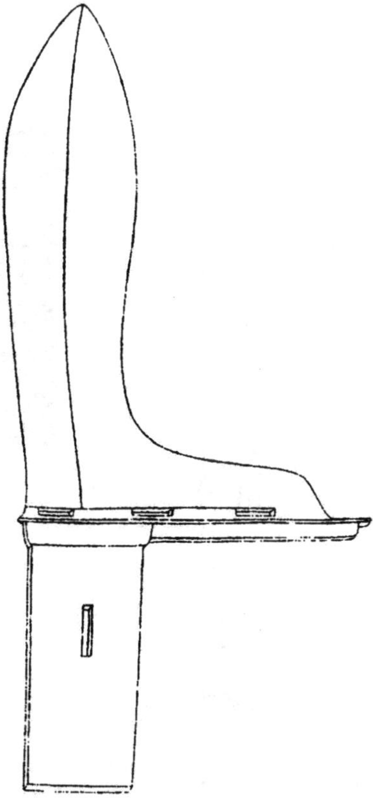

右通長一尺八分濶四寸六分

陸右左專劍

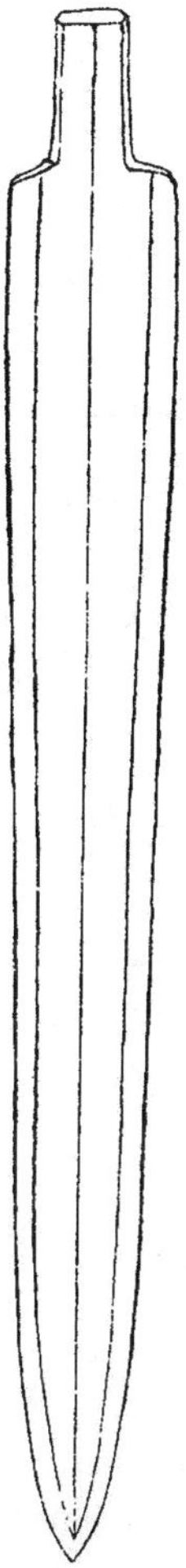

右通長一尺八寸三分

吳季子劍

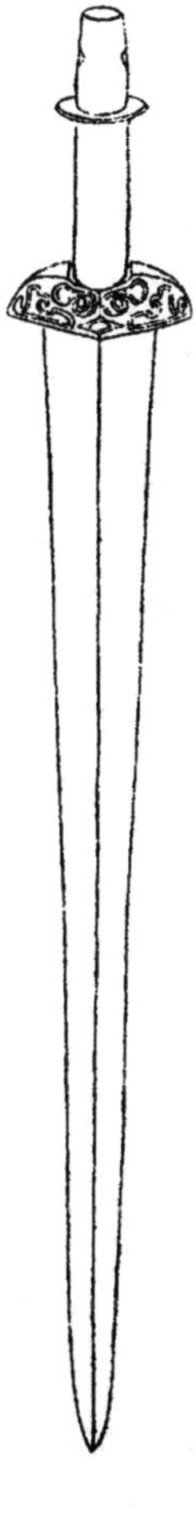

右通長二尺一寸四分

矛頭原形

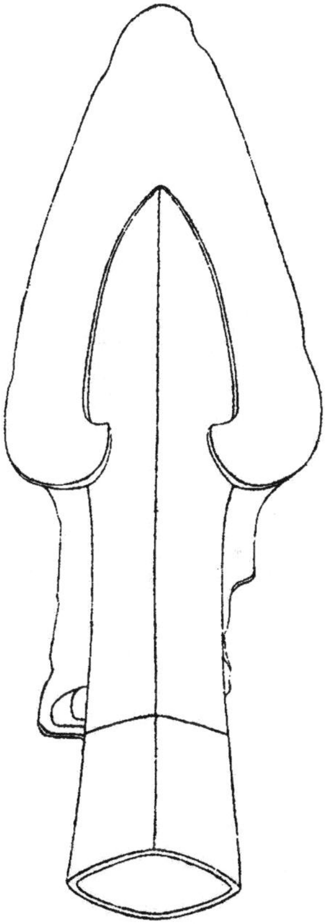

陰慶吾金釒

四十八

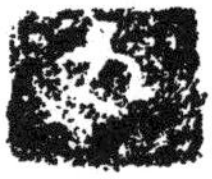

呂太尉斧原形

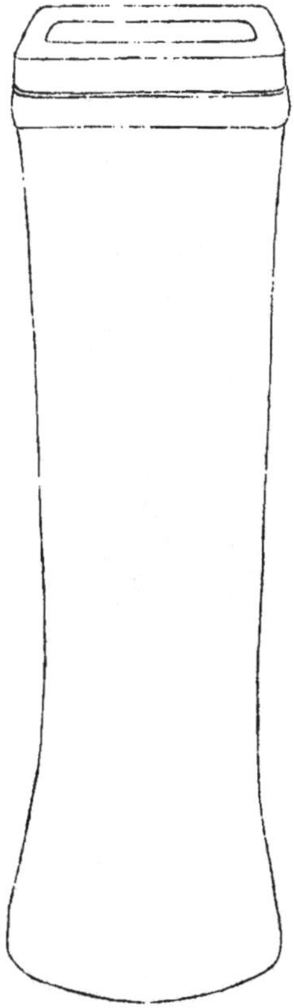

銅勺二 同式

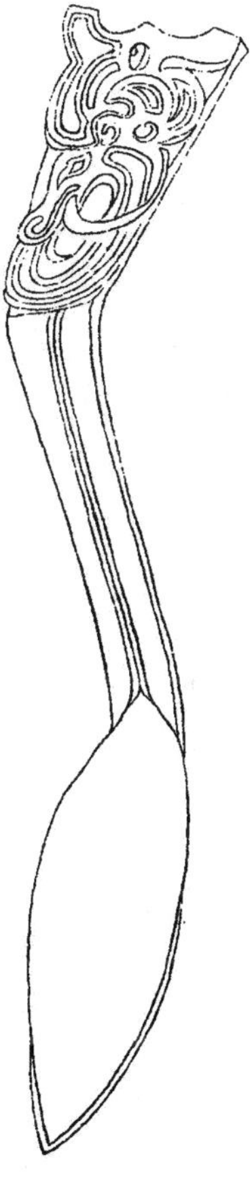

右長一尺三分勻柄濶一寸八分勻口長徑二寸一分濶一寸三分同式共二器

銅勺四 同式

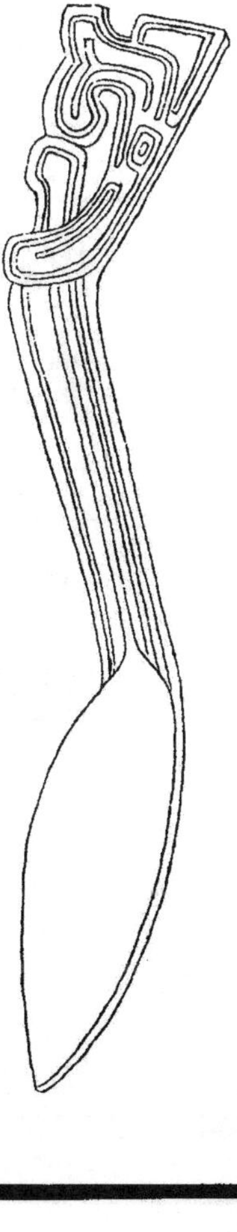

右長一尺三分勺柄濶一寸八分勺口長徑二寸一分濶一寸三分同式共四器

陶齋古金録卷四目録

秦始皇詔版
二世詔版
二世殘詔版
秦銅權一
銅權二
銅權三
銅權四

銅權五

銅權六

銅權七

銅權八

銅權九

銅權十

銅權十一

銅權十二

銅權十三

銅權十四

銅權十五

銅權十六

銅權十七

銅權十八

鐵權

北周天和權

唐永昌權

開元權

貞元權

秦橢量一

橢量二

橢量三

橢量四

方量

新莽量

秦始皇詔版 原形

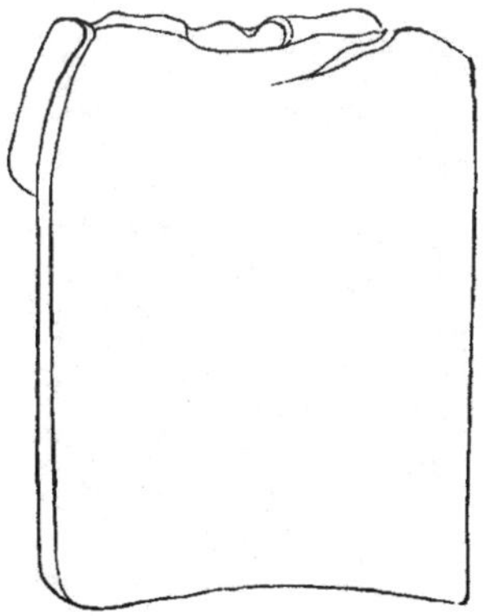

秦二世詔版原形

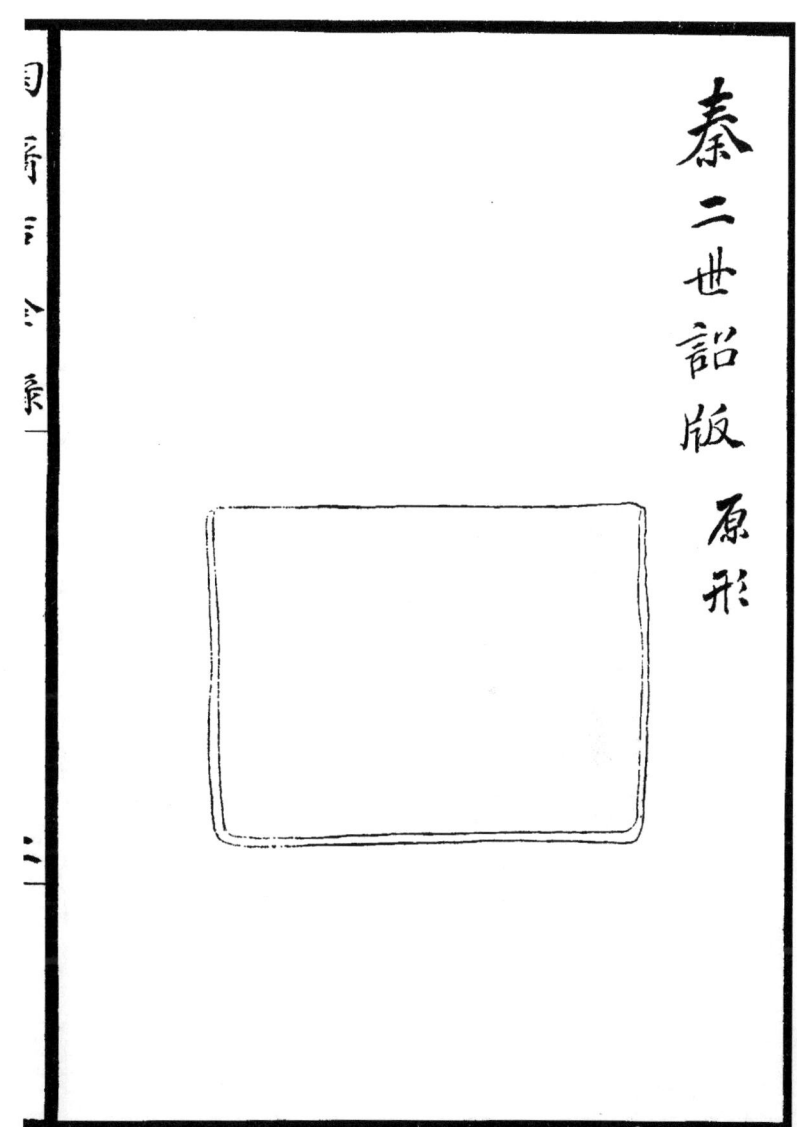

秦二世殘詔版 原形

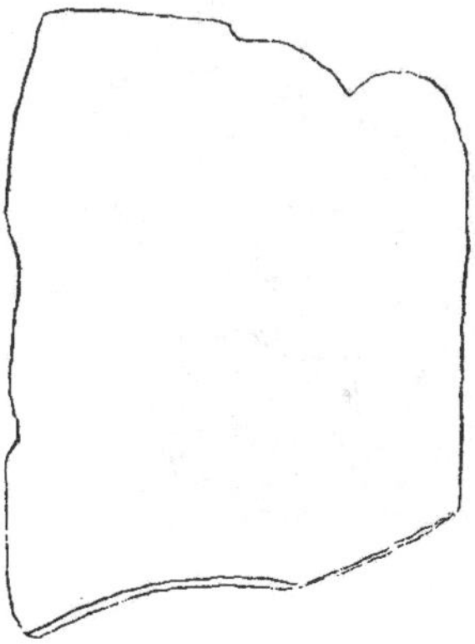

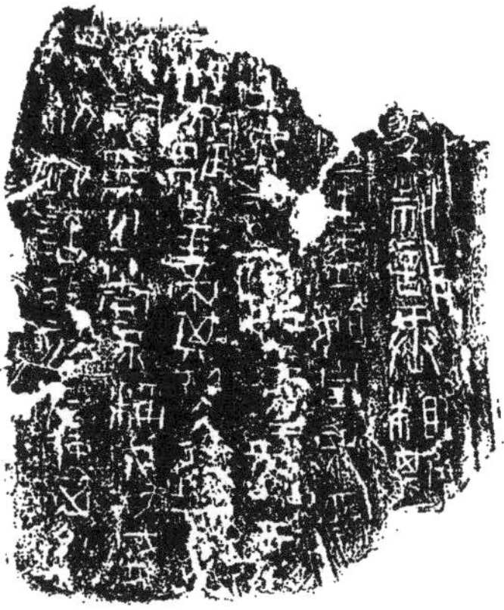

秦銅權一

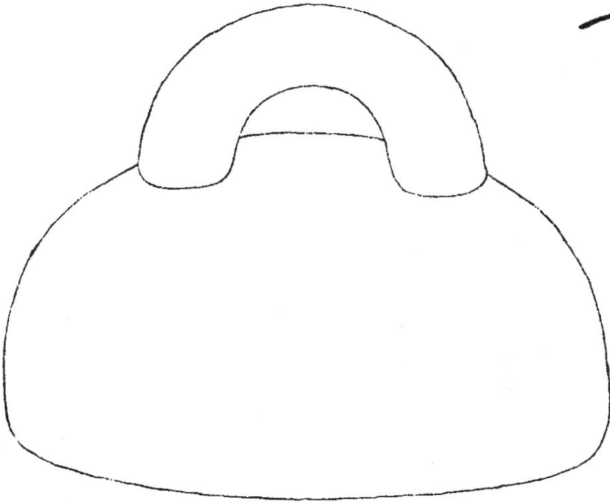

廿六年皇帝
盡幷兼天下
諸侯黔首大
安立號爲
皇帝乃詔丞
相狀綰法
度量則不壹
歉疑者皆明
壹之

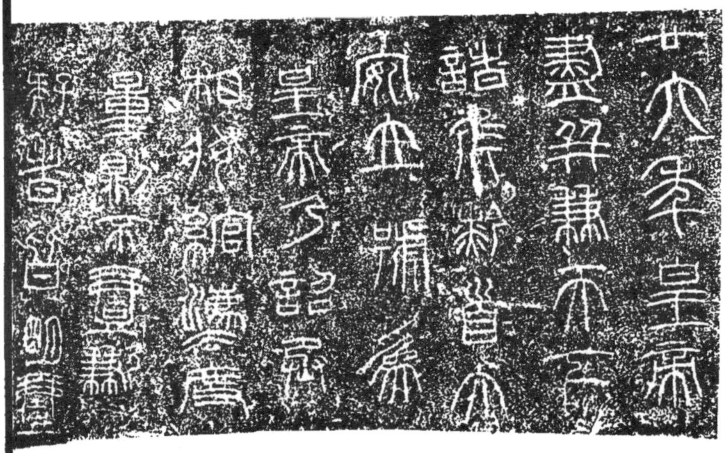

旬華吉金录

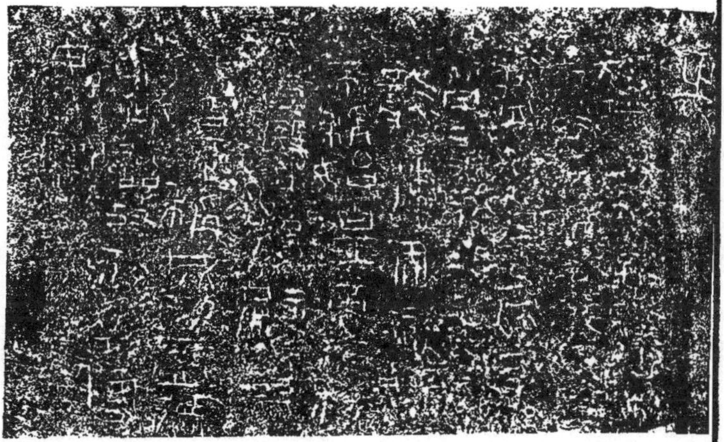

右高五寸八分徑一尺五分重
庫平八百六十四兩

秦銅權二 原形

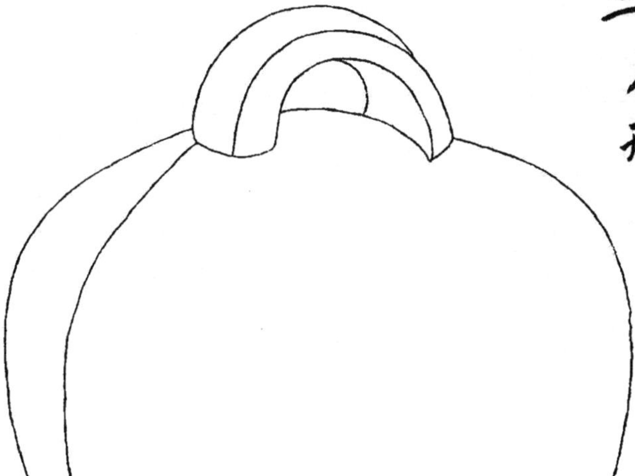

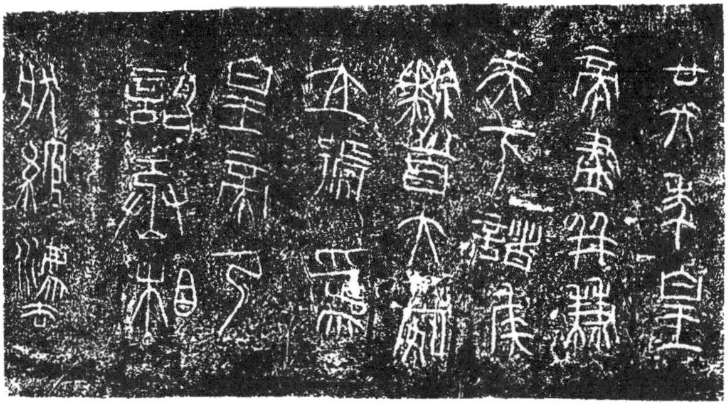

句容吉金录

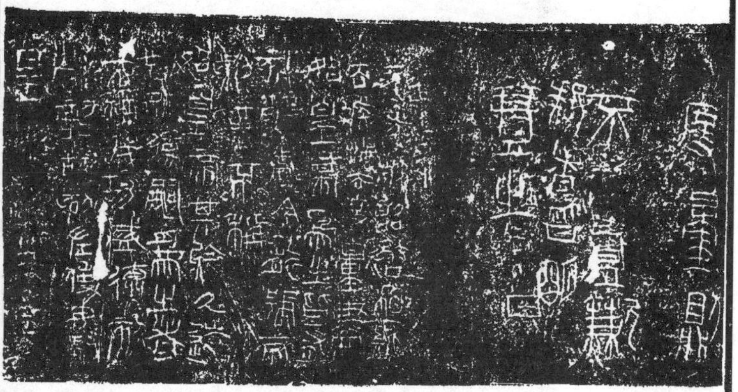

右重庫平二百四兩三錢七分

秦銅權三 原形

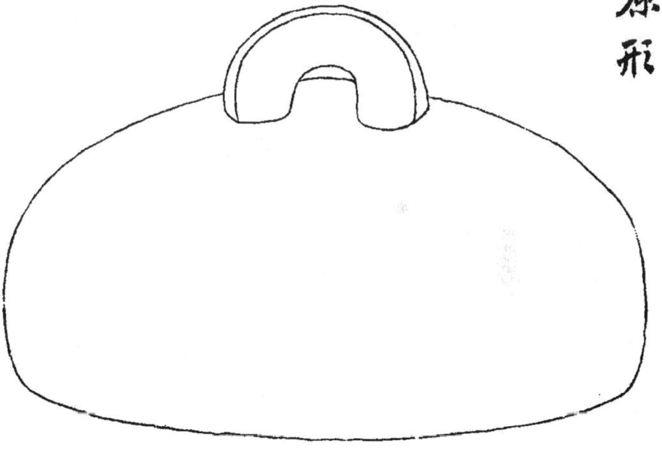

旬華年全象

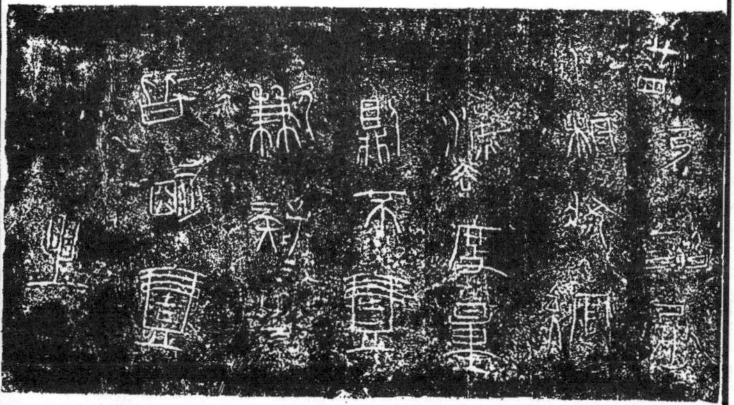

右重庫平一百六十五兩一錢六分

秦銅權四 原形

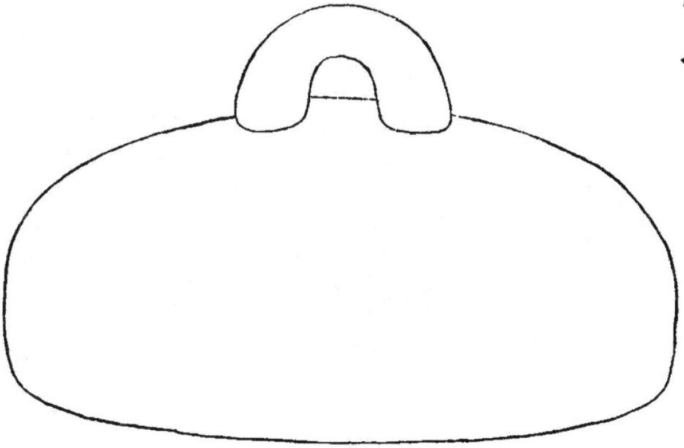

右重庫平一百四十兩

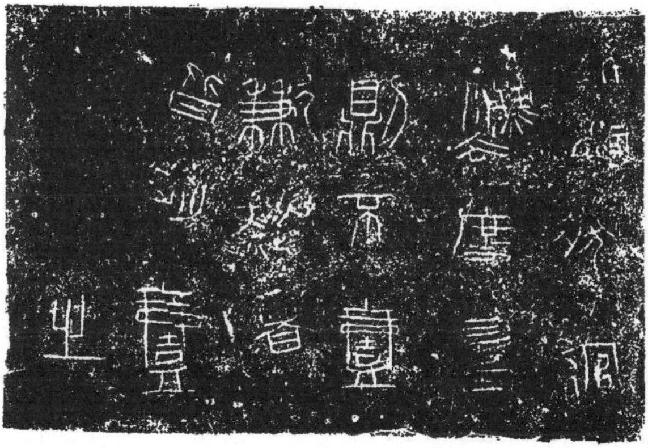

秦銅權五

廿六年
皇帝盡
并兼天
下諸侯
黔首大
安立號
爲皇帝

殷周金文集成一
十三

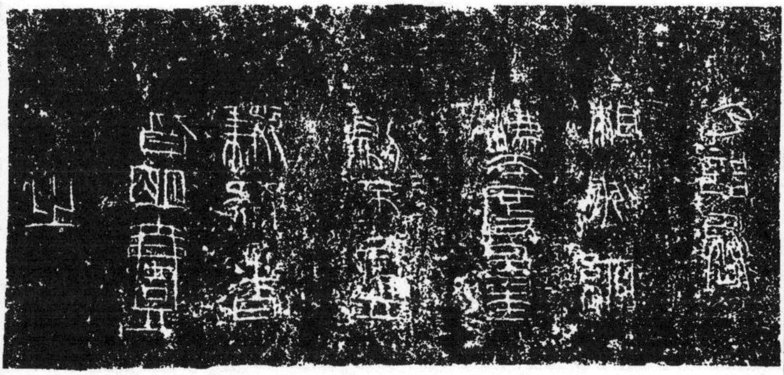

右高三寸五分徑五寸三分重
庫平一百三十五兩六錢三分

秦銅權六原形

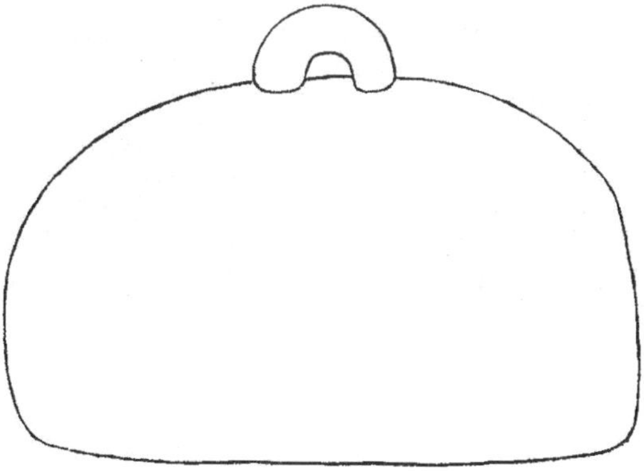

十六斤

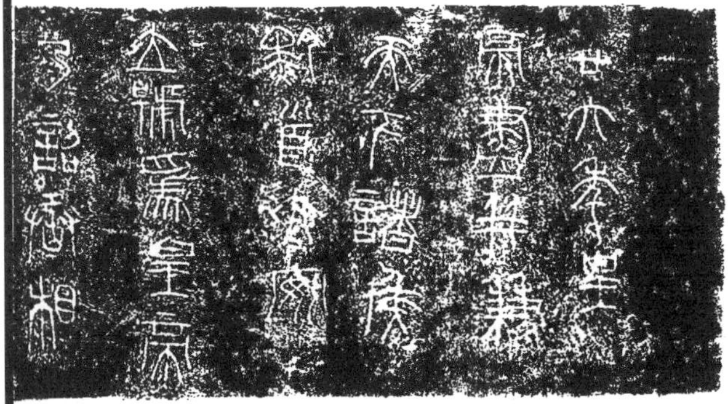

右重庫平一百八兩四錢五分

隋唐書金石二

秦銅權七原形

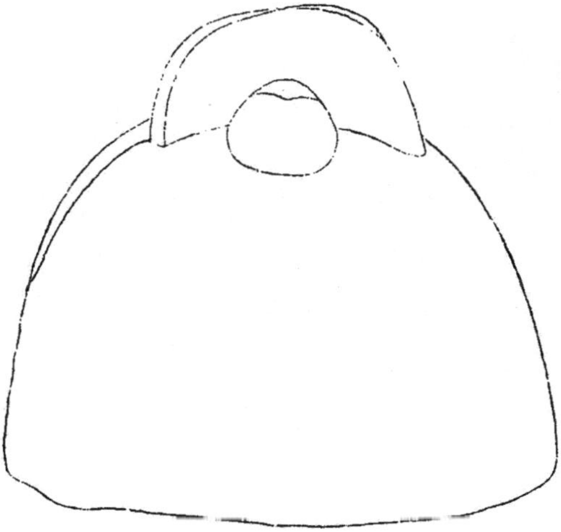

底

右重庫平一百六兩七錢四分

秦銅權八原形

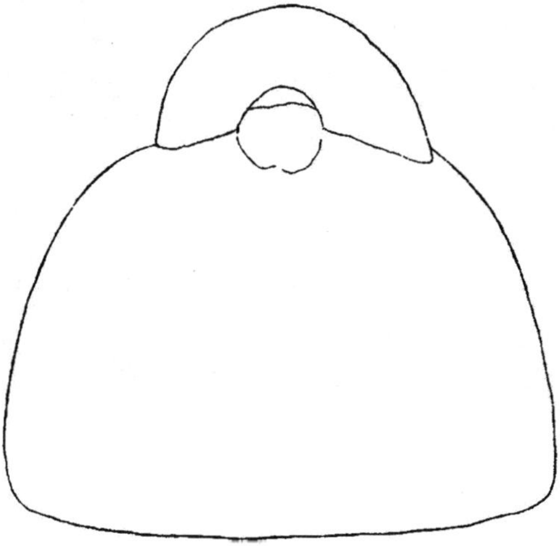

底

右重庫平一百四兩三錢九分

秦銅權九

原形

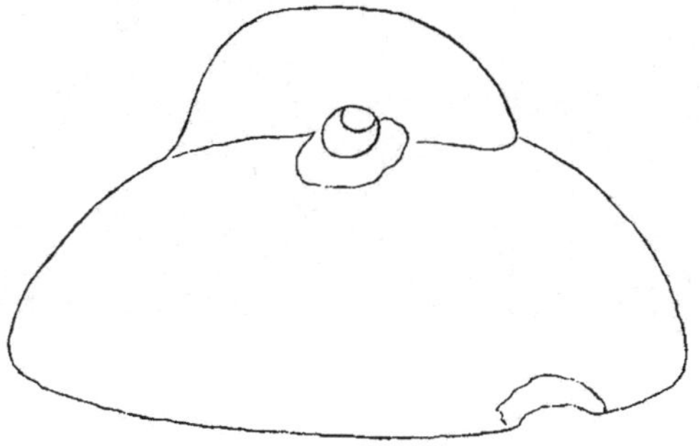

陸襄書金鐘

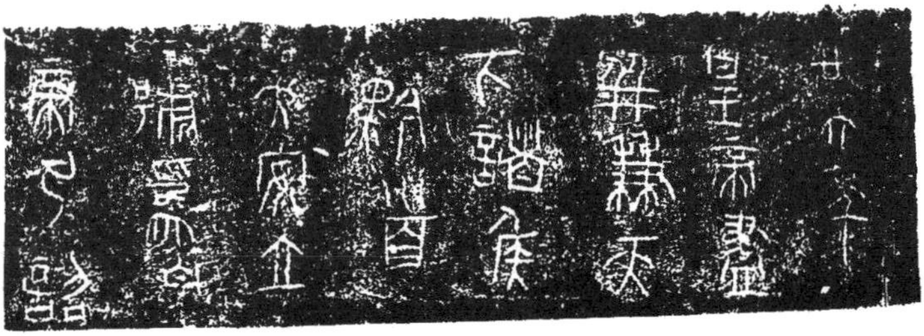

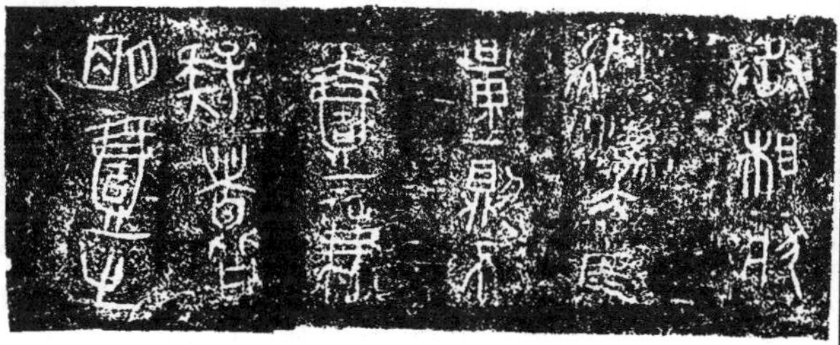

底

右重庫平五十六兩三錢

秦銅權十原形

右重庫平五十三兩六錢八分

秦銅權十一原形

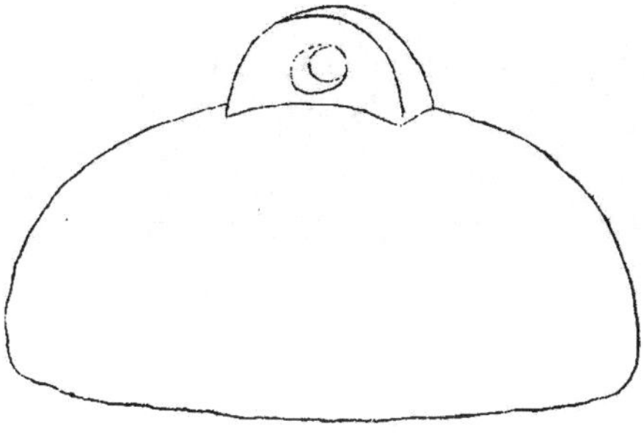

九六

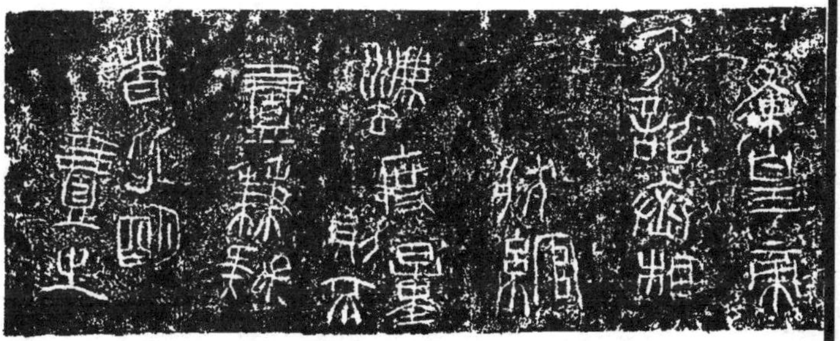

右重庫平四十九兩

秦銅權十二原形

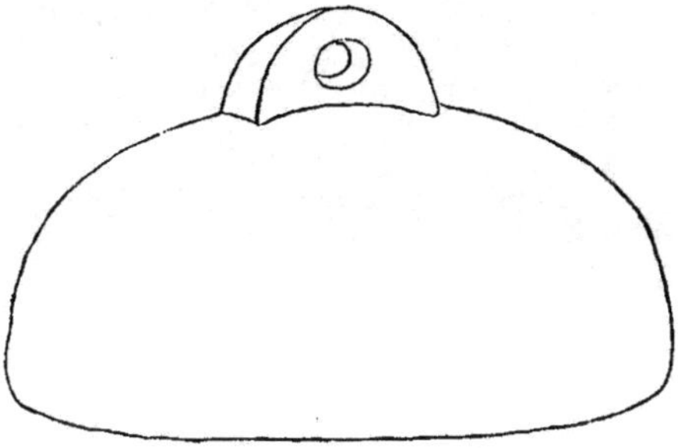

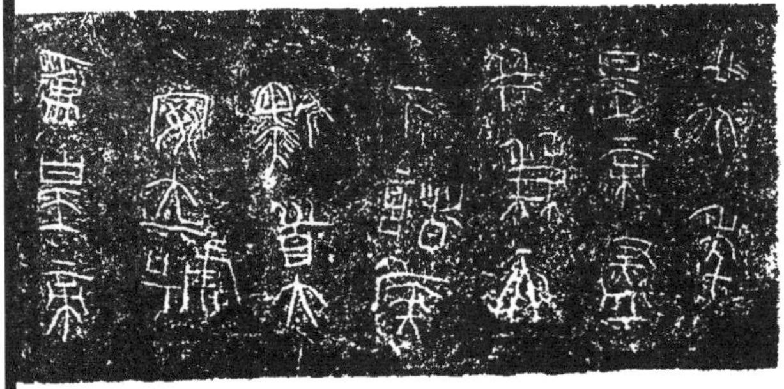

北六

右重庫平五十五兩

秦銅權十三 原形

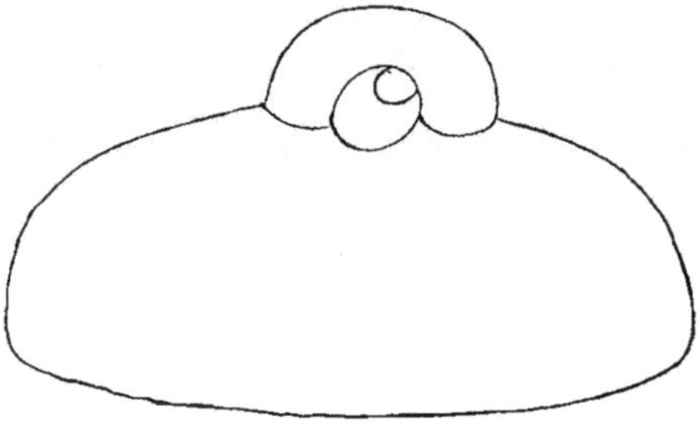

右重庫平五十四兩九錢九分

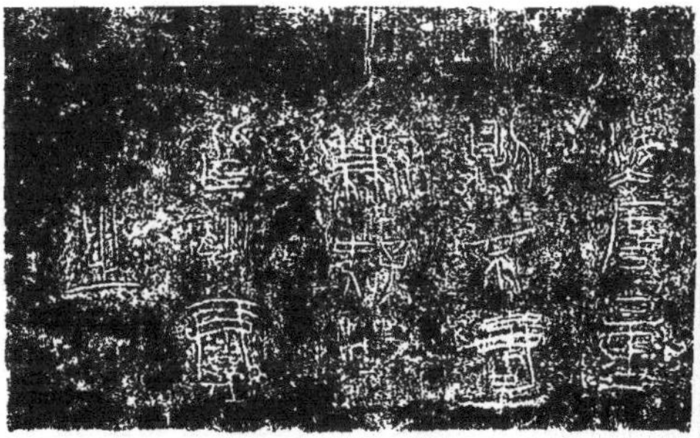

陸宣公全集 二十九

秦銅權十四原形

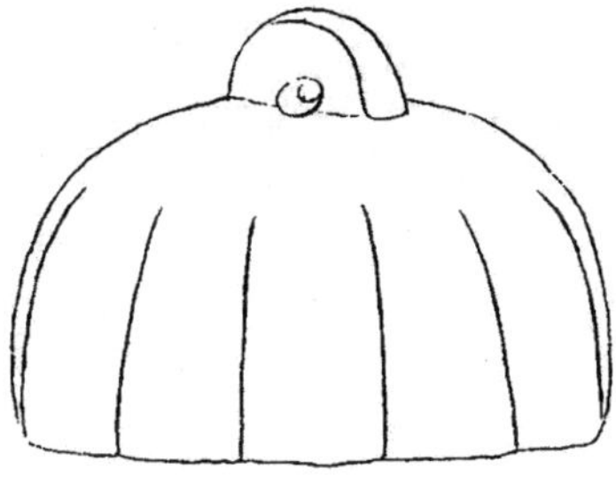

廿六年
皇帝盡
并兼天
下諸侯
黔首大
安立號
為皇帝
乃詔丞
相狀綰

右重庫平三十七兩

秦銅權十五原形

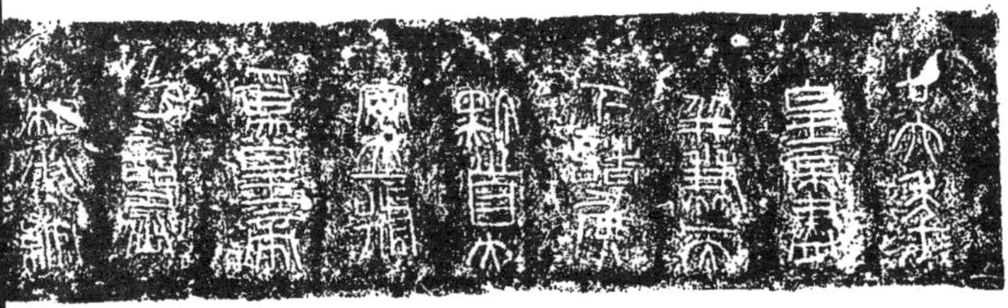

右重庫平三十四兩七錢

秦銅權十六原形

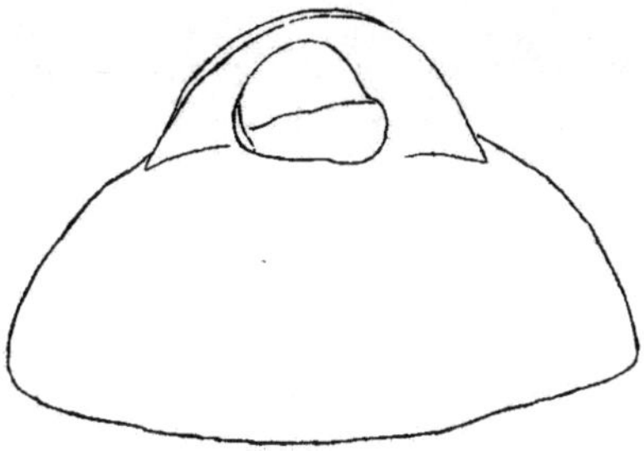

右重庫平三十二兩九錢

秦銅權十七原形

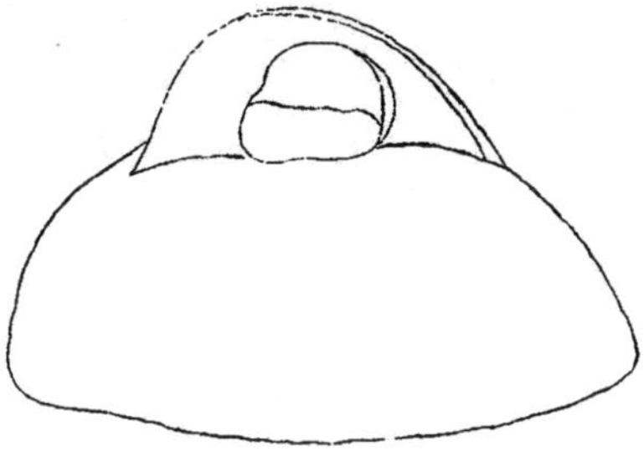

右重庫平三十二兩九錢一分

陸宣公全鑒

秦銅權十八原形

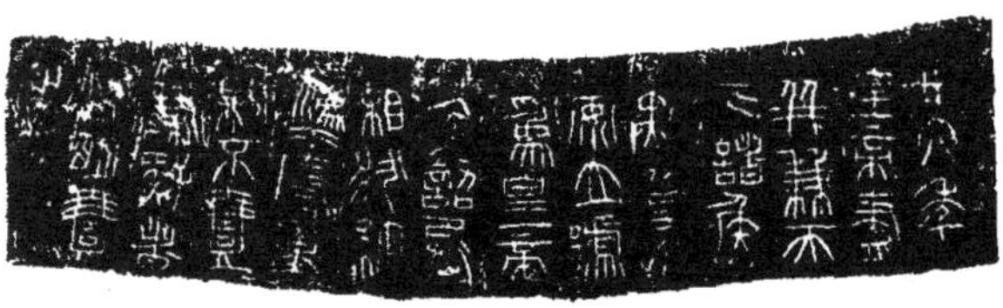

右重庫平六兩八錢四分

秦銕權

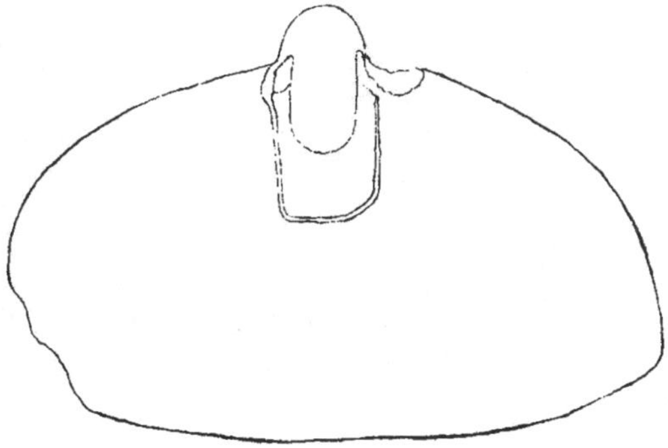

右高五寸六分徑一尺一寸八分重
庫平八百四十八兩

北周天和權 原形

天和
二十
四年
五月
四日
造

唐永昌權 原形

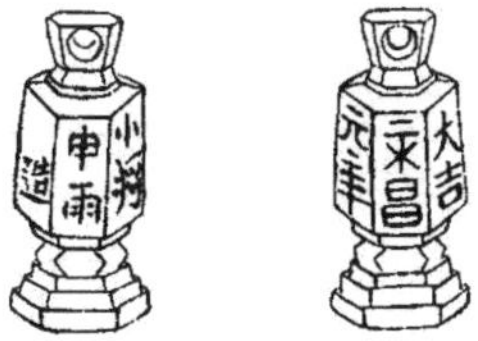

永昌
元年
田雨
造
大吉

唐開元權　原形

開元二年四月二日官

唐貞元權 原形

陸寶吉金

觀

四十三

秦橢量一

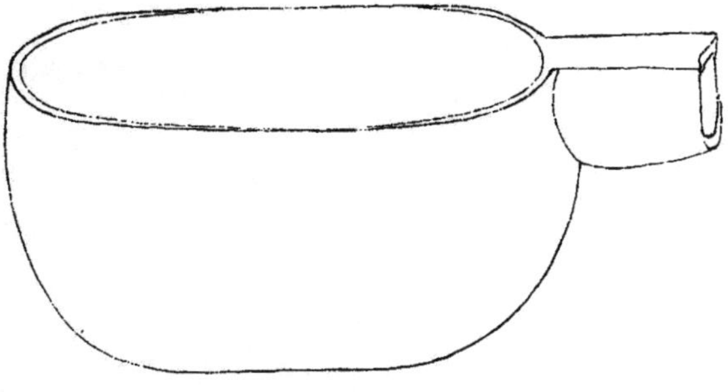

右高二寸六分深二寸四分口徑長七寸三分濶四寸柄長二寸一分濶一寸五分容八合五勺

附彔書錄

四十五

秦橢量二

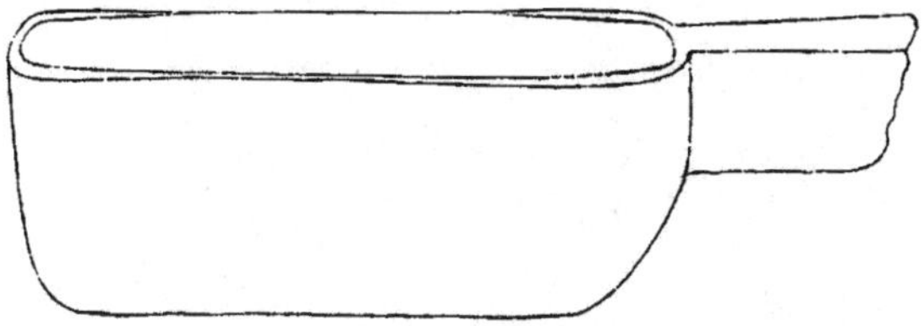

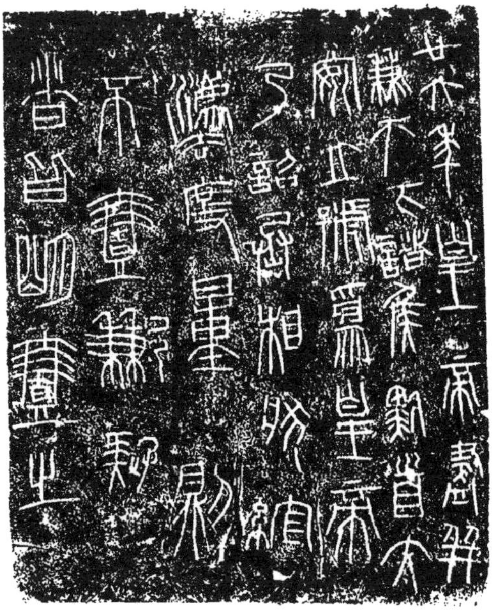
廿六年皇帝盡并
兼天下諸侯黔首大安
立號為皇帝乃
詔丞相狀綰
法度量則
不壹歉疑
者皆明壹之

右高二寸八分深二寸五分口徑長六寸一分闊三寸六分柄長二寸三分闊一寸六分容七合

秦橢量三

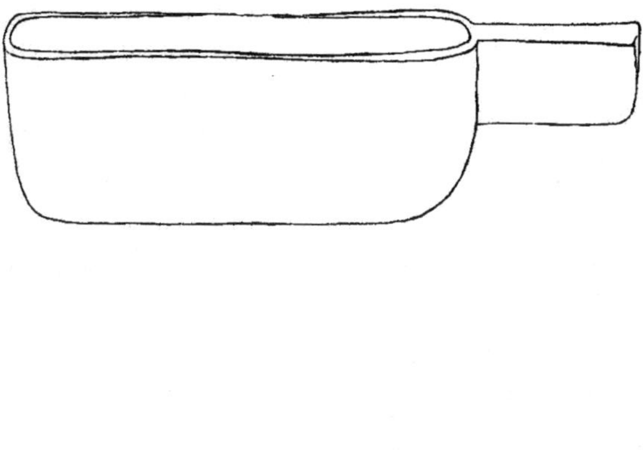

右高二寸七分深二寸五分口徑長六寸七分闊三寸五分柄長二寸四分闊一寸四分容六合八勺

秦橢量四

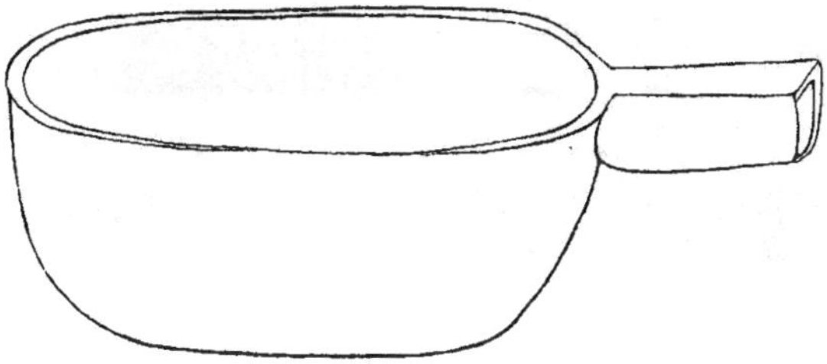

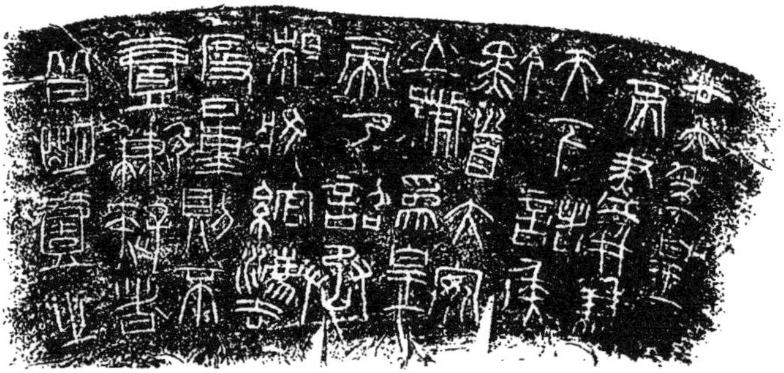

右高二寸三分深二寸一分口徑長六寸一分濶四寸七分柄長二寸五分濶一寸七分容七合一勺

秦方量

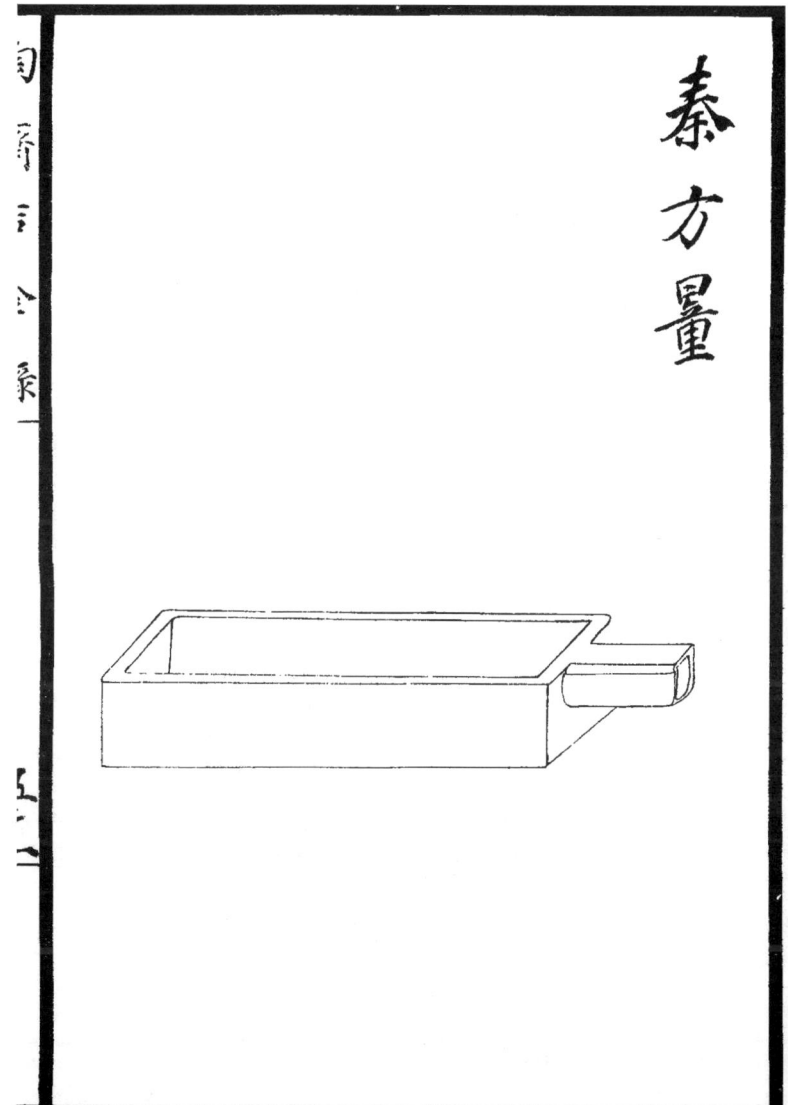

右高一寸二分深一寸口徑長五寸三分濶三寸柄長一寸六分濶一寸三分容二合九勺

新莽殘量

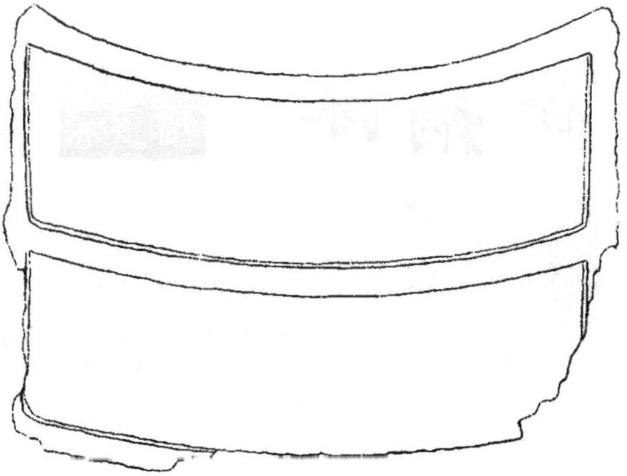

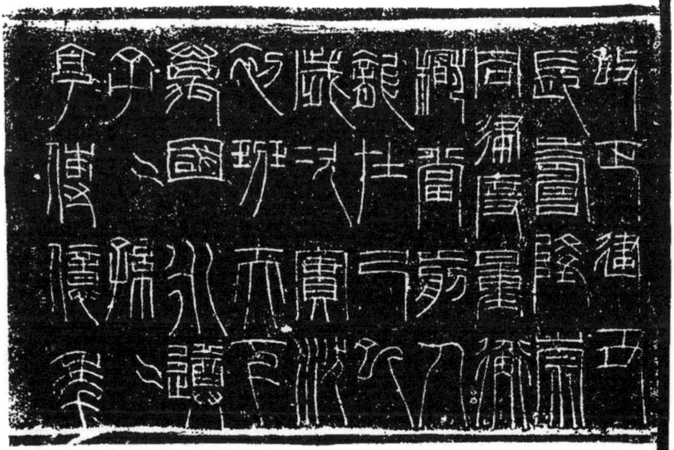

右高一尺一寸四分徑存二尺三寸一分